AI 기반 글로벌 콘텐츠 산업 전략

: 인공지능 시대의 경영전략 사례집

AI 인공지능, K-CULTURE 한류, 문화콘텐츠,
엔터테인먼트, 경영전략, 빅데이터를 모두 결합시킨!
유일한 전문가의 집필서

박영은 교수

INU 국립인천대학교 출판부

머리말

호모 루덴스 2.0 시대, 인공지능이 확장하는 놀이의 경계

인공지능, 창작의 경계를 다시 쓰다
한류의 새로운 성장 동력으로서의 AI

네덜란드의 문화역사학자인 요한 하위징아(Johan Huizinga)는 그가 1938년에 출간한 저서 『Homo Ludens: Proeve eener bepaling van het spel-element der cultuur』(영어판: Homo Ludens: A Study of the Play-Element in Culture)에서 처음 호모 루덴스(Homo Ludens)라는 용어를 사용하였다. 그는 단순히 인간을 '호모 사피엔스(Homo Sapiens)', 즉 '생각하는 인간'이나 '호모 파베르(Homo Faber)', 즉, '도구를 만드는 인간'으로 한정짓지 않았다. 하위징아는 더 나아가 인간을 '놀이하는 인간', 즉 '호모 루덴스'라는 관점을 가지고 바라봤고, 이러한 놀이는 단순한 오락거리 수준을 넘어서서, 문화를 형성시키고 발전시키는 본질적인 원동력이라 보았다. 놀이라는 것 자체가 근본적으로 예술과 엔터테인먼트, 스포츠와 종교, 정치, 언어 등을 모두 넘나드는 다양한 문화 활동의 기초가 된다는 점에서 '호모 루덴스'의 정의는 이 시대에 다시 생각해봐야 단어가 되었다. 즉 '놀이하는 인간'의 본질은 4차 산업혁명이

온 세상을 감싸고 있는 시대에 AI기반의 콘텐츠 트렌드와 엔터테인먼트 산업에서 더욱 두드러지게 나타난다고 볼 수 있다. 즉, 오늘날 이 개념은 4차 산업혁명과 디지털 전환 속에서 새로운 해석을 얻고 있다.

전통적으로 '놀이'라는 것은 물리적인 공간과 규칙, 상징 속에서 이루어졌다. 그러나 4차 산업혁명 시대에서는 이용자들을 게임과 가상현실(VR), 메타버스 등 완전히 다른 세계로 몰입하도록 변화시키면서 오프라인 '놀이' 공간을 '디지털 놀이공간'으로 확장시켜 나가고 있다. 하위징아가 설명한 '놀이의 공간적, 시간적 구분'이 디지털 환경속에서는 현대적으로 확장되면서 새로운 개념의 '마법의 원(Magic Circle)'을 그려나가고 있는 것이다. 예를 들어, 포트나이트(Fortnite)나 로블록스(Roblox) 같은 플랫폼은 단순한 게임을 넘어, 콘서트·패션쇼·지인들간의 사회적 모임이 동시에 일어나는 디지털 놀이 공간으로 기능하고 있다. 더 나아가 AI 기술은 놀이를 특정 매체 혹은 장르에 국한시키지 않고, 경계없는 혹은 경계가 사라진 놀이 생태계를 구축해나가고 있다. 콘텐츠를 주체적으로 제작했던 생산자들이 AI를 활용해 미디어, 영상을 제작하는 것 이외에도, K-팝 팬덤은 AI를 활용해 가상 팬미팅, 팬아트 자동 생성, AI 보컬로 커버송 제작 등 소비자들로부터 새로운 참여 방식을 만들어내었다. 이는 곧 놀이가 '참여형 문화 생산(Participatcry Culture)'이 되는 흐름을 의미하며, '호모 루덴스 2.0' 시대를 여는 기폭제가 되었다.

오늘날 우리는 그 옛날 하위징아가 말한 '호모 루덴스'의 개념을 인공지능과 결합되고 네트워크화 되고있는 확장판으로 경험하고 있다. 여전히 인간은 놀이를 통해 문화를 만들어가고 있지만, 그 과정에서 AI는 더 이상 단순 도구가 아니라 창작자이자 참여자가 되어 문화의 진화를 가속화시키고 있다. '호모 루덴스 2.0' 시대에 놀이는 더 이상 단순한 여가 활동 혹은 시간 때우기식의 활동이 아니라 문화와 경제, 경영과 기술 혁신의 핵심적인 엔진임을 보여주고 있다. AI는 그 놀이의 주체가 되어 창작 영역을 넘나들고, 이용자의 데이터를 기반으로 정밀하고도 최적화된 경험을 제공하면서 놀이의 '자발성과 즐거움'을 더해주고 있다. 인간만이 할 수 있다고 생각한 창작 영역의 경계는 완전히 허물어졌고, '놀이의 진정한 파트너'가 되고 있는 AI, 인공지능은 이제 '엔터테인먼트 4.0' 시대마저 열어놓았다. 엔터테인먼트는 산업은 우리가 흔히 문화콘텐츠라 불리우는 영역을 커버하고 있는데, 주로 영화와 드라마, 음악과 게임, 애니메이션 산업 등을 포괄한다. 그리고 이러한 콘텐츠를 생산하기 위해 필요한 자본을 대주는 투자사, 실질적으로 콘텐츠를 만드는 제작사, 만들어진 콘텐츠를 국내시장 및 해외시장으로 유통(수출, 수입)하는 배급사, 그리고 극장 혹은 OTT같은 온라인 플랫폼과 같이 콘텐츠를 상영 혹은 서비스하는 회사, 마지막으로 이를 즐기는 사용자 혹은 대중(팬)에 이르기까지 이 산업은 매우 다양한 지점에 있는 여러 주체들로 구성되어 있다. 따라서 이 산업으로 AI가 진입하는데 따르는 여러 변화상을 다방면에서 살펴보고 주목할 필요가 있다.

본서는 이러한 시대적 변화 속에서 AI와 엔터테인먼트의 결합이 만들어내는 문화적·산업적 의미를 종합적으로 조망한다. 각 장은 AI의 역사적 흐름과 기술 발전, 경영학적 이론과 실무를 넘나드는 엔터테인먼트 업계의 사례, AI 기술 설명 등 3각 구조를 이루면서도, 글로벌 빅테크와 한국 콘텐츠 산업의 전략 사례를 병행함으로써 국내·외 사례의 균형도 맞추고 있다. 이제 놀이의 주체는 인간만이 아니다. AI는 점점 더 많이 축적된 데이터를 통해 빅데이터 분석과 개인화된 추천을 통해 이용자의 취향을 더욱 세밀하게 반영하고, 몰입도 높은 경험을 설계할 수 있다. 창작의 경계는 점차 사라지고, 인간과 AI가 함께 문화와 경제, 경영과 기술 혁신의 새로운 무대를 만들어간다. 이러한 흐름은 곧 엔터테인먼트 4.0'이라는 이름으로 정의될 수 있을 것이다. 이에 본서는 한류를 비롯한 글로벌 시장의 변화를 함께 다루면서, 학술적 깊이와 대중적 흥미를 모두 갖춘 안내서이자 길잡이 혹은 분석서로서 기능할 것이다.

책의 목차 및 구성

참고한 자료들

김찬석, & 이현선. (2025). AI 시대 엔터테인먼트 마케팅. 서울: 커뮤니케이션북스.

황준민. (2025). AI와 엔터테인먼트 산업. 서울: 커뮤니케이션북스.

Caillois, R. (1961). *Man, play and games*(M. Barash, Trans.). University of Illinois Press. (Original work published 1958)

Epic Games. (n.d.). *Fortnite*. Retrieved October 23, 2025, from https://www.fortnite.com/

Huizinga, J. (1938). *Homo ludens: Proeve eener bepaling van het spel-element der cultuur*. Haarlem, Netherlands: Tjeenk Willink.

Huizinga, J. (1949). *Homo ludens: A study of the play-element in culture*. London, England: Routledge & Kegan Paul. (Original work published 1938)

Roblox Corporation. (n.d.). *Roblox*. Retrieved October 23, 2025, from https://www.roblox.com/ Roblox

Salen, K., & Zimmerman, E. (2004). *Rules of play: Game design fundamentals*. Cambridge, MA: MIT Press.

차례

CONTENTS

01

Chapter

AI와 엔터테인먼트의 만남 : 역사와 현재

세부 내용:

- AI가 엔터테인먼트 산업에 도입된 역사적 배경
- AI 기술이 현재 영화, 음악, 게임, 방송, 공연 등에 적용되는 방식
- 주요 사례 분석(데이터기반 추천과 맞춤형 경험, AI 플랫폼의 확장 및 고전 IP의 AI 리메이크 등)

기대효과:

- AI가 엔터테인먼트 산업에 미치는 영향에 대한 전반적인 이해 제공
- AI가 단순한 도구가 아니라 콘텐츠 제작의 핵심 요소로 자리 잡았음을 인식 시사
- AI 기술이 창작의 본질과 엔터산업의 구조를 어떻게 변화시키는지 시사
- 창작자의 역할과 AI의 역할을 재정립할 필요성 제기

주요 독자층:

- 일반 독자(AI와 엔터테인먼트의 관계를 쉽게 이해하고 싶은 사람)
- IT 및 엔터테인먼트 업계 종사자 및 관련분야 취업자
- AI와 엔터테인먼트 경영학(비즈니스) 분야 관련 학생들

Big Map

전체 챕터 구성과 연관성 지도

첫 번째, 빅맵(Big Map) 파트는 〈AI 기반 글로벌 콘텐츠 산업 전략〉의 전체 목차 속에서 기초를 다지는 파트입니다. 전체 챕터를 한눈에 볼 수 있도록 구성된 그림을 통해 독자들이 각 챕터별 진도를 상시 체크할 수 있으며, 전체 챕터와 현재 챕터와의 연관성을 이해할 수 있습니다.

Chapter Ⅰ	Chapter Ⅱ	Chapter Ⅲ	Chapter Ⅳ	Chapter Ⅴ
AI와 엔터테인먼트의 만남: 역사와 현재	**AI가 만들어내는 콘텐츠:** 창작과 제작의 진화와 혁신	**AI와 영화 산업:** 가상 배우에서 자동 편집까지	**AI와 음악 산업:** 작곡, 연주, 믹싱의 자동화	**AI와 게임 산업:** NPC, 시뮬레이션, 자동 콘텐츠 생성

Chapter Ⅵ	Chapter Ⅶ	Chapter Ⅷ	Chapter Ⅸ	Chapter Ⅹ
AI와 방송·미디어: 뉴스, 광고, 스트리밍의 자동화	**AI와 공연예술:** 가상 아이돌, 홀로그램 콘서트, 인터랙티브 공연	**AI와 팬덤 문화:** 팬과 AI의 새로운 관계	**AI와 윤리:** 창작과 기술의 경계를 넘어서	**미래의 엔터테인먼트:** AI와 인간이 공존하는 세계

이 책은 총 10개의 챕터로 구성되어 있으며, 각 챕터는 AI가 콘텐츠 산업에 어떻게 스며들고, 변화시키고, 새로운 가능성을 열어가고 있는지를 탐구한다. 본 챕터는 그 출발점으로서, 인공지능이 어떻게 엔터테인먼트 산업에 도입되었고, 현재 어떤 방식으로 활용되고 있으며, 그 결과 산업 전반의 패러다임이 어떻게 전환되고 있는지를 조망한다. 역사적 배경과 현재 기술의 활용을 넘어서서, AI가 가져오는 패러다임의 변화를 차례로 짚어가면서, 각 산업별 심층적인 논의가 이어지도록 토대를 마련해준다. 이에 따라 독자들은 이후에 전개될 후속 챕터들(영화와 음악, 게임, 방송과 공연, 팬덤 문화 등) 그리고 윤리 문제와 미래와의 연계성을 이해할 수 있다. 결론은 AI가 단순한 보조 기술 혹은 수단이나 도구를 넘어서서 콘텐츠 창작과 소비의 핵심적인 축이자 키워드로 부상하고 있다는 것이다.

Intro(도입)

모든 것이 연결되는, 초연결 시대 그리고 인공지능과 융합의 절정!

> 도입 파트는 해당 챕터의 주제를 이해시킬 수 있는 간단한 스토리로 시작하여, 본 챕터의 내용을 접하는 모든 독자가 쉽게 메인 주제를 이해하고, 접근할 수 있도록 이끌어주는 역할을 합니다.

AI, Artificial Intelligence, 우리가 인공지능이라 하는 것은 지능 자체를 기대할 수 없었던 기계가 사람처럼 지능을 갖게 된 것을 의미한다. 인간만이 갖고 있었던, 혹은 인간만이 가질 수 있다고 믿었던 특징이 기술의 발전과 함께 컴퓨터와 로봇 안으로 내장되었고, 이를 통해 인간처럼 생각하고 추론하여 결정을 내릴 수 있게 되었다.

AI, 즉, 인공지능 혹은 '지능형 에이전트'라는 단어를 쓰지 않고, 우리는 이 단어를 어떻게 설명할 수 있을까? '많은 정보를 담고, 어디든 함께 할 수 있는 존재'라는 의미로 마빈 민스키가 그의 저서 『감정 기계』에서 소개한 '여행가방 단어'가 있듯이, 우리는 AI를 '생각 주머니(필요할 때마다 꺼내쓰는 지식과 아이디어의 저장소)', 혹은 '스마트 친구(조용히 현명하게 도와주는 존재)', '디지털 요정(보이지 않지만, 우리들의 모든 문제들을 해결해주는 존재)', '생각의 그림자(나보다 먼저 움직이면서 조력자 역할을 해주는 것)' '디지털 비서(비서처럼 모든 일을 도와주는 존재)' 등 매우 다양한 표현으로 이를 나타낼 수 있다.

Girl with a Pearl Earring(Compare AI with Iranian intelligence and art)

출처: Profoundism, CC0, via Wikimedia Commons
https://commons.wikimedia.org/wiki/File:Girl_with_a_Pearl_Earring_(Compare_AI_with_Iranian_intelligence_and_art)_1.jpg

콘텐츠와 함께 해온 긴 역사 속에서, 20세기 후반까지만 해도 영화나 드라마, 그리고 음악과 같은 콘텐츠 제작은 거대한 자본과 긴 제작 시간이 요구되는 영역이었다. 과거에는 배우의 연기를 무엇인가로 대체한다거나, 새로운 음악을 사람이 아닌 다른 무엇가가 만드는 것은 불가능에 가까운 일이었고, 상상할 수 없는 일이었다. 그러나 21세기를 맞이하고 디지털 전환, 그리고 4차 산업혁명과 함께 상황은 완전히 급변했다. 특히 2010년대 이후 머신러닝과 딥러닝의 발전, 그리고 모든 산업에의 적용은 엔터테인먼트 산업마저 근본적으로 재편해 나가는, 그야말로 새로운 역사의 시작을 알렸다. 이제 방송국은 AI 앵커를 도입해 24시간 뉴스 송출을 가능하게 하고 있고, AI 기반 게임 엔진은 이용자 맞춤형 스토리를 실시간으로 생성한다. AI는 이제 단순한 보조 도구 혹은 단순 도구의 역할을 넘어, 콘텐츠 제작과 소비 방식 자체를 재구성하는 새로운 동력으로 작동하고 있다. 본 장은 바로 이러한 역사적 배경 및 현재 우리가 하고 있는 여러 가지 실험적 시도들을 탐색하면서, 앞으로 다가올 엔터테인먼트 산업의 방향성을 가늠하는 출발점이 될 것이다.

2001년에 개봉한, 스티븐 스필버그 감독의 영화 〈A.I.〉는 미국의 공상과학 영화로, 인공지능 로봇이 인간의 감정을 이해하려 애쓰는 이야기를 그린 영화다. 물론 이 영화의 원작은 1969년 영국 SF 작가인 브라이언의 〈슈퍼토이의 길고 길었던 마지막 여름〉으로, 영화가 개봉된 2001년보다 훨씬 더 과거로 올라간다. 당시만 해도 AI는 상상 속의 존재이자 미래를 그리는 SF 영화 속의 소재일 뿐이었다. 그러나 25여 년이 흐른 지금, AI는 더 이상 스크린 속 이야기의 일부도 아니고, 상상속에만 존재하는 그런 존재도 아니다. 2025년 미국의 토니상 6관왕에 오른 첫 오리지널 창작 K-뮤지컬의 주인공, 박천휴 작가의 '어쩌면 해피엔딩〈Maybe Happy Ending〉'도 그 결을 같이 한다. '올리버'와 '클레어'라는 두 로봇이 주인공인데, 이 뮤지컬은 이들 로봇을 통해 드러나는 '사랑'과 '이별'이라는 특별한 감정을 풀어낸다. 영화 A.I.에서 마치 영화속 하비 박사가 감정이 있는 로봇, '데이빗'을 만들어 낸 것처럼 말이다. 기술이 발달하고 사회가 복잡해지고는 있지만, 그 가운데 점점 잊혀지고 있는 인간을 인간답게 만드는 가치들, 인간다움이란 무엇일지 또 다시 생각해보게 하는 작품들이다. 그리고 우리는 이러한 작품들 가운데서, 또 한편으로는 AI 인공지능이 어디까지 인간의 영역으로 들어올 수 있는지 실험중이다. 이제 인공지능은 시나리오를 직접 쓰고, 배우의 얼굴과 목소리를 합성하며, 심지어 사망한 배우를 부활시키는 기술까지 만들어낸다. 음악계에서는 AI 작곡가가 사람보다 더 빠르게 더 많은 곡을 즉흥적으로 생산하고, 게임에서는 AI가 실시간으로 새로운 스토리를 만들어낸다. 또한, 방송에서는 뉴스 진행자조차 가상 인물이 담당하기 시작했다. 특히, 인공지능은 스크린 뒤에서 영화 자체를 만드는 공동의 창작자로 등장하고 있다. 2023년 작가와 배우들의 할리우드 파업 당시 이들이 가장 우려했던 것도 'AI 대체'였다. 이처럼 AI는 엔터테인먼트 산업의 무대와 객석, 그리고 그 사이의 경계를 무너뜨리기 시작했다. 이제 우리는 AI를 단순한 도구가 아니라, 콘텐츠 창작의 공동 저자로 인식해야 하는 시대에 살고 있다. 이에 따라 AI와 인간은 협력과 협업하는 관계로 발전하고 있는데, 이것이 바로 하이브리드 모델이다. 이제 인간은 바운데리를 정할 수 없는 어느 영역 혹은 그 사이 어딘가에서 중개자(Mediator)로서의 역할을 해야 하며, 인간만이 할 수 있는 영역을 찾기 위한 새로운 탐색 작업에 들어가야 한다.

1) AI의 정의와 기본 이해

인공지능(Artificial Intelligence, AI)은 흔히 "인간의 지능적 행동을 기계로 구현하는 것"으로 정의된다. 여기서 지능적 행동이란 학습, 추론, 문제 해결, 자연어 이해, 창작과 같은 광범위한 능력을 포함한다. AI 연구는 1956년 다트머스 회의에서 학문적 분야로 자리 잡았고, 이후 전문가 시스템, 머신러닝, 딥러닝의 발전 단계를 거쳐 오늘날에는 다양한 산업에 필수 기술로 자리매김하고 있다. AI는 더 이상 특정 연구자의 실험적 도구가 아니라, 대중의 삶과 문화, 산업 전반에 영향을 미치는 사회적 인프라로 변모했다. 이에 따라, 엔터테인먼트 산업은 창작과 소비의 경계를 재정의하고, 재설계해야 하며, 기존의 산업구조와 산업을 지배했던 게임의 룰을 바꿔나가야 한다. 이를 통해 기존에는 불가능했던 상호작용과 몰입 경험을 제공하는 새로운 핵심 축과 세상을 만들어나가야 한다.

2) AI 기술의 계층구조

AI는 단일한 기술이 아니라, 여러 계층이 상호작용하는 구조를 가진다. 계층적으로 접근하면 AI의 발전 단계와 산업적 적용 범위를 더 명확히 이해할 수 있다. 우리가 흔히 말하는 '인공지능(AI, Artificial Intelligence)'은 가장 큰 범위의 개념으로서, 인간의 학습과 추론, 그리고 문제 해결 능력을 기계가 모방하도록 만든 것이다. 예를 들어 체스를 두는 컴퓨터(딥블루)나 의료 진단 보조 시스템에서부터 일반인들에게 더욱 익숙한 검색 알고리즘, 로보틱스, 머신러닝 등이 모두 포함된다. 이를 위해서 가장 필요한 자원이자 하위 계층은 알고리즘과 데이터다. 이는 AI가 학습하고 기능을 수행하는 데 필요한 기초 자원이다. 예컨대 영상 속 인물을 인식하는 얼굴 인식 모델은 수백만 장의 이미지 데이터와 이를 처리하는 딥러닝 알고리즘 위에 구축된다. 데이터의 질과 양, 알고리즘의 설계 수준이 전체 AI 시스템의 성능을 좌우한다.

그리고 AI 안에 속하는 다음 분야는 '머신러닝(ML, Machine Learning)'인데, 이는 데이터로부터 학습하여 성능을 개선하는 알고리즘을 연구한다. 사람이 일일이 규칙을 짜주지 않아도, 데이터와 경험을 통해 스스로 규칙을 찾아낼 수 있다. 이를 통해 통계학적 기법과 확률 모델의 기반으로 사용되며, 추천 시스템이나 주가 예측모델, 혹은 이메일 스팸 필터 기능 등으로 활용이 가능하다. 머신러닝의 하위분야로는 인공 신경망(특히 다층 신경망, Deep Neural Networks)을 이용한 학습 방법인 딥러닝(DL, Deep Learning)이 있다. 대량의 데이터와 고성능 GPU 덕분에 2010년대 이후 급부상하여 현재 영상이나 음성, 자연어 처리에서 탁월한 성능을 보여주고 있다. 우리에게 더욱 익숙한 시리나 빅스비 같은 음성인식, 자율주행차같은 이미지 인식, 번역기 등이 딥러닝 활용의 좋은 예이다. 많이 사용되는 머신러닝과 딥러닝을 비교해보자면, 머신러닝은 데이터에서 규칙성을 발견해 예측을 수행하며, 딥러닝은 다층 신경망을 통해 복잡한 패턴을 처리한다. 예를 들어, 넷플릭스의 추천 시스템은 머신러닝이 개별 시청자의 취향 패턴을 학습해 영화와 드라마를 추천하는 구조로 작동한다. 마지막으로 생성형 인공지능(Generative AI)은 딥러닝 중에서도 특히 생성 모델(Generative Models)을 활용해 텍스트, 이미지, 오디오, 영상 등 새로운 데이터를 만들어내는 기술이다. ChatGPT의 텍스트 생성을 통해 대화, DALL·E/MidJourney의 이미지 생성, Sora의 영상 생성, Stable Diffusion 그림 생성, AI 음악 작곡 등이 모두 이에 해당된다. 즉, AI 챗봇, 음성 비서, 자동 번역기, 가상 캐릭터, AI 음악 작곡 도구 등이 이 단계에 해당한다. 엔터테인먼트 산업에서 관객이 직접 체감하는 AI의 대부분은 이 계층에서 나타난다. 물론, 최상위 계층은 AI가 산업 생태계 전체를 변화시키는 단계다. 유튜브, 스포티파이, 디즈니+, 넷플릭스 같은 플랫폼은 AI 알고리즘을 핵심 운영 원리로 삼아 콘텐츠 소비 패턴과 시장 구조를 완전히 재편했다. 여기서는 개별 기술이 아니라, AI를 중심으로 구성된 서비스와 비즈니스 모델이 핵심 가치가 된다.

〈그림〉 AI 계층 구조

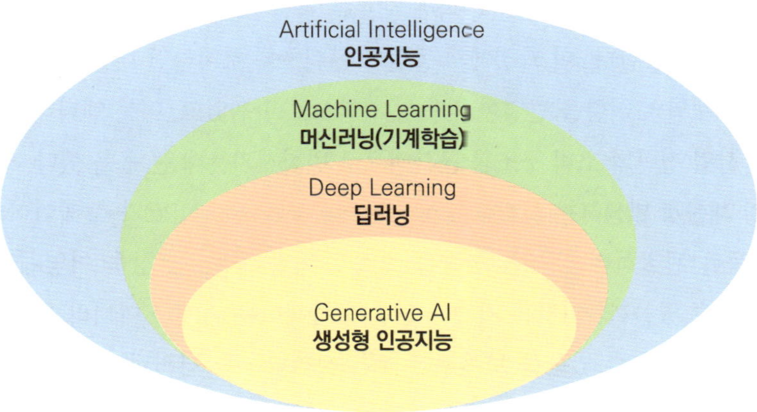

3) AI의 핵심 특성과 엔터테인먼트 적용

(1) 기능의 자동화(Automation): AI의 사용으로 가장 극대화되는 기능은 자동화이다. 자동화 기능에 따라 콘텐츠 제작 과정에 있어서도 효율성을 극대화할 수 있기 때문이다. 예컨대, 영화 편집과 음향 믹싱, 그리고 자막 생성, 오래된 영상을 복원하는 일까지 다양한 과정이 인공지능에 의해 자동 처리된다. 따라서 엔터테인먼트 산업의 제작 현장에서 자동화 기술은 시간과 비용 절감을 이끌어나 고, 창작자는 더 창의적인 영역에 집중할 수 있게 된다. 특히 자본과 인력이 부족한 인디 업계 및 소규모 창작자들도 이러한 자동화 도구를 활용해 글로벌 시장에 진입할 수 있는 기회를 가질 수 있게 되었다. 이러한 특징은 업계 전반에 걸쳐서 콘텐츠 제작의 민주화를 가속화시키는 요인이 되고 있다.

(2) 셀프 학습의 전문가(Learning): 인공지능은 방대한 데이터를 끊임없이 흡수하며 스스로 학습의 학습을 이어가는데, 이를 통해 성능을 더욱

고도화한다. 예를 들면, 음악 스트리밍 서비스에서는 누적된 사용자의 청취 이력과 선호 패턴을 분석해 새로운 곡을 제안하는 식으로 추천 시스템이 작동한다. 이 과정에서 동일한 콘텐츠를 소비하던 대중의 방식은 점차 개인의 취향을 반영한 맞춤형 경험으로 바뀌었고, 이는 엔터테인먼트 산업 전반의 소비 구조를 근본적으로 변화시키는데 큰 몫을 했다.

(3) 새롭게 발생하는 창발성(Emergence): 게임 속 NPC가 플레이어의 행동을 관찰하며 유사한 전략을 스스로 학습해내는 현상을 어떻게 바라볼 수 있을까? 이것은 기계가 단순히 복제하는 존재가 아니라 창작의 파트너가 될 수 있음을 보여주는 좋은 사례다. 즉, 딥러닝 기반의 인공지능은 단순히 주어진 규칙을 재현하는 수준을 넘어선다. 인간이 예측하지 못한 새로운 양상을 드러내기도 하며, 새로운 창발성을 발휘해 완전한 뒤바꿈을 선사하기도 한다. 이러한 창발성은 엔터테인먼트 분야에서 새로운 이야기 구조나 예상치 못한 전개, 결과를 바꿔버리는 이야기를 가능하게 하며, 창작자의 상상력을 보완하는 도구로 활용된다.

(4) 무한정 확장성(Scalability): 가상 아이돌이나 홀로그램 공연은 특정 공연장에 국한되지 않고 여러 도시, 여러 국가에서 동시에 구현될 수 있다. 이는 기존의 전통적인 공연 산업, 혹은 공연 비즈니스가 가진 공간적 한계를 넘어서는 것이다. 이를 통해 인공지능은 전 세계 무대를 대상으로 새로운 수익 모델을 만들어낼 수 있는데, 바로 이것은 인공지능의 무한정 확장성에 기반한다. AI 인공지능은 한번 학습된 모델을 무한히 재사용하며 점차 더 확장해 나갈 수 있기 때문이다. 한번 학습된 인공지능 모델은 물리적 제약을 거의 받지 않고 재사용이 가능하다는 의미이다. 따라서 인공지능은 창작물을 단순히 보조하는 수준을 넘어, 문화 콘텐츠 산업의 비즈니스 규모와 전략 자체를 근본적으로 확장시키고 바꿔

버리는 파워를 발휘한다.

4) AI와 엔터테인먼트 산업 내 의미와 연관성

전통적으로 엔터테인먼트 산업은 막대한 자본과 유통망을 가진 대형 스튜디오나 레이블이 주도권을 쥐어왔다. 그러나 인공지능 기술의 도입은 인디업계와 소규모 기업들이 들어올 수 있도록 이 구도를 서서히 흔들고 있다. 예를 들면, 영상 편집과 음향 제작, 홍보 마케팅 등 과거에는 전문 인력과 자본이 필수적이던 과정이 자동화되면서, 소규모 창작자도 저비용으로 세계 시장에 도전할 수 있게 된 것이다. 즉, AI의 도입으로 소규모 창작자 혹은 제작자도 글로벌 시장에 진입할 수 있는 기회를 얻게 되었다. 이는 산업 내 권력 구조를 분산시키고, 가치사슬의 흐름을 변화시키며, 결과적으로 창작 생태계 전반을 보다 다층적이고 개방적, 민주적인 구조로 이끌고 있다. 다음의 영화·음악·게임·방송·공연 등 산업별 AI 기술 도입률(추정치) 비교 표와 그래프는 각 영역에서의 인공지능 적용 속도를 이해하는 데 도움을 준다.

〈표〉 산업별 AI 기술 도입률(추정치)

산업	AI 도입률(%)	주요 활용 사례
영화	60	시나리오 자동 생성, 딥페이크·CGI 활용
음악	85	AI 작곡·보컬 합성, 추천 알고리즘
게임	95	절차적 생성, AI NPC·맞춤형 퀘스트
방송·뉴스	75	AI 앵커, 자동 자막·번역, 광고 타게팅
공연예술	70	홀로그램, 버추얼 아이돌, AI 인터랙션

〈그림〉 산업별 AI 도입률(추정치) 비교

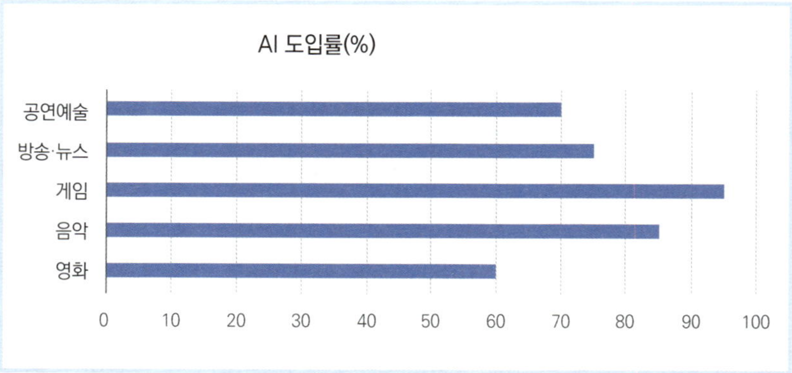

출처: PwC(2025). Global Entertainment & Media Outlook 2024-2029.
McKinsey & Company(2024). The State of AI in 2024. IFPI(2024). Global Music Report, Deloitte(2023). Digital Media Trends Survey. 자료 토대로 저자 재작성

전 산업을 아우르는 AI 도입률(추정치)은 약 78%로, 매우 높은 확산세를 보여주고 있다. 엔터테인먼트 & 미디어 산업도 이 평균 이상의 활용 수준으로 추정되며, 이는 향후 경영전략의 관점에서, 사업부 수준의 전략(차별화 전략, 비용우위 전략, 집중화 전략) 및 기업 수준의 전략인 관련 및 비관련 다각화, 수직적 통합, 글로벌 전략에 큰 가능성을 시사하고 있다. 다만 개별 산업별 정확한 수치는 지속적인 업데이트를 통해 보완할 필요가 있다.

〈표〉 산업별 AI 활용 현황

산업 분야	AI 도입 현황 (조직 수 기준)	주요 출처
전 산업 평균	2024년 기준 약 78%의 기업이 최소 1개 비즈니스 기능에 AI 적용	McKinsey, 2025 (McKinsey & Company) https://www.mckinsey.com/capabilities/quantumblack/our-insights/the-state-of-ai?utm
엔터테인먼트 & 미디어	상당수 조직이 AI 활용 중(정확한 퍼센트는 자료에 명시 안 됨)	McKinsey, 2025(산업별 포함) (McKinsey & Company) https://www.mckinsey.com/~/media/mckinsey/business%20functions/quantumblack/our%20insights/the%20state%20of%20ai/2025/the-state-of-ai-how-organizations-are-rewiring-to-capture-value_final.pdf?utm_

출처: The state of AI(McKinsey, 2025)
https://www.mckinsey.com/~/media/mckinsey/business%20functions/quantumblack/our%20insights/the%20state%20of%20ai/2025/the-state-of-a -how-organizations-are-rewiring-to-capture-value_final.pdf?utm_

한편, AI는 콘텐츠 소비의 패러다임도 바꾸어가고 있다. 과거에는 누구나 동일한 방식으로 콘텐츠를 소비했다면, 이제는 개인의 데이터와 취향이 적극적으로 반영된다. 이에 따라, 광고 역시 이용자의 관심사와 행동 데이터를 기반으로 개인화되어, 불필요한 정보를 거르고 보다 설득력 있게 다가간다. 음악 스트리밍 서비스는 사용자의 청취 이력을 셀프 학습해 맞춤형 재생목록을 제안하고, 온라인 플랫폼은 사용자가 선호할 만한 드라마나 영화를 자동으로 추천한다. 더 나아가 팬덤 문화에서는 AI 기반 챗봇이 팬과 직접 대화하는 역할을 하면서, 소비자가 단순한 수용자가 아니라 콘텐츠 경험의 공동 설계자이자 적극적인 참여자로 자리매김하게 되었다. 또한, 인공지능은 기존의 창작 방식을 근본적으로 바꾸어 놓고 있다. 영화에서는 딥페이크 기술을 활용해 이미 세상을 떠난 배우를 되살리거나, 실제 배우와 구분하기 어려운 가상 인물을 등장시킬 수 있다. 음악 분야에서는 알고리즘이 멜로디를 작곡하고, 기존 가수와 합성된 음성으로 가수가 부른 듯한 노래를 만들어낸다. 게임 산업에서는 플레이어의 선택과 상황에 따라 즉석에서 새로운 스토리와 환경을 생성하는 절차적 콘텐츠 기법이 적극적으로 활용되고 있다. 방송 영역에서는 AI가 뉴스 앵커를 대체하거나, 방대한 영상 자료를 자동으로 분류·편집해 프로그램 제작 시간을 획기적으로 단축한다. 공연 무대에서는 홀로그램 기반의 가상 아이돌이 관객과 소통하거나, 관객의 반응에 맞춰 무대가 실시간으로 변화하는 인터랙티브 공연이 시도되고 있다. 이러한 변화는 인간 창작자의 부담을 줄여줄 뿐만 아니라, 그동안 불가능했던 새로운 실험적 형식을 가능하게 한다. 한편, AI가 창작 과정의 중심적 역할을 맡게 되면서 윤리적 논의도 불가피하게 대두되고 있다. 예를 들어, AI가 작곡하거나 참여한 음악의 저작권은 과연 누구에게 귀속될 것인가? 가상 배우의 경우 실제 인물의 초상권 혹은 이미 사별한 배우들의 초상권은 유족에게 있는 것인지, 이 모든 초상권이 어떻게 보호될 것인지, 합법인 듯 불법인듯한 저작권 문제는 가장 뜨거운 미래 이슈로 자리잡을 것이다. 그리고 알고리즘이 특정 문화나 집단에 오히려 편향된 결과를 낳지는 않는지 등과 같은 여러 문제들은 계속해서 사회적인 논의와 합의를 필요로 한다. 이는 단순히 법적 차원을 넘어서서, 창작의 주체와 권리를 정의하는 것에 대한 새로운 인식이 필요하기 때문이다. 무감각한 인공지능 머신이 창작의 진정한 파트너로 자리 잡기 위해서는 기술의 발전을 따라가는 제도적 장치와 윤리 문제에 관한 사회적 인식이 함께 병행되어야 한다.

따라서 앞으로의 과제는 우리 삶의 동반자가 되고있는 'Companion

AI'가 제공하는 무한한 가능성을 더 다양하게 활용하면서도, 인간 창작자, 인간 제작자의 고유한 창의성과 윤리적 기준을 어떻게 지켜낼 것인지 살펴보는 것이다. AI의 정의와 계층구조, 엔터테인먼트 산업과 연관해서 살펴볼 수 있는 특성을 기반으로 할 때, AI는 단순히 군더더기를 없애고 빠르고 효율적인 결과를 알려주고 비용을 절감시키는 기술이 아니라, 이 산업과 관련된 모든 분야의 창작(제작)-유통-소비 등 전 과정을 재구성하는 핵심동력 혹은 핵심역량이 될 것이다. 이제 우리는 4차 산업혁명의 핵심 키워드로 떠오른 '인공지능'이란 단어를 빼고는 우리의 삶을 생각해 볼 수 없으며, 삶 깊숙이 들어와 있는 이 기술을 어떻게든 활용하며 살아야 한다. 물론 문명의 전환점을 이루었던 증기기관이나, 전기, 컴퓨터와 같은 범용 기술도 실제로 인간 사회에 깔리고, 그 삶 속에 적용되어 받아들여지기까지 많은 시간이 소요되었다. AI도 마찬가지다. 2022년 ChatGPT가 등장했지만, 이에 대한 인프라가 깔리고 사람들의 마인드셋을 바꾸고 모든 삶에 적용되기까지는 또 다른 시간이 소요된다. 그리고 이것이 실제 산업에 제대로 실현되기까지, 이러한 시차(time lag)를 적응하며 우리는 또 어느 정도 인내의 시간을 감내해야 한다.

학술적인 파트

개념과 이론 파트는 경영학적 개념과 이론적인 틀을 소개하는 코너입니다. 또한, 더 나아가, 경영학 및 경영전략의 개념들을 엔터테인먼트 산업내에서 실제 어떻게 적용할 수 있는지 다양한 엔터테인먼트 기업의 활동과 연계하여 소개할 것입니다.

AI(Artificial Intelligence), 인공지능은 '인간과 유사한 지능적 행동을 수행하는 기술 혹은 기계'라고 볼 수 있지만, 이제 그 혁명은 시작일 뿐이다. 스스로 학습하며 발전 및 진화해나가는 무한한 능력의 소유자이자, 윤리 문제의 대두와 함께 무법자의 영역에도 설 수 있는 동반자가 되었다. 특히, 엔터테인먼트 산업에서는 AI가 수행할 수 있는 영역을 크게 두 가지 역할로 보고 있다. 첫째, 창작 혹은 제작의 지원 도구로서 스토리 생성, 영상 편집, 음향 디자인, 그리고 창작 이후 이 작품을 소비하는 관객 데이터를 분석하는 것이다. 그리고 둘째, 창작의 주체로서, 완전히 새로운 음악·영상·게임 시나리오를 독자적으로 만들어내는 것이다. 이에 따라 콘텐츠 산업 내 적용할 수 있는 인공지능의 영역을 다음과 같이 예를 들어 살펴볼 수 있다.

〈표〉 콘텐츠 영역별 인공지능의 역할(예시)

분야	인공지능의 역할(예시)
영화	AI 시나리오 생성, CG 합성, 딥페이크를 통한 배우 구현
음악	AI 작곡·편곡, 보컬 합성, 청취자 맞춤형 플레이리스트
게임	NPC 인공지능, 절차적 세계 생성, 실시간 난이도 조절
방송	가상 앵커, 광고 타게팅(targeting), 시청자 반응 분석
공연	홀로그램 콘서트, 가상 아이돌, AI 무대 디자인

한편, AI가 엔터테인먼트 산업에 스며들면서 기업의 경영전략과 기업을 운영하는 방식에도 근본적인 변화가 함께 일어나고 있다. 특히 경영전략의 핵심 개념인 비전(Vision)과 미션(Mission), 그리고 RBV(Resource Based View)라 불리우는 자원기반관점, 그리고 DC(Dynamic Capability)라 불리우는 동적역량 이론은 이러한 변화를 이해하는 중요한 틀을 제공한다. 단순히 기술의 도입이나 기계의 사용 여부를 넘어, 이 개념들은 기업이 어떠한 방향성을 가지고 장기적인 미래를 그려나가는지, 단기적으로는 어떤 자원을 축적해가면서 목표에 부합하는 행동을 이어가는지, 또 빠르게 변화하는 경영환경 변화를 적응하면서 이에 맞춰가는지, 사업부 수준에서, 또 기업 수준에서, 글로벌 수준에서의 전략을 통해 기업의 미래 경쟁력을 좌우하는 핵심 이슈들을 어떻게 다루는지를 결정하기 때문이다.

우선, 기업의 비전과 미션은 AI 시대에 다시 정의되고 있다. 비전은 미래에 기업이 도달하고자 하는, 혹은 추구하는 이상적인 모습으로 "장기적으로 우리 기업 혹은 조직이 어디로 가고 싶은가?"에 대한 답변을 마련하는 것과 같다. 반면 미션은 '현재' 조직이 존재하는 이유를 설명할 수 있고, 이에 따른 핵심 목적으로 "왜 존재하는가?" 혹은 "(단기적으로) 어떻게 존재해야 하는가"에 대한 답변을 하는 것이 될 수 있다. 과거 엔터테인먼트 기업의 미션이 '즐거움과 감동을 전달한다'는 단순한 차원에 머물렀다면, 오늘날에는 '데이터를 바탕으로 한 맞춤형 경험 제공', '인간과 기술이 협력하는 창작 생태계 구축'과 같은 새로운 목표가 강조되고 있다. 넷플릭스는 "세상의 모든 이들에게 최고의 엔터테인먼트를 제공한다"는 비전을 내세우며, 방대한 시청 데이터를 활용한 추천 알고리즘을 통해 이를 뒷받침하는 시스템을 만들어나가고 있다. 즉, 인공지능은 이제 기업의 단순한 운영 효율화 도구나 기술이 아니다. 기업의 비전과 목표를 정하는 정체성의 주인공이자 이 모든 경영전략을 실현하는 핵심 수단으로 자리매김했다. 특히, 인공지능은 기업의 단기 전략과 중장기 전략 모두에 영향을 미친다. 단기적으로는 영화 편집이나 음악 믹싱, 혹은 자막 번역과 같은 제작 과정에 사용하여 AI 자동화에 따른 비용과 시간의 이점을 활용하되, 이러한 인공지능을 길들이는 파인튜닝까지 곁들이는 것이다. 마치 나의 체형에 맞춤식으로 수선 혹은 커스터마이징하는 것과 같은 작업을 추가로 더하는 것이다. 마치 유튜브 크리에이터들이 만든 콘텐츠안에 자동 자막과 번역 기능을 넣어 개인 창작자들이 더 많은 시간을 다른 중요한 작업에 사용할 수 있게 해주고, 개인화된 맞춤식 콘텐츠가 완성되도록, 그리하여 결국 전세계를 상대로 글로벌 시장에 진입할 수 있는 기회까지 열어주게 하는 것이다. 이는 과거 대형 스튜디오나 대기업만 가능했던 글로벌 시장 확장을 누구나 시도할 수 있게 도와주는 것이다. 중장기적으로는 새로운 가상 아이돌을 만들고, 기존 가수들의 공연안에 홀로그램이 녹아들어가도록 연출한다든지, 개인화 스트리밍 서비스와 같이 새로운 시장과 수익 모델을 창출하는 기반을 마련하는 것이다. 일본의 크립톤 퓨처 미디어가 '하츠네 미쿠'를 AI 기반 가상 가수로 발전시켜 공연·굿즈·팬 커뮤니티까지 하나의 생태계를 구축한 사례는 인공지능을 활용한 기업전략의 변화를 잘 보여준다.

다음으로, 경영전략의 자원기반관점(RBV)은 인공지능이 다음 단계의 인터페이스 혁명을 위해 기업의 새로운 전략적 자원이 될 수 있음을 보여준다. 이 이론은 기업이 보유한 희소하고 모방하기 어려운 자원이 장기적으로 경쟁우위를 창출한다고 보는 것인데, 인공지능은 엔터테인먼트 기업이 축적해야 할 새로운 형태의 핵심 자원(capabilities)으로 부상했다. 이 산업에서 모여지는 거대한 빅데이터와 알고리즘, 이에 따른 시스템이나 플랫폼 마련, 그리고 브랜드 신뢰와 윤리 문제 해결 등은 바로 자원기반관점에서 논의된 핵심역량 자원이 된다. 예를 들어 K-팝 업계에서 적용된 RBV의 사례를 보면, SM엔터테인먼트나 하이브와 같은 기획사는 단순히 가수를 양성하는 것이 아니라, 가상 아이돌과 AI 기술을 활용한 IP(Intellectual Property 지적재산권: 창조적인 활동 혹은 경험으로 창출된 정보나 지식, 기술 혹은 예술 작품 등에 이르기까지 무형 창작물에 부여되는 법적인 권리로, 특허권, 상표권, 저작권, 디자인권 등을 포함) 자산을 축적하고 있다. 이는 단순히 공연을 넘어, 게임·메타버스·광고·굿즈와 연결되는 확장형 가치사슬을 창출한다. 특히, 하이브(HYBE)는 팬덤 데이터를 토대로 AI 기반 플랫폼 '위버스'를 구축해 음악회사를 넘어 글로벌 팬 커뮤니케이션 기업으로 성장하고 있다. 또한, 넷플릭스가 보유한 추천 알고리즘은 순수한 기술이 아니라, 오랜 기간 축적된 사용자 빅데이터와 기계학습 모델이 결합해 만들어낸 독창적인 무형자산이자 핵심역량이다. 이는 경쟁사가 단기간에 모방하기 어려운 '빅데이터 기반의 AI 추천 역량'으로, 넷플릭스가 글로벌 OTT 시장에서 차별화된 입지를 유지하는 중요한 원천이 되었다. 결국, AI 기술은 기본적인 지원 도구가 아니라, 기업이 축적할 수 있는 가장 강력하고도 지속가능한 경쟁우위 자원으로 자리 잡고 있다. 여기에 추가할 수 있는 '동적역량(Dynamic Capabilities)' 관점은 급변하는 시장에 맞추어 인공지능의 역할을 설명하는 데 매우 유용하다. 디즈니가 고전 애니메이션을 AI 기술로 리메이크하여 새로운 Z세대에게 선보이는 전략을 살펴보자. 디즈니는 기존 지적재산(IP)을 재구성해 가치를 극대화한 전형적인 사례를 잘 보여주고 있다. 게임 산업에서도 유사한 사례가 존재한다. 기술을 통해 자원을 재배치하고 새로운 몰입 경험을 창출한 유비소프트의 사례가 그렇다. 유비소프트는 AI NPC를 도입해 플레이어의 행동에 맞춰 변화하는 세계를 만들고 있는데, 이것이 바로 대표적인 동적역량의 좋은 예이다. 이렇게 동적역량이란 기업이 새로운 기회를 포착 및 감지하여 자원을 재구성하고, 끊임없이 혁신할 수 있는 능력을 의미한다.

이처럼 경영전략적 관점에서 볼 때, AI 인공지능은 간단한 기술 도구나 기술이 아니라 기업 전반의 전략을 다시 설계하게 만들고, 산업을 변화시키는 동력으로 작용한다. 기업의 비전과 미션은 AI 시대에 맞추어 '맞춤형 경험을 설계하는 플랫폼 기업'으로 재정립될 필요가 있다. 자원기반관점은 데이터를 중심으로 한 AI 자원이 곧 경쟁우위의 핵심임을 보여주고 있는데, 나아가 이러한 시대에 데이터 확보 경쟁도 만만치 않다. '믿을 만한 정보' 소스를 구축해 놀라운 성과로 이어지게 하는 비결은 바로 데이터 그 자체에 있기 때문이다. 인공지능이 방대하고도 질 좋은 데이터 소스를 가지고 학습하여 최상의 결과를 내보이며 성장하듯이, 지속가능한 기업 역량은 끊임없이 추가할 수 있는, 양적, 질적인 데이터 확보에 있다. 아울러, 동적역량 이론은 AI가 환경 변화에 빠르게 대응할 수 있는 유연성을 제공한다는 것을 시사한다. 결국, AI는 효율성을 높이는 수단을 넘어, 엔터테인먼트 산업의 창조과 제작, 유통(배급)과 마케팅, 그리고 1차 소비, 2차 소비에 이어지는 전 과정을 다시 짜는 전략적 자산이자 혁신의 촉매로 작동한다. 이제 우리의 과제는 인공지능이 가져오는 무한한 가능성을 활용하되, 동시에 인간의 고유한 창의성과 윤리적 기준을 만들어가면서, AI와 어떻게 동행할 수 있을지에 대한 전략적 방안을 마련하는데 있다.

사례 파트(Case Study 및 토론문제)

실무적인 파트

사례 파트(Case Study 및 토론문제)에서는 좀 더 심도깊은 엔터테인먼트 산업내 AI 사례들을 살펴봅니다. 즉, 본 챕터에서 숙지한 경영학적 개념과 이론들을 엔터 세계에 적용시킬 수 있는 실제 사례들을 소개합니다. 또한 이 사례를 바탕으로 학생 및 일반, 전문가 독자들이 함께 토론 및 생각해 볼만한 문제들을 수록합니다.

AI가 엔터테인먼트 산업에 본격적으로 도입되면서 기업들은 기존 전략을 재구성하고 새로운 기회를 만들어내고 있다. 이번 장에서 다룬 개념과 이론(미션·비전, 자원기반관점, 동적역량)을 실제 현장에서 어떻게 적용할 수 있는지 이해하기 위해, 세 가지 대표적인 사례를 살펴본다.

사례 1 넷플릭스(Netflix)의 데이터 기반 추천과 맞춤형 경험

넷플릭스는 오늘날 글로벌 OTT 시장을 대표하는 기업이 되었지만, 단순히 풍부한 콘텐츠 확보만으로 경쟁력을 지속가능하게 유지하는 것은 불가능하다. 넷플릭스가 시장에서 독보적 위치를 차지하게 된 핵심은 방대한 데이터 자산과 이를 활용하는 AI 기반 추천 알고리즘에 있다. 이용자가 시청하는 콘텐츠는 물론, 시청을 멈춘 시점, 시청 장치, 반복 재생 여부 등 수많은 데이터가 축적된다. 넷플릭스의 이 정보들은 알고리즘에 의해 분석되어, 각 개인에게 최적화된 콘텐츠가 제안되도록 되어 있다. 자원기반관점(RBV)에서 볼 때, 넷플릭스의 가장 강력한 무형자원은 이처럼 축적된 빅데이터와 고도화된 추천 시스템이다. 다른 기업이 단기간에 모방할 수 없는 독창적 역량이기 때문에, 이는 장기적 경쟁우위의 원천이 된다. 또한 넷플릭스는 동적 역량 이론의 관점에서도 변화하는 환경에서 자원을 재배치하고 기회를 포착하는 강점을 지니고 있다. 넷플릭스는 끊임없이 변화하는 소비자 취향과 경쟁 환경에 적응하고 있는데, 예를 들면, 팬데믹 기간 동안 다큐멘터리와 리얼리티 프로그램에 대한 수요가 급증했다. 이때, 넷플릭스는 데이터 분석을 기반으로 제작 방향을 빠르게 조정해나갔고, 그 결과 새로운 시청층을 확보하는 데 성공했다. 즉, 넷플릭스의 사례는 AI가 최신 기술의 일면을 보여주는 기본적인 혁신 혹은 기술적 보조 수단이 아니라, 기업의 비전과 미션을 구체화하고 전략적 차별화를 실현하는 중요한 자원임을 보여준다. "세상의 모든 사람들에게 최고의 엔터테인먼트를 제공한다"는 넷플릭스의 비전은, 개인 맞춤형 추천이라는 구체적 서비스로 구현되었고, 이는 소비자가 넷플릭스에 오래 머물게 하는 가장 강력한 이유가 되었다.

사례 2 하이브(HYBE)의 팬덤 데이터와 AI 플랫폼의 확장

그동안 한국의 K-팝 산업은 전 세계 음악 시장에서 다른 나라의 가수들이 생각해보지 못했던 독창적인 성장 모델을 제시해왔다. 그중 BTS를 필두로 국내 엔터 빅4의 독보적인 자리로 올라간 하이브는 이제 단순한 음악 기획사 수준을 넘어섰다. '위버스(Weverse)'는 플랫폼을 통해 팬덤 자체를 기업의 전략적 자원으로 삼아, 하이브를 글로벌 플랫폼 기업으로 성장시킨 좋은 사례다. 이 플랫폼은 팬들이 아티스트와 직접 혹은 간접적으로 다양하게 소통할 수 있는 그들만의 공간이자, 음악과 영상, 굿즈상품과 공연 티켓을 모두 한데 묶은 원스탑 서비스 플랫폼이자 종합 생태계이고, 회사의 중추이다. 자원기반관점에서 보면, 하이브의 이러한 자원은 단순히 아티스트라는 인적 자산을 넘어섰다. 그들이 가진 전세계 팬덤 데이터를 축적하고 분석해서 이런 저런 전략에 활용하는 역량이야말로 하이브가 가진 진정한 무형자산이다. 전 세계 곳곳에서 팬들이 남긴 메시지, 굿즈와 스타 관련 상품에 대한 구매 패턴, 팬들이 참여하는 여러 봉사 및 참여 활동 등은 하이브만이 확보할 수 있는 희소한 무형자원이 되었는데, 이는 하이브로 하여금 새로운 비즈니스 기회를 창출할 기회를 만들어주었다. 여기에 AI 챗봇과 세계 각국의 현지어로의 자동 번역, 추천 시스템이 결합되면서, 팬들은 언어와 지역의 장벽을 완전히 허물게 되었고, 자신이 좋아하는 아티스트와 관계를 맺는 것이 더 간단해졌다.

동적역량 이론의 측면에서도 하이브의 끊임없는 변화는 벤치마킹의 대상이 된다. 평이한 음반 제작에서 출발한 하이브는, 가상 아이돌, 팬데믹으로 빨라진 기술의 변화를 반영한 메타버스 공연, 글로벌 온라인 팬미팅까지 변화무쌍한 혁신을 선보여줬다. 이는 AI 기술을 적극적, 선제적으로 활용한 하이브의 전략적 노력의 결과다. 예측하기 힘든 여러 경영 환경의 변화에 맞추어 팬덤 문화를 재구성하면서 그들만의 혁신을 이어가고 있다는 점, 그들의 동적역량 변신과 확장은 국내 엔터 세계에서는 존경의 대상으로 남아있다. 또한 하이브는 AI를 활용해 팬 경험을 세밀하게 맞춤화하고 있다. 예컨대, 팬들이 남긴 방대한 댓글과 대화 데이터를 분석해 아티스트의 커뮤니케이션 전략을 조정하거나, 쌍방향적인 커뮤니케이션이 가능하도록 인공지능을 적절히 사용한다든지, 팬의 감정 반응을 분석해 새로운 마케팅을 설계하는 방식을 만들어 나가고 있다. 이는 하이브라는 기업의 미션이기도 한 '음악을 통한 전 세계 팬과의 연결'을 실질적으로 구현해낸 전략적 사례다.

사례 3 디즈니(Disney) 고전 IP의 AI 리메이크 전략

디즈니는 방대한 지적재산권(IP)을 보유한 기업으로, 이를 어떻게 활용하느냐가 기업 전략의 핵심이었다. 최근 디즈니는 AI 기술을 활용해 고전 애니메이션을 리메이크하는 전략을 적극 추진하고 있다. 단순히 화질을 개선하는 수준이 아니라, AI를 통해 오래된 음성을 복원하고, 캐릭터의 움직임을 새롭게 합성하며, 시각적 효과를 강화해 새로운 세대의 관객에게 선보이고 있다. 이 전략은 자원기반관점에서 디즈니가 가진 강력한 IP 지적재산권 자산을 AI라는 새로운 기술 자원과 결합하여 재해석한 사례다. 과거에는 이미 소비된 콘텐츠로 여겨졌던 오래된 작품들이 AI 기술을 만나 다시금 수익을 창출할 수 있는 자원으로 변모한 것이다. 동시에, 동적역량 이론의 측면에서 디즈니는 과거 자산을 현재의 소비 트렌드에 맞게 재구성함으로써, 환경 변화에 유연하게 대응하고 있다. 예를 들어, 디즈니+를 통해 고전 애니메이션의 리마스터 버전을 제공하는 것은 단순히 과거를 복원하는 것이 아니라, 새로운 세대의 시청 문화를 겨냥한 전략적 선택이라 할 수 있다.

여기에 더해, 디즈니는 AI 기술을 활용해 전통적인 제작 비용과 시간을 줄이면서도 창작의 질을 유지하고 있다. 이는 단순한 비용 절감을 넘어, 지속 가능한 콘텐츠 생태계를 만드는 중요한 시도로 평가된다. 결과적으로 디즈니는 AI를 통해 IP의 생명력을 연장시키고, 새로운 세대의 관객과 접점을 형성하는 데 성공하고 있다.

토론 문제(Discussion Questions)

1. 넷플릭스의 AI 추천 시스템은 현재 강력한 경쟁우위를 제공하고 있다. 그러나 경쟁사들도 기술을 빠르게 따라잡는 상황에서 이 시스템이 장기적으로도 넷플릭스의 차별화 전략이 될 수 있을까? 또한 데이터 활용과 개인정보 보호 사이의 균형은 어떻게 가능할까?

2. 하이브는 AI 기반 팬덤 플랫폼을 통해 음악 산업을 넘어 다양한 산업으로 확장할 수 있다. 그렇다면 이러한 확장이 구체적으로 어떤 가능성을 지니고 있으며, 동시에 어떤 위험 요소를 동반할 수 있을까?

3. 디즈니의 AI 리메이크 전략은 고전 IP를 새로운 세대에게 재해석하는 방법이다. 그렇다면 이것은 창작의 확장으로 볼 수 있을까, 아니면 단순한 자원 재활용에 불과한 것일까?

에세이 과제

생각할 문제들

이 에세이 과제 파트는 본 전문 학습서의 독자들이 생각해볼 수 있는 에세이 문제들을 과제로 소개해 주는 코너입니다. 각 챕터와 관련된 주제를 가진 에세이 과제들을 통해 간접적으로 AI와 엔터산업, 한류 및 한류 연계산업들의 동반성장 전략 또한 생각해볼 수 있는 기회를 마련할 수 있습니다.

에세이 과제(Essay Assignments): 생각할 문제들

(답변을 손글씨로 직접 책 속에 작성해 주세요)

1. 넷플릭스가 AI 추천 알고리즘을 통해 전 세계 시청자들에게 맞춤형 경험을 제공하고 있다. 그러나 유사한 기술을 경쟁사들도 확보하고 있는 상황인데, 넷플릭스가 앞으로 어떤 전략을 추가로 모색해야 장기적 경쟁우위를 유지할 수 있을지 논하시오.

2. 하이브(HYBE)는 위버스(Weverse) 플랫폼을 통해 팬덤 데이터를 활용하고 있으며, 이를 AI와 결합하여 음악 산업을 넘어 다양한 산업으로 확장하려 하고 있다. 이러한 전략이 한류(K-팝) 생태계 전반의 성장에 어떤 영향을 줄 수 있는지 논하시오.

3. 디즈니는 AI 기술을 활용해 고전 애니메이션을 리메이크하고 있다. 이러한 전략을 단순한 자원 재활용으로 볼 수 있을지, 아니면 새로운 창작 행위로 평가할 수 있을지를 논하고, 이 전략이 한국 엔터테인먼트 기업들에게 주는 시사점을 제시하시오.

Industry Talk

실무자 인터뷰 인사이트 모음

AI 및 엔터테인먼트 산업내 다양한 종사자들과의 인터뷰를 통해, 현실적인 산업 혹은 기업내 이야기와 이 분야 취업을 위한 유용한 정보 및 다양한 이야기꺼리로 취업과 진로를 준비하는 학생 독자들에게 매우 유용한 자료 및 조언이 될 것입니다.

1) Edward Saatchi(Fable, Showrunner 창업자)

"We think the Toy Story of AI isn't going to be a cheaply produced animated movie, it's going to be something that's playable… Most people feel that generative AI is a tool to make the same, but cheaper, and we're trying to say it's a new kind of medium. Cinema was not about saving theater owners money; it was highly disruptive and took years to explore as a medium. I feel like the industry is kind of cutting off that exploratory element with generative AI by just shoving it into movies."

(The Verge, 2025.8.30.)

"저희는 AI의 토이 스토리가 값싸게 만든 애니메이션이 아니라, 플레이할 수 있는 것이 될 거라고 봅니다… 대부분 사람은 생성 AI를 '같은 걸 더 싸게 만드는 도구'로 생각하지만, 우리는 이게 새로운 종류의 매체라고 말하고 싶어요. 영화는 극장 주인들의 돈을 절약하기 위한 게 아니었어요; 매우 파괴적이었고 매체로서 탐색하는 데 수년이 걸렸죠. 그런데 지금 산업은 생성 AI를 단순히 영화에 밀어 넣음으로써 그 탐색적 요소를 제거하고 있는 것 같아요."

Key Takeaways

Saatchi는 AI를 기존 영화의 단순한 효율 도구로 보지 않고, 새로운 창작 매체로서의 가능성을 강조하며, 기술이 예술적 탐색을 앞서지 않도록 경고하고 있다.

2) James Cameron(감독, Stability AI 이사회 멤버)

"My goal was not necessarily to make a shit pile of money. The goal was to understand the space. To understand what's on the minds of the developers… What are they targeting? What's their development cycle?... We've got to figure out how to cut the cost of that in half.… That's not about laying off half the staff and the effects company. That's about doubling their speed to completion on a given shot, so your cadence is faster and your throughput cycle is faster, and artists get to move on and do other cool things and then other cool things, right? That's my sort of vision for that."(Business Insider, 2025.4.11)

"제 목표는 무조건 돈을 왕창 벌기 위한 게 아니었어요. 목표는 이 공간을 이해하는 것이었죠. 개발자들이 무엇을 목표로 하는지, 그들의 개발 주기는 어떤지 이해하는 것이었어요… 그 [블록버스터 제작] 비용을 절반으로 줄이는 방법을 찾아야 합니다.… 그게 절반의 스태프나 VFX 회사를 해고하라는 게 아니에요. 특정 컷을 두 배 빠르게 완성하게 만드는 거죠. 작업 속도도 빨라지고, 예술가들은 더 많은 멋진 일들을 할 기회를 얻는 겁니다. 그게 제가 꿈꾸는 비전입니다."

Key Takeaways

Cameron은 AI를 통해 제작 비용을 줄이는 방식이 아니라, 스태프 해고 없이 작업 속도를 높여 창작자들이 더 자유롭고 다양한 작업을 할 수 있도록 돕는 생산성 향상 도구로 보고 있다.

3) Alex Proyas(감독)

"While no direct full-length quote present, Proyas is cited as believing the movie industry is "broken" due to systemic issues-not AI-and that "AI has the potential to revitalize filmmaking by reducing production costs and increasing independence for creators." He emphasizes AI still "requires skilled human oversight and creative direction."(theguardian.com, 2025.9.2.)

"영화 산업은 시스템 자체의 문제로 인해 무너진 상태이며, AI는 제작비를 절감하고 창작자들의 자립성을 높이는 방식으로 영화 제작을 되살릴 수 있는 잠재력을 가졌습니다. 하지만 AI는 여전히 숙련된 인간의 감시와 창의적 지시가 필요한 보조 도구입니다."

Key Takeaways

Proyas는 AI가 산업 전반의 구조적 문제를 해결하는 열쇠가 될 수 있음을 강조하면서, 인간 중심의 감독·창작 과정의 중요성을 잃지 않도록 경계하고 있다.

4) Pete Docter(Pixar CCO)

"AI seems like it is the least impressive blah average of things."

(Business Insider, 2025.7.6.)

"AI는 가장 감흥 없는, 평균의 평균처럼 보입니다."

Key Takeaways

아이디어·연기·타이밍 같은 핵심은 여전히 사람의 영역, 다만 무거운 작업의 보조에는 AI의 활용 여지가 있다고 본다. 따라서 이 분야로의 진출을 원하는 사람은 리깅/클린업 자동화처럼 반복 작업 단축 스크립트를 만들어 포트폴리오에 포함해보는 연습이 필요하다.

5) Rob Bredow(Lucasfilm/ILM CCO)

"We need to use these tools thoughtfully and with the full permission of the talent." (Good Good Good, 2025.4.9.)

"이 도구들은 사려 깊게, 그리고 당사자 동의하에 사용해야 합니다."

Key Takeaways

그는 영화 〈인디아나 존스〉의 디에이징 등 사례를 들며 실무는 '도구 혼합'과 권리 존중이 핵심이라고 강조했다. 따라서 이 분야에서 일하는 사람들은 권리·동의 관리 체크리스트(데이터 출처·승인 절차)를 작업 문서에 포함하면 신뢰를 얻을 수 있다.

참고한 자료들

본 챕터에서 참고로 활용된 모든 문헌들(국내 및 해외 도서, 국내 및 해외 논문, 기사, 매거진, 홈페이지 등)을 표기했습니다.

한국콘텐츠진흥원. (2024). *2024년 2분기 콘텐츠산업 동향분석 보고서*. 나주: 한국콘텐츠진흥원. https://welcon.kocca.kr/ko/info/trend/1954542 Welcon

한국콘텐츠진흥원. (2025). *미국 콘텐츠 특화보고서*. 나주: 한국콘텐츠진흥원. https://welcon.kocca.kr/cmm/fms/CrawlingFileDown.do?atchFileId=FILE_2eef78a7-9718-4962-88fa-fcb212406a23&fileSn=1

Brynjolfsson, E., & McAfee, A. (2017). *Machine, platform, crowd: Harnessing our digital future*. New York, NY: W. W. Norton & Company. https://wwnorton.com/books/Machine-Platform-Crowd/ W.W. Norton & Company

Cook, M. (2025, April 9). Lucasfilm on AI: "We need to use these tools thoughtfully and with the full permission of the talent." *Good Good Good*. https://www.goodgoodgood.co/articles/ai-replacing-human-artists-star-wars-ted-talk

Davenport, T. H., & Kirby, J. (2016). *Only humans need apply: Winners and losers in the age of smart machines*. New York, NY: Harper Business. https://www.harpercollins.com/products/only-humans-need-apply-thomas-h-davenportjulia-kirby HarperCollins

Edmonds, L. (2025, April 10). James Cameron says the cost of blockbuster films needs to be cut in half, and AI is the answer. *Business Insider*. https://www.businessinsider.com/james-cameron-ai-blockbuster-films-costs-2025-4 Business Insider

Edmonds, L. (2025, July 5). Pixar's chief creative officer says AI is "the least impressive blah average of things." *Business Insider*. https://www.businessinsider.com/pixar-chief-creative-officer-pete-docter-ai-jobs-animation-2025-7 Business Insider

McKinsey & Company. (2023, August 1). *The state of AI in 2023: Generative AI's breakout year*. https://www.mckinsey.com/capabilities/quantumblack/our-insights/the-state-of-ai-in-2023-generative-ais-breakout-year(PDF: https://www.mckinsey.com/~/media/mckinsey/business%20functions/quantumblack/our%20insights/the%20state%20of%20ai%20in%202023%20generative%20ais%20breakout%20year/the-state-of-ai-in-2023-generative-ais-breakout-year_vf.pdf) McKinsey & Company+1

Pulliam-Moore, C. (2025, August 29). Showrunner wants to turn you into a happy little content prompter for the "Netflix of AI." *The Verge*. https://www.theverge.com/ai-artificial-intelligence/762594/fable-showrunner-edwatch-saatchi-interview

Russell, S., & Norvig, P. (2020). *Artificial intelligence: A modern approach*(4th ed.). Hoboken, NJ: Pearson. https://www.pearson.com/en-us/subject-catalog/p/artificial-intelligence-a-modern-approach/P200000003500/9780137505135

Taylor, J. (2025, September 2). Australian film-maker Alex Proyas: "Broken" movie industry needs to be rebuilt and "AI can help us do that." *The Guardian*. https://www.theguardian.com/technology/2025/sep/02/australian-film-maker-alex-proyas-broken-movie-industry-needs-to-be-rebuilt-and-ai-can-help-us-do-that

02
Chapter

AI가 만들어내는 콘텐츠 : 창작과 제작의 진화와 혁신

세부 내용:
- AI가 창작하는 음악, 그림, 영화, 스토리 등
- Discriminative AI(판별 AI), Generative AI(생성형 AI)와 크리에이티브 AI의 차이점
- 엔터테인먼트 세계에서 AI와 인간의 역할 재정립
- 외부 경영환경, 자원기반이론과 동적역량의 변화

기대효과:
- AI를 활용한 창작 기법 이해
- 창작자들에게 새로운 가능성을 제시

시사점:
- 인간 창작자와 AI의 협업 모델
- AI가 만든 콘텐츠의 저작권 문제

주요 독자층:
- 콘텐츠 제작자, 아티스트, 크리에이터
- AI 기술에 관심 있는 일반 독자
- AI와 엔터테인먼트와의 연관성에 관심있는 학생들

Big Map

전체 챕터 구성과 연관성 지도

- Chapter Ⅰ **AI와 엔터테인먼트의 만남:** 역사와 현재
- Chapter Ⅱ **AI가 만들어내는 콘텐츠:** 창작과 제작의 진화와 혁신
- Chapter Ⅲ **AI와 영화 산업:** 가상 배우에서 자동 편집까지
- Chapter Ⅳ **AI와 음악 산업:** 작곡, 연주, 믹싱의 자동화
- Chapter Ⅴ **AI와 게임 산업:** NPC, 시뮬레이션, 자동 콘텐츠 생성
- Chapter Ⅵ **AI와 방송·미디어:** 뉴스, 광고, 스트리밍의 자동화
- Chapter Ⅶ **AI와 공연예술:** 가상 아이돌, 홀로그램 콘서트, 인터랙티브 공연
- Chapter Ⅷ **AI와 팬덤 문화:** 팬과 AI의 새로운 관계
- Chapter Ⅸ **AI와 윤리:** 창작과 기술의 경계를 넘어서
- Chapter Ⅹ **미래의 엔터테인먼트:** AI와 인간이 공존하는 세계

이 챕터는 'AI가 실제로 무엇을 만들 수 있는가'라는 질문에 대한 체계적인 답을 제공한다. 음악, 그림, 영화, 스토리 등 장르별 창작 방식과 사용 도구를 설명하고, 생성형 AI와 크리에이티브 AI의 차이를 명확히 구분한다. 최근 몇 년간, 인공지능의 역할은 부단히도 많이 변해왔다. 단순히 우리의 삶을 도와주는 도구 수준을 넘어서서, 특히 문화콘텐츠, 엔터테인먼트 산업에서는 이제 창작과 제작의 영역으로 깊이 있게 들어왔다. 이에 따라, 창작자와 제작자로서의 인공지능은 여러 산업의 비즈니스 모델을 혁신적으로 변화시키고 있으며, 창작자 협업 플랫폼을 만들고, 브랜드를 만드는 혁신 도구로 다양하게 활용되고 있다. 이는 단순히 4차 산업혁명의 시대를 보여주는 시대상을 넘어서서, N차 산업혁명의 시대를 이어주는 발판을 마련하고 있는 것이라 볼 수 있다. 또한 경영학적으로도 외부 경영환경의 변화에 따라 다양한 이해관계자들이 새롭게 나타나고, 변화하는 현상을 주목해서 볼 필요가 있다.

AI와 창작자의 역할 재정립

1

AI 시대의 창작자 역할 변화

- 기술 활용자료자로 변화
- 아이디어 구현 용이
- 대량 콘텐트 생산
- 개인화 콘텐츠 제작
- 창의성에 더 집중

2

연간과 AI의 협업 모델

- AI 보조 도구 활용
- 인간의 감성 주입
- AI 결과물 큐레이션
- 윤리적 판단 담당
- 최종 결정권 보유

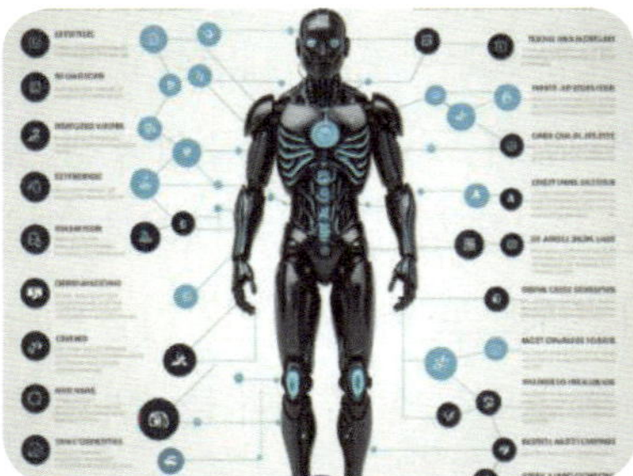

3

AI활용 능력의 중요성

- AI 도구 숙달 필요
- 데이터 해석 능력
- AI 윤리 이해
- 기술 트렌드 파악
- 융합적 사고 요구

4

새로운 직업의 등장

- AI 프롬프트 엔지니어
- AI 윤리 전문가
- 데이터 큐레이터
- AI 콘텐츠 감독
- 가상 캐릭터 매니저

Intro(도입)

주체로서의 인간이 매개자(Mediator)가 되는 현실

2018년, 한 프랑스 경매장에서 한 그림이 43만 달러(한화 약 5억 원)에 낙찰되었다. 작가 이름은 '에드몽 드 벨라미(Edmond de Belamy)'. 하지만 실체를 알고 보니, 그는 사람이 아니라 AI 알고리즘이었다. 이 사건은 세계 예술계에 충격을 주었는데, 그림을 '그리는' 주체가 인간에서 알고리즘으로 옮겨간 순간이었기 때문이다. 불과 몇 년 사이, 음악에서는 AI 작곡가가 전 세계 차트를 노크하고, 영화에서는 AI가 시나리오와 예고편을 만들며, 게임에서는 AI가 스토리를 실시간으로 생성해 낸다. 이제 창작의 출발점과 끝점, 그리고 그 과정 모두에 AI가 개입하고 있다. 이에 따라, 이 장에서는 AI의 창작 메커니즘과 도구의 실질적 활용 방식, 그리고 창작자와 AI가 함께 만들어가는 새로운 협업 모델을 살펴볼 것이다. 이제 우리는 4차 산업혁명의 핵심 키워드로 떠오른 '인공지능'이란 단어를 빼고는 우리의 삶을 생각해 볼 수 없으며, 삶 깊숙이 들어와 있는 이 기술을 어떻게해든 활용하며 살아야 한다.

한때 인공지능은 창작의 주변에서 작동했다. 초안을 정리하고, 색보정을 돕고, 긴 영상에서 하이라이트를 추려주는 편리한 도구에 머물렀다. 그러나 최근 몇 년 사이 AI는 단순한 보조자를 넘어 창작의 주체로 무대 중앙에 올라섰다. 음악을 짓고, 그림을 그리고, 이야기를 엮고, 장면을 설계하는 '결정' 자체를 수행하기 시작했다. 그와 동시에 인간 창작자의 위치도 달라졌다. 연필을 쥐던 손에서 한 발 물러나, 매개자(mediator)로서 아이디어와 데이터, 알고리즘과 관객 사이의 흐름을 설계하고 조율하는 역할이 커졌다. 이 장은 바로 그 변화, 주체로서의 AI와 매개자로서의 인간을 출발점으로 삼아, 창작과 제작의 혁신이 어디까지 왔고 어디로 향하는지를 차분히 해부한다.

1) '만드는 존재'의 재정의: 도구에서 주체로

AI가 직접 음표를 배치하고, 그림의 구도를 정하고, 장면의 동선을 짜고, 플롯의 갈등곡선을 제안할 때 우리는 질문을 던지게 된다. "이 작품을 만든 존재는 누구인가?" 전통적으로 창작의 주체는 사람이었다. 그러나 오늘의 창작 현장에서는 아이디어-데이터-모델-피드백이 하나의 루프를 이루며, 루프의 각 지점에서 AI가 독자적 판단을 내린다. 이 판단은 통계적 예측이면서 동시에 형식의 선택이기도 하다. 결과물은 더 이상 '인간의 생각을 기계가 옮겨 적은 산출물'이 아니라, 인간과 AI가 번갈아 주도권을 잡으며 축조한 일종의 '공동 구성물(co-constructed work)'에 가깝다. 핵심은 "주체가 한 명"이라는 관념이 약해지고, 주체성이 '분산'된다는 점이다. 작곡자는 멜로디를 직접 쓰기보다, 모델이 산출한 수십 개의 변주를 미적 기준으로 선별하고 가다듬는다. 감독은 장면을 촬영하기 전에 AI가 합성한 프리비주얼을 보며 편집 리듬과 카메라 동선을 미리 결정한다. 스토리 작가는 인물 간 동기와 세계관의 규칙을 정의하고, 모델은 그 규칙 아래에서 장면을 확장한다. 창작의 주체가 인간에서 기계로 "이전"된 것이 아니라, 주체의 자리가 인간과 AI 사이에 "공유"되고 있는 셈이다.

2) 인간의 새로운 일: 매개, 큐레이션, 윤리적 설계, 메타-크리에이터

주체가 분산될수록 인간에게 요구되는 역량은 완전히 달라진다. 그 첫 번째 역량은, 매개자로서의 기획력이다. 무슨 데이터를, 어떤 형식으로, 어떤 모델에 투입할지 결정하는 데이터 큐레이션은 작품의 질감과 정체성을 좌우한다. 두번째 역량은, 프롬프트와 제약의 설계 능력이다. "이 작품이 무엇이 아닌지"를 정확히 규정하고, 미적 금기와 톤 앤 매너를 제약으로 코딩하는 일은 기존의 연출·편집 감각과 새롭게 결합한다. 세번째로 필요한 역량은 윤리·저작권·동의 체계의 운영이다. 학습과 합성에 얽힌 권리 문제를 사전에 점검하고, 흔적을 남기는 권리·동의 로그(Consent Log)를 관리하는 실무가 이제 필수 공정으로 편입된다. 마지막 역량은, 관객 혹은 고객 데이터의 해석이다. 고객의 실시간 반응과 A/B 테스트 결과를 읽어 모델의 생성 전략을 미세 조정하는 역량이 브랜드와 작품의 지속성을 결정할 수 있기 때문이다. 이 모든 과정에서 인간은 더 이상 "모든 것을 직접 만드는 손"이 아니라, 만들어지게 하는 손, 즉 '메타-크리에이터(meta-creator)'가 된다. 아이디어의 방향과 경계를 정하고, 탐색의 속도를 조절하며, 타협할 수 없는 미학적 원칙을 명시하는 자! 바로 그 사람이 오늘날 우리가 생각하는 '창작자'다.

3) '판별 AI(Discriminative AI)' vs. 생성형 AI vs. 크리에이티브 AI: 창조적인 변주를 향한 움직임

'판별 AI(Discriminative AI)'와 '생성형 AI(Generative AI)', 그리고 '크리에이티브 AI(Creative AI)'에 이르기까지, 우리는 AI가 만들어내는 콘텐츠를 이해하기 위해 먼저 이 개념들을 구분할 필요가 있다. 세 기술 모두 인공지능을 활용해 새로운 결과물을 만들어낸다는 점에서는 공통점이 있다. 그러나 AI의 시스템 설계와 응용 및 인공지능의 작동 방식과 창작 과정에서의 역할에는 분명한 차이가 있다. 먼저, 현재 우리에게 가장 익숙한 '생성형 AI' 이전에는 '판별 AI'가 있었다. '판별 AI'는 고양이과와 개과에 속한 동물을 식별해 내는 것과 같이, 입력된 데이터를 특정 기준에 따라 분류하는 역량이 뛰어났다. 즉, 주어진 데이터나 현상 혹은 사물에 대해 최적의 방법을 선택하고, 실행하는 것까지 '판별AI'는 할 수 있었는데, 이렇다보니 특정 그룹 혹은 카테고리로 구분해 내는 것에 초점이 맞춰져 있다. 반면, '생성형 AI'는 대규모 데이터셋을 기반으로 학습하여, 기존에 없던 새로운 형태의 콘텐츠를 산출하는 기술이다. 비슷하게 생긴 동물들을 미리 학습을 해놓고, 이에 따라 사용자의 요청에 맞는 유사한 이미지를 주는 것에 초점을 맞춘다. 즉, 학습된 패턴을 바탕으로 텍스트·이미지·오디오·영상 등 형식적 결과물을 생성하는데, 입력(프롬프트·조건)에 민감하며, 대량의 초안을 빠르게 생산하는 데 강점이 있다. 예를 들어 DALL·E가 '우주에서 피아노를 연주하는 고양이'라는 문장을 입력받았을 때, 그에 맞는 이미지를 만들어내는 과정은 전형적인 생성형 AI의 사례다. 여기서 중요한 점은 이 AI가 '고양이', '우주', '피아노'에 관한 개별적 이미지를 기억하고 조합하는 것이 아니라, 방대한 학습 데이터 속 패턴을 통계적으로 분석하여 가장 그럴듯한 결과물을 예측하고 생성한다는 점이다. DALL·E는 픽사의 로봇 캐릭터 '월-E'와 스페인 화가 '살바도르 달리'의 이름으로 만들어진, 오픈AI가 개발한 기계학습 모델이다. 현재 DALL·E2, DALL·E3가 개발된 상태로, 자연어 서술로 이미지를 생성할 수 있다는 특징이 있다. 따라서 생성형 AI는 기본적으로 '무엇을 만들어야 하는지'를 스스로 판단하지 않으며, 주어진 데이터, 혹은 프롬프트(prompt)나 지시에 따라 결과를 도출하는 성격이 강하다. 그렇다보니 실제 데이터를 모방해서 완전히 새로운 이미지로 생성하거나, 창조적인 콘텐츠를 제작하는 것, 특정 작가의 글쓰는 스타일 모방 혹은 데이터 증강 등에 사용이 가능하다.

반면 크리에이티브 AI는 단순한 생성 능력을 넘어, 정밀함과 새로움, 끊김없는 연결성으로 창작의 맥락과 목적을 이해하고 창의적 결정을 내릴 수 있는 시스템이다. 예를 들어, 크리에이티브 AI는 음악 제작에서 단순히 멜로디를 생성하는 것이 아니라, 특정 장르의 분위기, 청중의 감정 반응을 고려하고, 공연의 환경 등을 종합적으로 살펴보면서 곡의 구성과 편곡 방식을 제안할 수 있다. 즉, 단순한 결과 산출을 넘어서서 스스로 목표와 제약, 그리고 이에 대한 피드백을 해석하고, 셀프 변형과 실험을 반복하는 탐색체 그 자체다. 구성과 스타일이 바뀌고, 리듬과 컷 편집에 대한 제안에 이르기까지, 아울러 내러티브의 갈등을 재배열하는 등 크리에이티브 AI는 작품 곳곳에 개입하여 "왜"와 "어떻게"를 새롭게 정의하고 변화를 시킬 수 있다. 이런 크리에이티브 AI는 '결과물 생산' 자체보다 '창작 과정 참여'에 초점을 맞춘다. 따라서 이들간의 차이는 '무엇을 만들어 내느냐'가 아니라 '어떻게 창작을 진행하느냐'에 있다. 사실 이 개념은 아직 완전히 정립된 기술 단계라기보다, AI를 창작 파트너로 활용하는 새로운 방향성이자 운동이라 할 수 있다. 생성형 AI가 "질료"를 풍부하게 제공하는 것이라 본다면, 크리에이티브 AI는 과정의 파트너이자 협업자로서 탐색의 방향을 제안해주는 도우미라고 볼 수 있다. 따라서 오늘날의 콘텐츠 제작 스튜디오에서 이 둘은 서로 대립하는 상대가 아니라, 초안을 가지고 폭발적인 생산을 해내는 것 ↔ 그것의 선택과 개작이라는 지능적 탐색이라는 과정속의 연속선상에서 결합된다고 볼 수 있다.

4) 제작 파이프라인의 재구성 및 탐색과 책임의 균형

대체로 콘텐츠의 제작(생산) 단계는 '기획 아이디어 → 프리프로덕션 → 프로덕션 → 포스트 프로덕션'이라는 과정을 거치게 된다. 이러한 일련의 제작 과정속에서 AI가 주체로 올라서는 순간 가장 먼저 변하는 것은 시간의 배분이다. 즉, 기획과 프리프로덕션 단계에서는 수십 혹은 수백 가지 디자인 스페이스를 빠르게 탐색한다. 그런 뒤 포스트 단계의 반복 편집을 라이브 전개로 앞당긴다. "일단 찍고 고친다"에서 "먼저 돌려 보고, 필요한 것을 정확히 찍는다"로의 마인드 전환은 예산 구조만이 아니라 제작현장의 의사소통을 완전히 바꿔버렸다. 결과적으로 현장 촬영과 후반 합성은 더 '의도된 실수'를 허용할 수도 있는 방향으로 바뀌었다. 현장에서 감독과 PD, 미술감독이나 사운드를 담당하는 음악감독, 그리고 데이터 담당자 간의 공유 프롬프트 보드 하나를 중심으로 같은 화면을 보면서, 제약과 금기를 실시간으로 업데이트하며 변주를 할 수 있다. 이때 인간 제작자의 역할은 시나리오 의미의 경계와 톤을 지키는 것, 즉 작품의 정체성과 아이덴티티를 보증하는 미학적 파수꾼이자 AI 컴패니언(AI와 함께하는 동반자)으로 수렴한다. 또한, 주체로서의 AI는 새로운 책임을 동반한다. 데이터 출처의 투명성, 학습과 합성에 필요한 사전 동의, 결과물의 저작권 배분, 그리고 유사도·표절 리스크의 사전 점검은 모두 창작 공정의 일부가 된다. 이는 규제가 창작을 위축시킨다는 뜻이 아니라, 탐색을 가능하게 하는 안전한 프레임을 구축한다는 의미로 보는 것이 옳을 것이다. 모델이 제안하는 익숙한 조합을 넘어 '진짜 새로운 것'을 시도하려면, 오히려 더 정교한 동의와 크레딧 시스템이 필요하기 때문이다. 매개자로서의 인간은 이 시스템을 설계하고 운영하며, 그 기록을 통해 창작의 신뢰를 축적할 수 있다.

5) 교육과 직무의 재편: 포트폴리오의 문법이 바뀐다

이제 포트폴리오에서 중요한 것은 "무엇을 혼자 만들었는가"만이 아니다. 데이터를 어떻게 선별했고, 어떤 제약을 설계했으며, 어떤 기준으로 선택·폐기했는가를 보여주는 '의사결정 로그'가 핵심 증거로 중요해졌다. 프롬프트만 나열하기보다, 탐색 지형도(Explore Map)와 버전 트리(Version Tree)로 미적 판단의 변곡점을 설명하는 문법이 매우 필요해졌다. 음악에서는 편성·악상·믹싱의 선택 기준, 영상에서는 컷의 길이·전환 리듬·색공간의 일관성, 스토리에서는 캐릭터의 동기 규칙과 세계관 제약 등, 규칙과 판단의 이야기가 작품의 일부가 될 수 있다. 따라서 AI는 이제 포트폴리오의 문법을 바꾸면서 콘텐츠 제작 교육과 직무에 있어서도 전반적인 재편을 가져올 수 밖에 없을 것이다.

따라서 앞으로 본서는 영화와 음악, 게임, 방송, 공연예술 등 각각의 영역에서 AI가 실제로 무엇을 만들 수 있는지를 사례와 함께 살펴볼 것이다. 특히, AI를 둘러싼 엔터테인먼트 이해관계자들, 즉, 감독과 프로듀서, 아티스트(스타)와 데이터 큐레이터, 윤리 관리자 등이 어떻게 하나의 팀으로 묶이는지, 그리고 저작권 동의와 크레딧 문제를 창작의 초기 설계에 어떻게 통합할지를 제시한다. 아울러, 생성형 AI와 크리에이티브 AI의 차이를 작업 흐름 관점에서 설명하고, ChatGPT·Runway·DALL·E 등 대표 도구의 특성과 배치를 비교한다. 이러한 작업의 배경은 결국 인간과 AI의 지속가능한 협업 모델을 만들려는 노력에 있다.

개념과 이론 파트

학술적인 파트

1) AI시대의 외부 경영환경 변화

AI시대 속에서 이제 인간은 더 이상 제작의 전 공정을 손끝으로 혼자 완결하는 장인이라기보다, 데이터와 알고리즘, 그리고 시스템과 관객 혹은 고객을 잇는 매개자로서의 역할을 맡게 될 것이다. 이같은 중개인(mediator)으로서의 인간은 콘텐츠 제작의 방향을 제시하고 제약을 설계하며 책임의 경계를 명확히 하는 '메타-크리에이터'의 역할을 맡게 될 것이다. AI가 창작의 주변을 맴도는 보조 수단에서 완전히 벗어나 의사결정의 한 축을 담당하는 주체로 등장하면서, 콘텐츠 창작의 주체성은 단 한 사람에게 귀속되지 않게 되었다. 이같은 속성은 인간과 기계 사이에 공유되는 성질로 재편되고 있으며, 이에 따라 전통적으로 기대해 왔던 기업 및 조직의 구조와 경쟁우위도 모두 바뀌고 있다. 창작 혹은 콘텐츠 제작의 성패는 이제 산출물의 완성도만으로 가늠되지 않으며, 그 산출물이 탄생하기까지의 데이터 품질, 권리·동의의 거버넌스, 탐색과 선택의 속도라는 공정 자체에서 결정된다. 이러한 전환을 경영학 혹은 경영전략의 언어로 번역하면, 기업이 경쟁우위를 정의하는 방식이 조직 속에 있는 개인의 재능 축적에서 AI가 변화시키는 시스템의 설계와 운영 능력으로 이동한다는 것을 볼 수 있다.

먼저, 외부 경영환경 측면에서 살펴보면, 사회·문화적 환경의 변화는 팬덤의 참여 욕구와 상호작용형 경험 선호를 증폭시킬 것인데, 소비자 즉 팬들은 콘텐츠에 대한 투명한 출처와 크레딧 공개, 동의의 가시성을 브랜드 자산으로 전환하게 만드는 힘을 발휘할 것이다. 이같은 관점과 연결하여, 정치·법적인 측면에서는 저작권과 초상권, 데이터 동의 및 표시 의무 같은 요소들이 규범 준수 역량을 새로운 차별화로 끌어올리는 계기로 작동한다. 한편, 경제적 측면에서는 불확실성이 높아지면서 연산 자원의 가격 변동, 넘쳐나는 콘텐츠에 대한 구독 피로와 흥행 리스크가 수익성에 압박을 가한다. 그러나 콘텐츠 제작 주기가 단축됨으로써 그 비용을 아끼고, 또 포트폴리오를 다변화하는 운영 설계가 이같은 불확실성에 방어선을 제공할 것이다. 한편, 기술의 진전은 가상 제작, 실시간 합성, 멀티모달 모델, 시뮬레이션을 일상 공정으로 편입시켜, 단일 도구의 숙련보다 더 파워풀한 역량을 드러낼 것이다. AI 사용으로 인해 도구 혼합과 파이프라인 통합 능력은 기업의 핵심 역량을 고차원적으로 끌어올린다. 마지막으로, 환경과 ESG 측면에서는 학습과 추론이 남기는 탄소 발자국이 커질 것이다. 따라서 효율을 높이고 전력을 최적화하는 그린 컴퓨팅에 대한 비용과 지속가능성을 동시에 개선해야 하는 숙제가 남아있다.

2) AI시대 속의 마이클 포터의 Five Forces Model

그 밖에도, 산업의 경쟁구도를 마이클 포터의 전통적인 다섯가지 힘(Porter's Five Forces Model)의 관점에서 들여다보면 다음과 같다. 먼저, 기존 경쟁자간의 경쟁 정도를 보면, 제작 효율화가 출시 속도를 끌어올리면서 시장에는 콘텐츠가 쏟아져 나온다. 즉, 콘텐츠 과잉의 그림자가 짙어질 것이다. 물건이 너무 많으면 고르는 일이 더 어려워지듯, 결국 사람들은 믿고 보는 큐레이션과 브랜드의 일정한 톤을 찾게 된다. 따라서 이 둘이 앞으로 가장 귀한, 희소한 자산이 될 수 있다. 그리고 잠재적 진입자의 진입장벽은 낮아져 새로운 팀이나 인디, 1인 크리에이터가 이 산업에 들어오기는 쉬워진다. 이들의 유입은 폭증하지만, 진짜 장벽은 다른 곳에 있다. 좋은 데이터에 접근할 수 있는가, 쓸 만한 모델을 돌릴 수 있는가, 플랫폼에서 제대로 노출될 수 있는가가 성패를 가른다. 즉, 장비나 스튜디오보다 데이터·모델·유통 플랫폼에 대한 접근권이 관문이 된다. 또한, 대체재의 위협도 커진다. 게임, 사용자 생성 콘텐츠, 실시간 소셜 방송은 이미 전통 영상의 강력한 대체재로 부상하여 사용자들의 많은 시간을 빼앗고 있다. 사람들은 보기만 하는 콘텐츠보다 참여하고 놀 수 있는 포맷을 더 원한다. 이에 따라 영상포맷도 자연스럽게 참여형으로 변신해야 하는데, 이에 대한 전환 압박은 더욱 거세진다. 한편, 구매자 측 힘도 강해진다. 여기서 구매자는 관객이라기보다 플랫폼에 가깝다. 플랫폼이 추천과 유통을 쥐고 있지만, 관객은 마음에 안 들면 단번에 다른 서비스로 쉽게 갈아탄다. 그래서 제작사는 플랫폼에만 의존하지 말고, 직접 소통하는 커뮤니티와 팬덤 채널을 함께 키워야 한다. 즉, 플랫폼은 추천과 유통의 관문을 쥐고 있으며, 관객의 이탈 비용은 낮아지므로, 제작사는 직거래형 커뮤니티와 팬덤 기반의 직접 채널을 병행할 이유가 분명해진다. 마지막으로, 공급자 힘 역시 강력하다. 거대 모델을 가진 회사, 클라우드 자원, 핵심 IP를 가진 주체들의 협상력과 교섭력은 높아지고 있다. 따라서 한 곳에 묶이거나, 의존하면 위험하니, 여러 공급처를 병행하고, 상황에 따라 자체 경량 모델을 운용하는 이중 안전장치가 필요하다. 즉, 멀티 벤더 전략과 자체 경량 모델이라는 이중 안전장치를 갖추는 편이 합리적이다. 요컨대 앞으로의 승부는 "무엇을 더 잘 만들었는가", "누가 더 괜찮은 작품 하나를 만들었는가"에만 달려있지 않다. 이보다는 "시스템을 얼마나 잘 설계하고 통치하는가", "시스템을 어떻게 설계하고 운영하며, 그 안에서 꾸준히 좋은 선택을 끌어내는가"가 새로운 경쟁의 축이 된다.

3) 자원기반이론과 동적 역량을 변화시키는 AI 인공지능의 힘

전통적으로 콘텐츠 한 편이 나오기까지는 기획-개발-제작-마케팅-유통-서비스라는 길을 따라간다. 요즘은 여기에 두 겹의 보이지 않는 길이 더 얹혀졌다. 하나는 데이터의 길이고, 다른 하나는 권리와 동의의 길이다. 데이터의 길은 자료를 모으고(수집), 쓸 수 있게 다듬고(정제·라벨링), 모델을 훈련하고(학습·튜닝), 결과를 만들어 본 뒤(생성), 품질을 확인하고 다시 쓰는(평가·재사용) 순환으로 움직인다. 이 길에서 파워가 생기는 지점은 뚜렷하다. 특정 분야에 맞춤형으로 잘 모은 좋은 데이터, 품질을 가르는 명확한 기준, 종이나 현장에 있던 지식을 화면 속으로 옮기는 디지털 전환 능력이다. 반대로 막히는 지점도 분명하다. 자료가 누구의 것인지 확인하는 일, 편향을 줄이는 일, 그리고 여기에 소요되는 만만치 않은 시간과 비용이다. 권리와 동의의 길은 출처를 남기고, 어디까지 쓸지 합의하고, 크레딧(공로 표기) 원칙을 정하고, 정산과 분쟁을 처리하는 단계로 이어진다. 표준 계약을 갖추고, 동의 기록을 자동으로 남기며, 메타데이터를 일관되게 관리하면 경쟁력이 붙는다. 다만 권리자가 여럿이면 이해관계가 엇갈리고, 나라별로 규정이 달라 항상 어려운 숙제가 된다. 따라서 현장의 작업 흐름을 한 줄로 그리면 이렇다. 아이디어를 세우고, 프리비주얼(미리 보는 콘셉트)을 돌려 보고, 실사나 가상으로 찍고 만들고, 후반 작업으로 합성하고, 배급과 추천을 거쳐, 라이브로 운영하며 업데이트한다. 이 과정에서 얼마나 빨리 탐색하고, 얼마나 정확히 선택하느냐가 승부를 가른다. 이제는 결과물만 번쩍하면 되는 시대가 아니다. 어떤 과정을 거쳐 나왔는지가 투명하고, 속도가 나며, 그 과정 속 권리와 동의의 발자국이 선명하게 남아 있어야 진짜 경쟁력이 된다.

이 변화를 설명하는 경영 이론도 생활 언어로 다시 읽힐 필요가 있다. 경영전략의 관점에서 자원기반이론(RBV:Resource Based View)은 남들이 쉽게 못 베끼는 자원이 무엇인지 묻는다. 모델 자체가 널리 쓰일수록 희소한 자원은 고품질의 분야별 데이터, 회사의 미감·목소리를 코드로 박아 둔 룰셋, 흔들리지 않는 브랜드 톤, 스스로 커가는 커뮤니티로 옮겨 간다. 특히, 양손잡이 조직은 이제 AI를 사용하는 조직에서는 매우 필수적인데, 한 손으로는 새로운 포맷을 실험하고, 다른 손으로는 주력 IP를 묵직하게 운영한다. 두 리듬을 분리해 굴리는 이중 운영이 현실적이다. 이를 위해 엔터테인먼트 산업계에서는 모듈러리티 작업을 할 필요도 생긴다. 이는 작업을 레고처럼 쪼개 다시 조립한다는 뜻이다. 프롬프트, 룰셋, 스타일, 애셋, 샷, 컷을 모듈로 관리하면 속도와 일관성이 동시에 오른다. 더 나아가 경영전략에서 중요시하는 '동적 역량' 관점에서도 AI의 진입에 따른 변화가 감지된다. 동적 역량(DC: Dynamic Capability)은 '감지-포착-재구성' 능력을 보통 의미하는데, 유행과 트렌드, 팬 반응을 빨리 읽고, 작은 실험으로 기회를 붙잡고, 길이·포맷·채널을 재빨리 바꿀수 있는 조직일수록 유리하다. 또한, 상보자산(Complementary Assets) 관점에서 보았을때, AI만으로는 돈이 안 된다. 유통, 마케팅, 권리 관리, IP 포트폴리오 같은 보완 자산이 맞물려야 비로소 가치가 열린다. 플랫폼 전략은 도구-창작자-팬이 만나는 장에서 네트워크 효과가 생긴다고 본다. 수수료를 조금 낮추는 것보다 좋은 도구, 좋은 데이터, 공정한 수익 분배 규칙이 사람들을 붙잡는다.

한편, 흡수 역량(Absortive Capability)은 밖의 지식 혹은 새로운 지식이나 기술을 빠르게 학습하고 적용하는 힘이다. 연구·창작·법무·데이터가 함께 배우는 교차 학습 체계가 성과를 만들기 때문이다. 전략을 세울 때는 "비용을 줄이느냐"와 "새로운 매체를 넓히느냐" 중에서 반드시 둘 중 하나만 선택할 필요는 없다. 실제 현장에서는 두 가지를 동시에 고려하는 경우가 많기 때문이다. 예를 들어, 인공지능을 활용해 합성이나 가상 제작에 들어가는 비용과 시간을 줄이려면 단순히 AI를 도입하는 것만으로는 부족하다. 제작 과정을 자동화하는 파이프라인을 마련하고, 가벼운 AI 모델을 돌려 효율을 높이며, 성과를 확인할 수 있는 운영 지표를 꼼꼼히 관리해야 한다. 그래야만 진짜 비용 절감 효과가 나타난다. 반대로 참여형 콘텐츠, 플레이어블(직접 조작 가능한 콘텐츠), 실시간 업데이트 같은 새로운 형태의 매체성을 구현하려면 또 다른 조건들이 필요하다. 이야기의 흐름을 설계하는 내러티브 엔진, 이용자 반응을 빠르게 읽어내는 실시간 분석 시스템, 그리고 서로 다른 부서 간의 긴밀한 협업이 뒷받침돼야 한다. 또 한 가지 길은, 도구와 데이터, 정산 규칙을 직접 제공하면서 '작은 플랫폼'으로 성장하는 방식이다. 이 경우에는 SDK(Software Development Kit: 개발자가 기능을 쉽게 만들 수 있도록 제공되는 도구 모음 패키지), 정산 시스템, 그리고 커뮤니티를 운영할 수 있는 역량이 기본 토대가 된다. 마지막으로, 특정 장르나 지역, 혹은 하나의 지적재산(IP)에 집중하는 길도 있다. 이 방식은 결국 도메인별 데이터 축적, 정교한 큐레이션, 그리고 브랜드만의 고유한 언어를 얼마나 쌓아갈 수 있느냐에 승부가 달려 있다. 현실에서는 이 네 가지 길을 각각 나누어 쓰기보다는 혼합 전략이 주로 사용된다. 예를 들어, 실험적인 스튜디오에서 새로운 포맷을 개발하고, 본편 스튜디오에서 이를 상업적으로 확장해 수익을 내는 투트랙 구조가 현장에서 자주 활용된다.

이렇게 AI에 따른 여러가지 변화를 반영하려면 조직도 새로 짜야 한다. 예를 들면, 작품의 미감과 제약을 설계하는 크리에이티브 시스템 디자이너, 데이터와 권리·동의를 통합 관리하는 프로듀서, 파이프라인 자동화와 성능 최적화를 맡는 운영 인력, 감정 반응과 참여 메커닉(Mechanics)을 연구하는 리서처, 상호작용 서사를 설계하는 내러티브 엔지니어 같은 역할로 나뉜다. 현장은 작품 단위를 맡는 작품 셀과 시스템을 돌보는 시스템 셀로 나누어 함께 움직일 때 효율이 난다. 그리고 이러한 산업 및 조직의 변화는 실제 현장에 투입되기 앞서 모든 관련 종사자가 학교의 교육을 통해서도 경험해 봐야 하는 중요한 사안이 되었다. 이러한 산업에 대한 교육과 산학연계도 결과물만 보여 주지 말고, 의사결정 로그, 탐색 지도, 룰셋 설명서를 함께 제출하는 포트폴리오 문법으로 바뀌어야 한다. 수업과 과제에는 권리·동의 체크리스트와 데이터 윤리 리뷰를 실제 공정처럼 넣어야 한다. 이제는 "무엇을 만들었나" 만큼 "왜, 어떻게 그 결정을 했나"를 설명하는 힘이 평가의 핵심이 되기 때문이다. 그 밖에도 운영 지표도 속도와 효율만 보지 않는다. 콘텐츠 개발 아이디어에서 첫 변주까지 걸린 시간, 탐색의 폭과 깊이, 프롬프트 대비 채택된 파일럿 비율, 권리·동의 준수율과 크레딧 정확도, 피드백 반영 속도, 연산 효율과 탄소 배출 강도, 브랜드 톤의 일관성을 함께 관리해야 한다. 거버넌스는 실험을 막는 브레이크가 아니라, 더 많이 더 오래 실험하게 해 주는 안전 가드레일이어야 한다. 모델의 위험을 관리하고, 데이터 편향을 줄이고, 버전과 이력을 남기고, 생성·편집 과정에 메타데이터를 붙이고, 원본·룰셋·프롬프트에 대한 접근 권한을 관리하며, 크리에이티브-IT-법무-데이터의 역할과 책임(RACI: Responsible 실행, Accountable 책임, Consulted 자문, Informed 공유)을 분명히 하는 일은 창작을 옥죄는 규제가 아니라 창작을 가능하게 하는 인프라이다.

결론은 간단하다. 잠깐 번쩍이는 결과물 그 자체보다는, 그 결과물이 태어난 길의 설계와 기록, 그리고 그 길에 참여한 모두에게 공정하게 돌아간 권리와 크레딧은 인공지능 시대에서 진짜 경쟁우위가 될 것이다. 따라서 AI 시대의 경영은 "더 싸고 더 빨리"에서 멈추지 않는다. 더 넓고 더 깊게 탐색하면서, 더 책임감이 주어지는, 책임있게 만드는 법을 묻는다. 주체로 선 AI와 매개자로 선 인간이 함께 써내려가는 공동의 시스템 속에서 어떤 기업이 더 정교하고, 더 투명하게 설계하느냐가 결국 승패를 가를 것이다.

실무적인 파트

사례 1 합성 보컬과 멜로디 엔진으로 만든 히트 싱글: '프로젝트 에코팝'

"새로운 목소리인데 낯설지 않다??" 한 인디 레이블이 신인 아티스트 프로젝트를 준비하면서 합성 보컬 엔진과 멜로디 생성 모델을 결합한 실험을 진행한 결과다. 흥미로운 점은 청취자 반응이 매우 긍정적으로 모였다는 점이다. 이같은 결과에서 우리가 살펴볼 사항은, 음원 소개 페이지에 합성 보컬 사용 사실 및 동의·크레딧 정보를 투명하게 고지한 점, 그리고 메이킹 필름에서 룰셋과 프롬프트 일부를 공개하여 신뢰를 확보한 사실이다. 이 프로젝트 팀은 먼저 장르와 무드, 템포와 가사 키워드를 먼저 정의한 뒤, 과거 히트곡의 리듬과 화성, 구성 등등을 구조적으로 요약한 룰셋을 만들었다. 보컬은 실제 보컬리스트의 녹음 데이터에 기반한 합성 음색을 사용했고, 사전에 용도와 범위를 명시한 동의 계약을 체결했다. 아울러 학습과 합성 로그를 남기는 Consent Log를 운영했다. 가사는 사람이 1차 초안을 써냈고, 언어 모델이 두 세 가지 변주를 제시한 후 작사가가 다시 다듬는 탐색 및 선택 루프로 완성되었다. 중요한 점은, 이 룰셋은 특정 가수의 음색을 단순히 베끼는 용도가 아니라, 곡의 "질감"을 언어로 정리해 인공지능 모델이 따를 수 있는 제약 조건으로 사용했다는 것이다. 그리고 믹싱 단계에서는 모델이 제안한 톤 보정값을 참고하되, 최종 밸런스와 다이내믹은 사람 엔지니어가 결정했다. 결과물은 디지털 싱글로 공개되었고, 공개 일주일 만에 주요 플랫폼에서 재생수와 저장 수가 동시에 상승하는 패턴을 보였다. 히트한 싱글 앨범의 성공 스토리라 할 수 있다. 이 사례에서 우리가 배울 수 있는 핵심 교훈은 세 가지이다. 첫째, 합성 보컬의 경쟁력은 음색의 유사성보다 룰셋·제약의 설계에서 나온다는 점이다. 둘째, 결과물의 완성도만큼 동의·출처·크레딧의 투명성이 장기적인 평판과 신뢰를 좌우한다는 점이다. 셋째, 인공지능 모델이 만든 멜로디를 그대로 쓰기보다 사람이 선택하고 수정하는 편집 감각이 곡의 정체성을 지킬 수 있다는 것이다.

사례 2 할리우드 예고편 제작 파이프라인의 재구성: '프리비주얼 우선, 현장 최소화'

할리우드의 대형 스튜디오인 '20세기 폭스'(및 계열사)는 최근영화의 마케팅 전략에서 파격적인 실험을 단행했다. 영화 마케팅 및 관객 예측 영역에서 '머신러닝/딥러닝 기술'을 활용해 온 것 뿐만 아니라, 2017년부터 영화 예고편(트레일러)의 여러 분야에 AI를 활용해 왔다. 전통적으로 영화 예고편은 별도의 촬영 분량을 포함하거나, 편집팀이 기존 장면을 재조합하여 제작한다. 하지만 이번에는 Runway ML의 영상 생성·편집 기능을 도입하기로 했다. 마케팅팀은 영화의 콘셉트와 분위기에 맞춰 '새로운 장면'을 AI에게 요청할 수 있고, Runway ML은 텍스트 프롬프트와 스토리보드를 입력받아 실제 촬영 장면과 구분이 어려운 영상을 생성해낼 수 있다. 예를 들어, 주인공이 특정 도시의 밤거리를 달리는 장면은 실제 촬영이 아니라, AI가 기존 도심 촬영 데이터를 학습해 만든 합성 영상이다. 이 방식 덕분에 예고편 제작 기간은 기존 평균

6~8주에서 3주 이내로 단축할 수 있고, 전체 제작비도 절반 이하로 절감시킬 수 있다. 콘텐츠 제작 혹은 영화 스튜디오는 AI가 상업 영화 제작의 '전방위적인 도구'로 활용될 수 있다는 가능성을 업계에 증명해 냈는데, 이는 "단순히 기술을 통한 창작의 효율성 극대화"라는 목표 달성을 넘어서는 이야기다. 이뿐 아니라, 중소형 규모의 작은 제작사들도 장르 영화의 예고편을 준비하면서 프리비주얼(Previsualization) 중심으로 모든 파이프라인을 재배치했다. 프리비주얼이란 영화나 게임 등 다양한 분야에서 본 촬영이 진행되기 전에 미리 촬영된 비주얼 시각 자료로, 실제 혹은 최종 결과물의 완성도를 높이기 위해 미리 사전 시각화 작업을 하는 것을 의미한다. 이야기의 정서와 느낌, 핵심 비주얼 등을 먼저 텍스트와 이미지 혼합의 프롬프트로 정리하고, 영상 합성 도구로 여러 버전의 '콘셉트 컷(특정 주제나 이미지, 혹은 분위기 등을 담아낸 사진이나 영상컷을 의미함)'을 빠르게 생성한 뒤, 내부 시사회로 리듬과 톤, 그리고 메시지를 결정한다. 이 단계에서 만들어진 샷 리스트와 전환 타이밍이 이후 전 공정의 기준선이 된다. 이런 작업을 거쳐 실제 촬영은 효율적으로 필수 앵글만 수행할 수 있으며, 배경을 바꾼다든지 군중이 모이는 장면은 합성을 통해 보완해 나간다. 에디터는 AI가 제안한 컷 길이 그리고 전환 후보를 참고하지만, 스토리의 기승전결과 서스펜스의 호흡은 사람 작업자가 수행해야 한다. 그리고 제작사는 예고편 말미에 합성·편집의 인공지능 보조 사용에 대한 고지와 주요 스톡 및 합성 소스의 크레딧을 함께 표기했다. 따라서 초안이 나오기까지의 시간(Time-to-First-Cut)은 크게 줄었고, 아울러 내부 피드백을 반영한 리비전 속도가 매우 빨라졌다. 또한, 권리·동의 체크리스트와 버전 이력을 메타데이터로 남긴 덕분에, 나중에 트레일러를 다른 지역 버전으로 재조합할

때 재사용 비용이 낮아졌다. 이러한 방식의 효과는 매우 뚜렷했는데, 이 사례가 주는 핵심 교훈은 다음과 같다. 첫째, 예고편의 승부는 "찍고 고치는" 방식이 아니라 먼저 돌려 보고, "꼭 필요한 것만 정확히 찍는" 방식에서 난다는 것이다. 둘째, 컷 편집과 리듬은 모델이 보조하되, 서사의 긴장과 완급은 여전히 인간 에디터의 영역이다. 셋째, 프리비주얼 단계에서 권리·동의·크레딧을 함께 설계하면 이후 분쟁 리스크가 매우 낮아진다는 것이다.

사례 3 AI그림 전시회: '라벨을 가린' 전시 실험: 관객은 무엇을 예술로 인식하는가

런던의 한 갤러리(Palmer Gallery)에서는 2024년 봄, 'Post-Photography: The Uncanny Valley'라는 이름의 전시회가 열렸다. 이 전시회는 'AI 시스템과의 협업'을 중심 주제로 삼았는데, 전시장에는 Midjourney와 DALL·E로 제작한 작가 3명의 작품들이 전시되었다. 작가들은 인공지능 모델과 알고리즘을 도구로 삼아 실제 사진과 생성 이미지 사이의 경계가 어떻게 바뀌고 있는지 보여줬다. 한편, 작품 옆에 작가명만 표기하고, 그 작가가 인간인지 AI인지는 관람객에게 미리 알려주지 않은 전시회도 존재한다. 작품들은 다양했다. 초현실주의 풍경화, 사실적인 인물 초상, 디지털 아트 감성을 담은 그래픽 디자인 등 장르와 스타일이 자유롭게 혼합되어 있었다. 특히 Midjourney로 만든 고대 도시의 가상 풍경은 세밀한 디테일과 빛 표현이 뛰어나, 다수의 관람객이 '이건 최소 몇 주간의 작업이 필요했을 것'이라고 평가했다. 이는 AI가 예술 창작 영역에서 단순한 보조 수단이 아니라, 독립적인 예술적 표현 주체로 인식될 수 있다는 가능성을 보여준 사례로 기록되었다. 또한, 전시 후 진행된 설문 조사에서도 관람객의 절반 이상은 AI 작품을 인간 작가가 많은 시간을 들여 만든 작품일 것이라고 응답했다.

또 다른 전시에서는 사진 기반 변주, 회화적 질감의 합성 이미지, 텍스트-이미지 협업 드로잉 등 서로 다른 생성 및 크리에이티브 워크플로를 함께 두고 관객의 판단을 테스트했다. 이를 위해 작품 옆에는 작가의 의도 대신 작품의 과정 로그가 간단히 요약되어 있었다. 예를 들어 "초기 스케치(인간) → 이미지 변주(모델) → 리터칭(인간) → 출력 재색 보정(인간)"처럼 주체성 및 역할분담이 어떻게 분산되었는지를 시각화 했다. 그리고나서 관람 동선의 마지막 구간에 이르렀을때 정답 라벨을 공개해, 관객에게 작품 감상의 기준이 결과물의 질감인지, 과정의 서사인지 생각해 보도록 하는 질문을 던졌다. 관람 후 나온 후기에 따르면, "상상보다 인간-AI 협업의 분업 구조가 섬세하다", "작품을 예술로 인식하게 한 것은 결과의 완성도보다 과정의 투명성이었다"는 의견이 대부분을 차지했다. 이러한 전시는 단순히 작품을 판매하는 것보다는 작품에 대한 교육적·윤리적 가이드를 제시하는 데 초점을 맞췄다. 특히, 출품자와 갤러리는 데이터 출처와 동의 범위, 크레딧 기준을 함께 공개함으로써 관람객의 신뢰를 얻게 되었다. 이 사례에서 얻을 수 있는 핵심 교훈도 세 가지이다. 첫째, 관객은 "AI 여부"보다 의도와 과정의 이야기에 더 강하게 반응한다는 것이다. 둘째, 라벨을 가리고 과정을 드러내는 방식은 편견을 줄이고 감상 기준을 재정렬하는 효과가 있다는 것. 셋째, 전시 운영에서 출처와 동의의 가시화는 신뢰를 형성하는 가장 손쉬운 방법이 될 수 있다는 것이다.

토론 문제(Discussion Questions)

1. 합성 보컬이 상시화되는 시장에서 레이블은 AI 프로젝트를 독립 브랜드로 키울 것인가, 기존 아티스트 포트폴리오 안에 하위 라인으로 편입할 것인가. 장기 수익과 평판을 함께 보려면 공개·크레딧·팬 커뮤니티를 어떻게 설계해야 하는가?

2. 프리비주얼 중심 제작이 보편화되면 "속도"만으로는 차별화가 어려워진다. 스튜디오는 이 효율을 어디에 재투자해 지속적 우위를 만들고, 플랫폼·권리 보유자와의 힘의 균형을 어떻게 잡아야 하는가?

3. 창작자가 AI를 활용할 때, '독창성'의 기준은 어떻게 재정의되어야 하는가? AI 관여 여부를 가리는 연출은 편견을 줄일 수 있지만, 신뢰·가격 형성과 충돌할 수 있다. 미술기관은 어떤 고지 원칙과 가격·교육 전략을 채택해야 지속 가능한 브랜드를 만들 수 있는가?

에세이 과제

생각할 문제들

에세이 과제(Essay Assignments): 생각할 문제들

(답변을 손글씨로 직접 책 속에 작성해 주세요)

1. AI는 창작 시장의 진입 장벽을 낮추는가, 아니면 오히려 경쟁을 심화시키는가? 합성 보컬이 일상이 되는 시장에서 레이블은 AI 프로젝트를 어떤 브랜드 구조로 운영하고(예를들면, 하우스 오브 브랜드: 한 기업이 보유한 브랜드 모두가 완전히 개별적으로 운영되는 것), 어떤 거버넌스·커뮤니티·수익모델로 차별적 가치를 만들 것인지 전략을 설계하라.

2. K-콘텐츠가 AI를 활용하여 글로벌 시장에서 차별화할 수 있는 전략은 무엇인가? 프리비주얼 중심의 효율이 업계 표준이 되면 속도만으로는 이길 수 없다. 스튜디오는 절감된 자원을 어디에 재투자하고, 플랫폼·권리 보유자·기술 벤더와 어떤 관계를 맺어 교섭력을 높이며, 브랜드 톤과 법무 안전성을 지키는 체계를 어떻게 세울지 제시하라.

3. AI가 만든 콘텐츠에 대한 소비자의 '정서적 몰입'은 인간 창작물과 어떻게 다른가? 또한, 관객 편견을 줄이기 위해 AI 관여 여부를 지연 고지하는 연출이 확산될 때, 미술기관은 어떤 전략을 세워야 하는지 논하라.

Industry Talk

실무자 인터뷰 인사이트 모음

1) Cristóbal Valenzuela(Runway CEO)

"The medium is not the goal."(Valenzuela) - He frames AI less as a finish line and more as infrastructure for new moving-image grammars, where format, participation, and distribution are designed into the toolchain rather than bolted on later.

(cvalenzuelab.com, 2025년 9월 3일 발췌)

"매체 자체가 목적은 아닙니다." AI는 완성점이 아니라 새로운 영상 문법을 여는 기반이라는 관점입니다. 형식·참여·배포가 사후 기능이 아니라 도구 내부의 설계 요소로 통합되어야 합니다.

Key Takeaways

기술의 진보 자체보다 경험의 문법 설계가 가치의 중심으로 이동한다. 동일한 모델이라도 형식·참여·유통 설계가 결과의 의미를 갈라 놓는다는 시사점을 안겨준다.

2) Refik Anadol(미디어 아티스트)

"Data is still the pigment - but now, the brush can think." He consistently treats datasets as living materials and custom AI as a creative instrument, extending painting into public screens and galleries as "machine dreams." nft now. (TIME, 2025년 8월 27일)

"데이터는 여전히 물감이지만, 이제 붓은 '생각'할 수 있습니다." 데이터 세트를 살아 있는 재료, 맞춤형 AI를 창작 도구로 보고, 공공 스크린과 미술관에서 "기계의 꿈"이라는 확장된 회화 언어를 전개해야 합니다.

Key Takeaways

결과물의 미감만이 아니라 데이터의 출처·의미·감각화가 작품의 일부가 된다. 재료(데이터)와 도구(AI)가 동시에 매체가 되는 전환을 보여 준다.

3) Holly Herndon(뮤지션, Spawning 공동설립)

"In the machine-learning era, any expression can be recast as training data… We call this process spawning." She argues consent, credit, and stewardship today will shape tomorrow's aesthetics and creator autonomy.

(The New Yorker, 2023.11.13.)

"머신러닝 시대에는 어떤 표현이든 학습 데이터로 재해석될 수 있습니다.… 우리는 이 과정을 스포닝이라 부릅니다." 오늘날의 동의·크레딧·관리가 내일의 미학과 자율성을 결정한다고 봅니다.

Key Takeaways

창작은 결과 생산을 넘어 데이터 거버넌스의 설계가 된다. "무엇을 만들었는가"만큼 "어떻게 배웠는가"가 신뢰와 가격 형성에 영향을 준다는 시사점을 안겨준다.

4) Grimes(뮤지션)

"I'll split 50% royalties on any successful AI-generated song that uses my voice." She publicly opens her vocal likeness under stated terms, reframing voice as a licensable identity asset and normalizing transparent splits.

(Business Insider, 2023.4.25.)

"내 목소리를 사용한 성공적 AI 곡의 수익 50%를 분배하겠습니다." 그는 목소리를 라이선스 가능한 정체성 자산으로 재구성하며, 투명한 분배 규칙을 공론장에 올렸습니다.

Key Takeaways

곡·영상 외에 음색·스타일·캐릭터 같은 비가시적인 자산이 계약 언어로 편입된다. 참여·분배의 설계가 새로운 협업 문화와 시장 규범을 만들 수 있다는 시사점을 던져준다.

5) David Holz(Midjourney 창업자)

"We're going from a Midjourney universe to a multiverse." He emphasizes creation as a communal activity on Discord, where platform rules and culture co-author outcomes as much as model quality. (The Verge 2022.8.3.)

"우리는 하나의 미드저니 우주에서 멀티버스로 가고 있습니다." 디스코드 기반의 공동 창작이 강조되어야 하며, 플랫폼의 규칙·문화가 모델 성능만큼이나 결과를 공저(共著)한다는 점을 지적하고 있습니다.

Key Takeaways

AI 창작은 개인 작업실을 넘어 커뮤니티 문법 속에서 의미를 얻는다. 어디서 누구와 어떤 규칙으로 만들었는지가 2차 확산력과 해석을 좌우한다.

6) Scott Belsky(Adobe 전략총괄)

"You can always connect to another server - content authenticity that says, 'Yes, this is what it is.'" He points to open standards attaching provenance/edits to media as the UX of trust at scale.

(Stratechery by Ben Thompson 2023.4.13.)

"콘텐츠의 진위성을 따지는데 있어서 항상 다른 서버에 연결할 수 있어야 하며 '이것이 이것이다'라 말할 수 있어야 합니다." 대규모 생성 환경에서 출처·이력을 매체에 표준 방식으로 부착하는 일이 신뢰감을 주는 인터페이스가 된다는 견해를 가지고 있습니다.

Key Takeaways

진위성 표기는 모든 상품 및 콘텐츠 브랜드의 신뢰와 직결된다. 콘텐츠 대량 생성 시대, 인공지능과 함께 하는 이 시대의 경쟁력은 결과물의 화려함만이 아니라 프루프(출처 및 이력)의 신뢰를 더할 수 있는 체계화에 달려있다.

참고한 자료들

신춘성, & 정희용. (2021). 인공지능 기반 문화예술 콘텐츠 창작 기술 분석 및 도구 설계. *방송공학회 논문지*, 26(5), 489-499.

신형덕, 박지현, 박영은, 김도현, 임정기. (2023). *2024 문화 소비 트렌드: 지금 눈여겨봐야 할 문화소비자들의 욕망*. 서울: RHK.

장순규. (2024). 생성형 AI를 활용한 창작 활동의 윤리적 기준 탐색 - 온라인 만화 작가를 중심으로. *한국디자인포럼*, 29(1), 17-26.

한겨레. (2024, 6월 29일). 인공지능 그림 첫 경매…5억원에 팔렸다. 크리스티 경매서 43만2500달러에 낙찰. GAN 기술로 1만5천개 그림 학습 뒤 그려. 한겨레신문. https://www.hani.co.kr/arti/science/technology/867532.html

Brynjolfsson, E., & McAfee, A. (2017). *Machine, platform, crowd: Harnessing our digital future*. W. W. Norton & Company. W.W. Norton & Company

Christie's. (2018, December 12). Is artificial intelligence set to become art's next medium? *Christie's Magazine*. https://www.christies.com/about-us/features/A-collaboration-between-two-artists-one-human-one-a-machine-9332-7.aspx

Davenport, T. H., & Bean, R. (2023, June 19). The impact of generative AI on Hollywood and entertainment. *MIT Sloan Management Review*. https://sloanreview.mit.edu/article/the-impact-of-generative-ai-on-hollywood-and-entertainment/

Davenport, T. H., & Kirby, J. (2016). *Only humans need apply: Winners and losers in the age of smart machines*. Harper Business. https://www.harpercollins.com/products/only-humans-need-apply-thomas-h-davenportjulia-kirby

McKinsey & Company. (2023, August 1). *The state of AI in 2023: Generative AI's breakout year*. https://www.mckinsey.com/capabilities/quantumblack/our-insights/the-state-of-ai-in-2023-generative-ais-breakout-year(PDF: https://www.mckinsey.com/~/media/mckinsey/business%20functions/quantumblack/our%20insights/the%20state%20of%20ai%20in%202023%20generative%20ais%20breakout%20year/the-state-of-ai-in-2023-generative-ais-breakout-year_vf.pdf)

MIT Sloan School of Management. (2025, June 23). Does generative AI actually enhance creativity in the workplace? *MIT Sloan(Press)*. https://mitsloan.mit.edu/press/does-generative-ai-actually-enhance-creativity-workplace

Netflix Studios. (2025, June). *Using generative AI in content production*. Netflix Partner Help Center. https://partnerhelp.netflixstudios.com/hc/en-us/articles/43393929218323-Using-Generative-AI-in-Content-Production

Proyas, A. (2025, September 2). Australian film-maker Alex Proyas: "Broken" movie industry needs to be rebuilt and "AI can help us do that." *The Guardian*. https://www.theguardian.com/technology/2025/sep/02/australian-film-maker-alex-proyas-broken-movie-industry-needs-to-be-rebuilt-and-ai-can-help-us-do-that

Reuters. (2025, July 18). Netflix says it used generative AI in Argentine TV series "El Eternauta." https://www.reuters.com/business/media-telecom/netflix-says-it-used-genai-argentine-tv-series-2025-07-18/

Russell, S. J., & Norvig, P. (2020). *Artificial intelligence: A modern approach*(4th ed.). Pearson. https://www.pearson.com/en-us/subject-catalog/p/artificial-intelligence-a-modern-approach/P200000003500/9780137505135

TIME. (2025). Refik Anadol sees artistic possibilities in data. *TIME*. https://time.com/7212509/refik-anadol-artistic-possibilities-in-data/

Taylor, J. (2025, September 2). Australian film-maker Alex Proyas: "Broken" movie industry needs to be rebuilt and "AI can help us do that." *The Guardian*. https://www.theguardian.com/technology/2025/sep/02/australian-film-maker-alex-proyas-broken-movie-industry-needs-to-be-rebuilt-and-ai-can-help-us-do-that

Tsiavos, V., & Kitsios, F. (2025). *The digital transformation of the film industry: How artificial intelligence supports visual conceptualization*. Telecommunications Policy, 49(8). https://www.sciencedirect.com/science/article/pii/S0308596125001181

Vincent, J. (2022, August 2). An interview with David Holz, CEO of AI image-generator Midjourney. *The Verge*. https://www.theverge.com/2022/8/2/23287173/ai-image-generation-art-midjourney-multiverse-interview-david-holz

Winn, Z. (2023, July 14). Study finds ChatGPT boosts worker productivity for some writing tasks. *MIT News*. https://news.mit.edu/2023/study-finds-chatgpt-boosts-worker-productivity-writing-0714

03

Chapter

AI와 영화산업 : 가상 배우에서 자동 편집까지

세부 내용:

- AI 배우와 디지털 휴먼 기술(Deepfake, Virtual Influencers)
- 영화 시나리오 작성 및 편집 자동화
- AI가 구현하는 VFX(Visual Effects) 및 영상 복원 기술
- 이해관계자의 지형변화와 가치사슬을 변화시키는 인공지능의 힘

기대효과:

- AI 기술이 영화 제작 과정에서 할 수 있는 역할 이해
- AI 활용으로 비용 절감 및 창의성 증대 가능성 탐색

시사점:

- 인간 배우와 AI 배우의 공존 가능성
- AI가 만든 영화의 정체성과 법적 문제, 이해관계자들과의 관계

주요 독자층:

- 영화 제작자, 감독, 시나리오 작가
- 영화 관련산업 종사자
- AI 기술에 관심 있는 일반 독자 및 학생

Big Map

전체 챕터 구성과 연관성 지도

Chapter I	Chapter II	Chapter III	Chapter IV	Chapter V
AI와 엔터테인먼트의 만남: 역사와 현재	**AI가 만들어내는 콘텐츠:** 창작과 제작의 진화와 혁신	**AI와 영화 산업:** 가상 배우에서 자동 편집까지	**AI와 음악 산업:** 작곡, 연주, 믹싱의 자동화	**AI와 게임 산업:** NPC, 시뮬레이션, 자동 콘텐츠 생성

Chapter VI	Chapter VII	Chapter VIII	Chapter IX	Chapter X
AI와 방송·미디어: 뉴스, 광고, 스트리밍의 자동화	**AI와 공연예술:** 가상 아이돌, 홀로그램 콘서트, 인터랙티브 공연	**AI와 팬덤 문화:** 팬과 AI의 새로운 관계	**AI와 윤리:** 창작과 기술의 경계를 넘어서	**미래의 엔터테인먼트:** AI와 인간이 공존하는 세계

이 챕터는 영화 산업에 특화된 AI 활용을 집중적으로 다룬다. 이전 챕터(Ⅱ)에서 다룬 AI 콘텐츠 제작의 큰 흐름을 기반으로, 본 챕터에서는 영화 제작 전 과정-캐스팅, 시나리오, 촬영, 편집, 특수효과 혹은 시각효과(VFX; Visual Effect)-에 AI가 어떻게 개입하는지, 그리고 인간 창작자, 인간 작업자들과 어떤 방식으로 공존할 수 있는지를 살펴본다. 초연결 시대의 영화제작은 인공지능의 등장으로 모든 영역에서 전에 없던 혁명기를 맞이하고 있다. 제작의 현장, 그리고 AI 배우, 디지털 휴먼, 영화의 후반작업과 홍보·마케팅, 그리고 유통에 이르기까지 그야말로 산업적인 대전환기를 겪고 있는 영화산업은 콘텐츠 산업 전반을 가이드하면서 새로운 역사를 써 내려가고 있다. 이러한 외부 환경변화는 경영학적으로 보았을때, 다양한 이해관계자의 지형 변화를 수반한다. 이 챕터는 이러한 경영전략적 관점도 함께 살펴본다.

Intro(도입)

초연결 시대의 영화 제작과 산업의 변화

한 세기 전, 카메라와 필름이 처음 이 세상에 도입되면서 연극 무대 위의 리얼리티를 새로운 방식으로 전환시켰던 것처럼, 이제는 인공지능과 디지털 휴먼 기술이 영화의 제작 환경과 예술적 상상력을 동시에 재구성하고 있다. 이제 영화산업에서 시나리오 집필과 촬영 콘티 구성, 그리고 후반작업의 색보정과 편집, 심지어는 사운드 믹싱에 이르기까지 대부분의 영화 제작 과정을 인공지능이 담당할 수 있다. 머지않은 미래에, 인간 창작자가 한 일은 최종적 연출 방향을 제시하는 것이 될 수 있고, 이에 따라 무대 위에 오른 이는 감독 한 명이 될 수 있다. 예를 들어, 가상의 영화에서 "엘리사(Elisa)"라는 이름의 주인공은 스크린 속에서만 존재하는 디지털 휴먼이다. 물론, 이러한 사실을 알게 되는 관객들은 당혹감을 감추지 못하겠지만, 영화속에서 구현된 정교한 감정연기와 표정에 곧 매료될 것이다. 그리고 어느 순간부터는 이 배우가 실제 배우인지 인공지능으로 구현된 디지털 휴먼인지 인지하는 것을 잊은 채 몰입하기 시작할 것이다. 이러한 가상의 사건은 단순한 인공지능 "기술 시연"에 불과하지 않다. 그것은 영화 제작의 패러다임이 근본적으로 변화하고 있다는 것을 알리는 신호탄에 가까운 혁명이다.

영화는 본질적으로 수많은 협업으로 이루어진 집단 창작물이다. 작가가 시나리오를 쓰고, 감독이 이를 해석하며, 배우와 스태프가 카메라 앞뒤에서 공동으로 세계를 만들어낸다. 그러나 인공지능의 등장은 이 전통적 분업 구조에 균열을 가져오고 있다. 시나리오 단계에서부터 AI는 특정 키워드와 장르적 특성을 기반으로 수십 개의 서사를 자동으로 생성할 수 있다. 이 과정에서 인간 작가는 기존에 "빈 종이 앞에서의 고독"을 감수하지 않고도, 다수의 플롯 중에서 적합한 것을 선택하거나 수정하는 방식으로 작업 효율을 극대화한다. 촬영 현장 또한 달라지고 있다. 과거에는 배우의 연기와 카메라 앵글이 현장의 모든 것을 결정했다면, 이제는 모션 캡처 데이터와 AI 기반의 얼굴 합성 기술이 배우의 존재 자체를 대체하거나 보완한다. 이른바 "가상 배우(Virtual Actor)" 혹은 "디지털 휴먼(Digital Human)"은 실제 인간의 현실적인 육체적 한계에서 자유로워, 나이가 들지 않고, 언어 장벽을 뛰어넘으며, 위험한 액션 장면에서도 안전하게 연기를 수행할 수 있다. AI의 등장은 영화의 제작 현장에서의 변화로 끝나지 않는다. 관객이 경험하는 영화의 몰입도 역시 달라지고 있다. 한때 관객들은 CG로 구현된 공룡이나 우주선에 놀랐지만, 이제는 스크린 속 인물이 실제 사람인지 AI인지조차 구분하기 어려운 수준에 도달했다. 2020년대 중반 등장한 다수의 버추얼 인플루언서(Virtual Influencer) 사례는 이미 광고와 SNS 시장에서 관객의 심리적 허들을 크게 낮춰 놓았다. 이런 변화 속에서 관객은 '배우의 실재성 혹은 진정성(authenticity)'보다 '이야기의 설득력과 감정적 진정성'을 더 중요하게 평가하기 시작했다. 이 점은 흥미로운 질문을 던진다. 만약 관객이 인간 배우와 디지털 배우의 차이를 인식하지 못하거나, 설사 알더라도 그것을 감정 이입의 장애물로 받아들이지 않는다면, 배우라는 직업은 어떤 의미를 지니게 될까? 디지털 배우는 계약 문제, 스케줄 조율, 인권 침해 논란 없이 무한히 재현 가능하다는 장점을 지니지만, 인간 배우가 지닌 우발성·불완전성·예측 불가능성에서 오는 "살아 있는 긴장감, 혹은 생생한 기류"를 대신할 수 있을까? 이는 향후 영화 산업에서 '인간과 AI의 공존 가능성'을 가늠할 중요한 지표가 될 것이다.

최근에는 GPT 계열 언어 모델이나 특화된 시나리오 생성형 인공지능이 장르별 플롯과 대사를 자동으로 제시하고 있는데, 이를 기반으로 인간 작가는 이미 만들어진 이야기들을 편집하고 각색하는 역할로 전환되어가고 있다. 즉, 영화의 이야기, 스토리라인을 구성하는 과정에서도 AI의 존재감은 상당히 커져가고 있다. 기존에는 전문 작가가 수개월 동안 플롯을 설계하고 대사를 다듬는 것이 일반적이었다. 그러나 지금 이 모든 과정에 인공지능이 투입되어 일을 하고 있다. 또한, 편집 과정에의 변화도 크게 감지되고 있다. 영화같은 콘텐츠의 편집은 아주 오랫동안 감독과 편집자의 전문성 및 예술적 직관이 결합된 특별한 영역으로 여겨졌다. 그러나 머신러닝을 기반으로 한 여러 편집 도구들은 방대한 영화 데이터베이스를 빠르게 학습할 수 있으며, 이를 기반으로 특정 장면의 리듬과 컷 전환의 적절한 타이밍, 그리고 관객 반응을 분석한 최적화된 편집안을 제시할 수 있다. 후반 작업에 소요되는 비용과 시간을 크게 단축시킨 것은 이뿐만이 아니다. 시각효과 혹은 비주얼 이펙트(VFX 혹은 Visua F/X: Visual Effects)는 AI 도입으로 또 한 번의 큰 도약기를 맞이하고 있다. 이 작업은 영상물에서 그림이나 영화의 프레임을 합성해서 실재하지 않은 시각효과를 만들어내는 기술의 총칭을 의미한다. 컴퓨터 그래픽스 또는 아날로그 테크닉을 주로 쓰는데, 기존의 이러한 CG 작업은 수많은 아티스트가 프레임 단위로 이미지를 합성하고 수정하는, 무수히 많은 시간과 노력을 들이는 고된 과정 중의 하나였다. 그러나 AI 인공지능 기반 영상 합성 기술은 복잡한 배경을 자동으로 제거하기도 하고 만들어내기도 하며, 고해상도 텍스처를 실시간으로 생성해낼 수 있다. 심지어는 매우 오래된 필름을 4K 혹은 8K 화질로 복원한다거나, 손상된 필름의 어느 장면들을 원본에 가깝게 재현하는 작업도 가능해졌다. 이러한 모든 작업들이 인공지능의 사용으로 가능해짐에 따라 소실 위기에 놓였던 고전 영화들, 명작들이 다시 관객과 만날 수 있는 기회를 갖게 되었다. 이는 단순히 "비용 절감" 이상의 엄청난 의미를 갖는다. 영화사의 아카이브가 새로운 생명력을 얻을 수 있도록 혹은 시대를 뛰어넘어 영화의 역사가 계속 이어지도록 해주는 역할을 하고 있다. 그리고 색보정(Color Grading)도 마찬가지다. 인공지능은 자동으로 콘텐츠의 톤을 조정할 수 있는데, 채도와 대비, 노출, 밝은 하이라이트 영역과 어두운 영역, 즉 섀도우, 혹은 흰색과 검정 등의 색감을 감독의 스타일이나 취향에 따라 모방해가면서 인공지능은 이를 모두 섬세하게 조절할 수 있다. 인공지능으로 인한 이러한 기술적 변화는 엔터테인먼트 산업 구조에도 깊숙이 들어와 큰 영향을 미치고 있다. 첫째, 영화같은 여러 콘텐츠의 다양성이 확대되고 있다. AI는 특정 소수 관객을 겨냥한 초니치 혹은 마이크로 니치(Micro-niche), 나노 니치(Nano-niche) 장르 영화까지 빠르게 제작할 수 있어, 글로벌 OTT 플랫폼과 결합하면 글로벌 시장에서 다층적인 관객 수요에 효과적, 효율적으로 대응할 수 있다. 둘째, 인공지능은 제작 과정의 민주화를 가져왔다. AI 도구가 보편화되면서, 기존 영화계에 진입하기 어려웠던 신인 감독이나 창작자들도 저비용으로 실험적인 작품을 선보일 수 있게 되었기 때문이다. 셋째, 인공지능으로 인해 가장 두드러지게 나오는 것은 제작비 절감

효과다. 고비용 배우 캐스팅이나 해외 로케이션 없이도 가상 스튜디오와 AI 합성 기술을 활용해서 소규모 제작사도 대작 수준의 영상을 구현할 수 있게 되었다. 이러한 효과는 산업 전반적인 구조에 변화를 가져오고 있다. 그러나 이러한 혁신은 동시에 새로운 논쟁 또한 불러일으키고 있다. "인공지능과 함께 만든 작품의 저작권은 과연 누구에게 귀속되는가?", "관객은 인간 배우의 고유성을 여전히 요구할 것인가?", "AI 배우의 연기는 진정한 예술로 판단할 수 있는가?"와 같은 질문은 계속 제기되고 있다. 이는 단순한 학술적 토론을 넘어, 영화 제작 현장에서 실제로 부딪혀야할 법적·윤리적 과제이다. 초연결 시대의 영화 세트장, 이를 뛰어넘는 영화 산업은 물리적 공간에 국한되지 않으며, 시나리오부터 촬영, 그리고 후반작업과 같은 편집, 상영에 이르기까지 AI가 주체적으로 개입하는 다층적 협업의 장이 되고 있다. 어느 영화제에서 디지털 배우가 무대인사를 대신한다고 상상해보자. 이는 단순히 기발한 이벤트가 아니라 다가올 영화 산업의 미래를 응축한 상징이 될 수 있다. 여기서 중요한 점은 "기술이 영화 예술을 위협한다"고 판단하기보다는 새로운 가능성과 기회를 여는 무언가로 생각해 볼 수 있다는 점이다. 관객은 점차 "누가 만들었는가"보다는 "무엇을 경험했는가"에 집중하는 태도를 보이고 있기 때문이다. 이 장은 바로 이러한 질문에 답하기 위해, 가상 배우나 디지털 휴먼, 시나리오와 편집 자동화, VFX와 복원 기술 등 영화산업 속에 깊이 들어와버린 AI 사례를 살펴보고, 영화 예술의 미래를 함께 전망하고자 한다. 이에 따라, 앞으로 우리에게 주어진 과제는 분명하다. 인간과 AI가 어떤 방식으로 공존하며 창작을 이어갈 것인가, 그리고 그 과정에서 예술성과 산업성이 어떻게 균형을 이룰 것인가를 살펴보는 것이다.

학술적인 파트

1) AI 배우와 디지털 휴먼: 정의와 기술의 진화

영화 영역에서 디지털 휴먼은 더 이상 기술 시연용 소재가 아니다. 고해상도 스캐닝, 퍼포먼스 캡처, 물리기반 셰이딩(PBR), 얼굴 리타게팅, TTS(Text-to-Speech: 텍스트를 사람처럼 들리는 음성으로 읽어주는 기술)/보이스 클로닝(Voice Cloning: 화자의 목소리를 복제하는 것) 등으로 이뤄진 모듈형 파이프라인이 상업 제작에 정착하며, 실제 배우와의 경계를 실감 단위로 좁혀 왔다. 대표적으로 딥러닝 기반 얼굴 합성(일명 딥페이크 Deepfake)은 아카이브, 즉 과거의 영상자료를 학습해 인물의 표정·조명 조건을 새롭게 재구성한다. 여기에 음성 합성 기술은 화자의 발화 습관과 목소리 특성을 흉내내어, 입모양과 발화 타이밍, 그리고 영상의 프레임을 자연스럽게 연결하도록구강 모핑-프레임 합성을 일체화한다. 루카스필름/ILM은 『인디아나 존스: 운명의 다이얼』에서 디에이징(De-Aging, 나이를 젊게 보이게 하는 기술)을 사용했습니다. 이 과정에서 과거 촬영된 영상을 학습한 인공지능, 그리고 그와 같은 아카이브 훈련 데이터, 배우의 움직임을 세밀하게 기록하는 특수 촬영 장치(적외선 카메라와 추적 점같은 전용 촬영 리그), 기존의 시각효과(VFX)를 결합한 사례로, 약 20~25분 분량의 젊은 시절 장면을 설득력 있게 구현했다. 이는 단일 기법 혹은 기술로 완성된 것이 아니라, 여러 인공지능 도구와 전통적인 특수효과 기법을 섞어 쓴, 다중 ML(Machine Learning, 머신러닝) 도구와 전통적인 시각효과(VFX) 아티스트의 수작업 기술을 섞어서 쓴 하이브리드 방식이었다는 점이다. 이러한 접근법은 향후 영화의 제작 현장에서 하나의 표준으로 자리잡을 가능성이 높다.

『인디아나 존스: 운명의 다이얼』 포스터

출처: 나무위키
https://namu.wiki/w/%EC%9D%B8%EB%94%94%EC%95%84%EB%82%98%20%EC%A1%B4%EC%8A%A4:%20%EC%9A%B4%EB%AA%85%EC%9D%98%20%EB%8B%A4%EC%9D%B4%EC%96%BC

디지털로 만들어진 가상의 인물, 즉 버추얼 인플루언서들은 이제 단순히 SNS 속 캐릭터를 넘어서 영화 예고편(시네마틱 트레일러)이나 OTT 홍보, 심지어는 영화 속 조연이나 엑스트라 역할까지 활동 영역을 넓히고 있다. 예를 들어, 한국의 로지(ROZY)는 고급 명품브랜드 캠페인에 참여하며 큰 화제를 모았으며, 연 매출(예상)이 약 20억 원(미화 150만 달러 이상)에 이를 것이라는 보도도 있었다. 또 다른 사례로는, 롯데홈쇼핑의 루시(Lucy)가 있는데, 루시는 단독 라이브 커머스를 진행할 뿐 아니라, 이와 관련된 파생 콘텐츠(스핀오프)까지 제작해 활동을 확장하고 있다. 이처럼 디지털 인물이 실제 사람처럼 광고와 홍보 활동을 하며 성과지표(매출, 시청자수, 참여율 등)로 평가되는 현상은, 영화 마케팅 전략이나 간접광고(PPL) 기획에도 직접적인 참고자료로 활용될 수 있다. 즉, 핵심은 "버추얼 인플루언서가 단순 홍보를 넘어, 실질적인 매출과 마케팅 데이터를 만들어내는 시대"라는 점이다.

2) 경영학적 관점: 이해관계자의 지형변화와 외부 환경의 변화

AI가 영화 산업에 본격적으로 도입되면서, 단순히 새로운 기술의 문제를 넘어 경영학적 차원에서의 분석이 필수적으로 요구되고 있다. 영화는 원래부터 거대한 협업의 결과물이다. 감독과 작가, 배우, 스태프, 제작사, 배급사, 그리고 홍보마케팅 회사, 극장이나 OTT와 같이 상영을 맡은 기업들, 그리고 관객에 이르기까지 수많은 이해관계자들(stakeholders)이 얽히면서 비로소 한 편의 작품이 완성된다. 그러나 인공지능이 이 과정 속으로 들어오자, 기존의 관계와 균형이 크게 흔들리기 시작했다. 무엇보다 이해관계자의 지형 변화가 눈에 띈다. 감독과 작가는 AI를 창작의 보조 도구로 활용하며 새로운 아이디어를 얻기도

하지만, 동시에 창작 주도권이 약화될 것이라는 불안을 느낀다. 배우는 더 직접적인 영향을 받는다. 디지털 휴먼과 가상 배우가 점차 상업영화 속으로 들어오면서, 출연 기회가 줄어들 수 있다는 우려가 제기된다. 그러나 다른 한편으로는 자신의 이미지와 목소리를 디지털 자산으로 전환하여, 물리적 한계를 넘는 새로운 수익 모델을 만들 수 있다는 가능성도 열리고 있다. 제작사와 투자자는 비용 절감과 위험 분산이라는 측면에서 AI 도입에 긍정적이다. 그러나 결국 이 변화의 최종 평가자는 관객이다. 관객이 "진짜 사람 배우의 연기"보다 "영화의 설득력과 감정적 진정성"을 더 중시하게 된다면, AI 배우는 충분히 설 자리를 얻게 된다. 이러한 관점에서, AI 기반 영화 제작은 외부 환경의 변화에 매우 중요하게 다뤄질 수 있다. 특히, OTT 플랫폼의 확산은 AI 도입을 촉진하는 가장 강력한 요인 중 하나로 작용하고 있다. 현재 OTT 플랫폼들은 방대한 시청자 데이터를 바탕으로 맞춤형 추천 시스템을 정교하게 운영하고 있으며, 이러한 흐름은 영화 제작 단계에서도 AI 활용을 정당화할 수 있다. 그러나 동시에 인공지능의 활용과 관련된 법적·제도적 환경은 여전히 불안정하다. AI 배우의 저작권 귀속이라든지 초상권 문제, 그리고 그와 관련된 모든 윤리적 기준은 여전히 논쟁의 한가운데 있다. 이와 더불어, 제작사 내부의 자원과 역량 역시 중요한 분석 요소가 되었다. AI 시대의 경쟁력은 단순히 자본 규모에 달려 있지 않다. 과거 작품과 배우의 연기 데이터를 얼마나 축적했는지, 고성능 그래픽 장비와 클라우드 기반 편집 환경 같은 기술 인프라 혹은 이를 사용할 수 있는 전문가들을 얼마나 보유했는지가 새로운 경쟁의 출발점이 된다. 또한 기술과 예술, 비즈니스 문제를 모두 동시에 이해할 수 있는 융합형 인재의 확보는 더 이상 선택이 아니라 필수 요소로 자리잡았다. VFX 아티스트와 데이터 과학자, 그리고 경영학자가 같은 프로젝트 안에서 협력하는 모습은 이제 낯설지 않으며, 오히려 추구되는 방향이다. 소비자 수요 역시 빠르게 변하고 있다. 젊은 세대일수록 디지털 휴먼이나 버추얼 인플루언서의 등장을 매우 자연스럽게 혹은 당연스럽게 받아들이며, 실제 인간이 등장하는 작품만을 고려하기보다는 혹은 콘텐츠의 진정성보다는 재미와 경험을 우선시하는 경향을 보이고 있다. 따라서 새로운 인공지능 시대에는 고객 혹은 사용자의 관점에서 따라가며 산업의 변화를 받아들여야 한다.

한편 이같은 변화는 기업내의 자원기반관점에서도 매우 중요한데, 인공지능 활용과 관련된 다양한 역량들이 중요한 무형자산으로 평가되기 시작했다. 영화사 입장에서는 자체적으로 개발한 AI 배우나 디지털 휴먼 모델이 타사와의 경쟁에서 차별화 요소가 될 수 있으며, 이는 장기적인 경쟁우위를 유지하는 핵심 역량으로도 작용할 수 있다. 또한, 가치사슬(Value Chain) 관점에서 보면, AI 인공지능은 영화의 기획 및 개발, 프로덕션 촬영의 전반, 그리고 포스트 프로덕션이라 불리우는 후반 작업의 전과정, 홍보마케팅, 상영에 이르는 모든 과정에 영향을 미치며 투입되고 있다. 즉, 시나리오 기획, 캐스팅, 촬영, 편집, 후반 작업, 배급, 홍보마케팅에 이르기까지 영화 제작의 전 과정에 인공지능이 투입되어 영화제작의 모든 가치사슬에 지대한 영향력을 미치고 있다. 예를 들어, 자연어처리(NLP: Natural Language Processing) 기술을 활용한 시나리오 생성은 AI 영화 제작의 전환점이 되고 있다. 자연어처리 기술은 인공지능이 인간의 언어를 이해하고 또 활용할 수 있도록 돕는 기술이다. 즉, 컴퓨터가 인간이 일상적으로 사용하는 언어를 분석해서 처리하는 기술인데, 현재는 정보 검색을 넘어서서 질의응답과 기계번역, 또한 챗봇과 같은 다양한 분야에 응용되고 있다. 이제 컴퓨터가 우리 말을 알아듣고 이에 적절한 대답을 하는 것은 너무 익숙한 일상이 되버렸다. 특히, 이러한 기술은 영화산업에 있어서 방대한 영화 대본과 관객 반응 데이터를 학습해, 장르별로 적합한 전개와 대사를 제안하는 수준으로 발전했다. 예를 들어, 로맨틱 코미디 장르를 요청하면 AI는 서사의 기본 구조, 주요 갈등, 감정 전환 시점을 반영한 장면 구성을 초안으로 제공해준다. 이후 감독과 작가는 이 초안을 바탕으로 세부적인 대사와 장면 전환을 다듬어 최종 시나리오를 완성할 수 있다. 또한, 영화산업에서는 편집 자동화 기술도 주목할 만하다. AI 편집 프로그램은 방대한 분량의 촬영본에서 주요 장면을 자동으로 선별하여 편집 시간을 대폭 단축해준다. 아울러 AI는 촬영된 영상에서 인물의 표정, 대사, 장면 전환 타이밍을 분석해 컷을 자동 분할해주기도 한다. 필요시에는 배경음악과 효과음을 적절히 삽입한다. 과거에는 수십 시간에 걸쳐 수작업이 필요했던 러프컷 편집을 이렇게 인공지능을 활용하면 몇 시간 만에 끝낼 수 있게 된다. 이는 영화의 전반적인 제작 일정 단축과 예산 절감으로도 이어진다. 또한, 이 과정에서 동일한 AI 모델과 디지털 자산을 반복 활용하면 규모의 경제(Economies of Scale) 효과 또한 발생시킬 수 있다. 이에 영화사 입장에서는 매 프로젝트마다 새롭게 인력을 투입하는데 따르는 거대한 제작비용을 절감할 수 있게 된다. 이러한 흐름 속에서 얻을 수 있는 전략적 시사점은 분명하다. AI는 단순히 비용을 줄여주는 보조 기술이 아니라, 영화 산업 전체의 구조와 규칙을 바꾸어 놓는 요인이자 게임체인저가 될 것이다. 따라서 제작사들은 인간 배우와 AI 배우의 조화를 어떻게 설계할 것인지, AI 캐릭터의 라이선스나 버추얼 인플루언서를 활용한 마케팅처럼 새로운 수익 모델을 어떻게 제도화할 것인지를 고민해야 한다. 동시에 인공지능 사용에 따른 윤리적 책임과 관객의 신뢰를 확보하는 일도 소홀히 할 수 없다. 결국, AI를 어떻게 활용할 것인가의 문제는 기술적 차원이 아니라, 경영 전략과 조직 역량의 문제로 귀결됨을 알 수 있다. 이처럼 경영전략적 관점을 인공지능과 영화산업과의 조화에 적용하면, 독자들은 AI가 단순히 영화 제작 현장의 실험적 도구에 그치지 않고, 산업 생태계를 재편하는 중요한 변수임을 이해할 수 있다. 기술과 예술, 그리고 이를 합치는 비즈니스의 경계에서 새로운 트라이앵글 균형을 찾으려는 시도는 앞으로 영화 산업의 미래와 지속가능성을 좌우하는 핵심이 될 것이다.

사례 파트(Case Study 및 토론문제)

실무적인 파트

사례 1 "조연이 모두 디지털"이라는 실험: 할리우드 제작 방식 전환

개봉 첫 주, 관객들은 낯선 경험을 했다. 스크린 속 세계는 익숙한 블록버스터의 문법을 따랐지만, 주연 배우를 중심으로 움직이는 장면들에서 조연들의 표정과 움직임이 이상하리만큼 매끈하게 느껴졌기 때문이다. 이 작품은 조연급 인물 다수를 디지털 휴먼으로 대체하는 과감한 방식을 택했다. 촬영 현장은 비교적 단출했다. 주연 배우, 최소한의 촬영 인력, 그리고 360도 그린스크린 세트가 전부였다. 전통적으로 대규모 인원이 필요한 군중 장면이나 복잡한 액션 시퀀스는 모션 캡처와 얼굴 리타게팅, 음성 합성으로 채워졌다. 표정 연기와 입 모양의 싱크는 아카이브 영상을 학습한 ML 모델이 도맡았고, 현장에서는 프리비즈(previs)와 가상 카메라(virtual camera)로 컷의 기본 골격을 잡아 후반 합성의 효율을 높였다. 또한, 영화제작 라인은 인공지능으로 인해 완전히 이원화되었다. 촬영 현장에서는 무엇보다 주연 배우의 감정 흐름과 동선을 섬세하게 맞추고, 카메라의 위치와 움직임까지 세밀하게 조율했다. 후반 작업에 들어가서는 디지털 휴먼 제작 파이프라인이 본격적으로 가동되었다. 이 과정에서 인물의 체형, 의상, 헤어스타일 등을 표준화해 정리한 라이브러리가 초반 단계에서 미리 구축되었고, 각 장면마다 활용할 조명 설정과 피부 질감을 표현하는 전용 색 보정 테이블도 준비되었다. 편집 과정에서는 인공지능이 먼저 러프컷(초벌 편집본)을 제안하고, 이후 인간 편집자가 감정의 리듬과 장면의 흐름을 살려가며 세밀하게 수정했다. 제작사 발표에 따르면 이러한 방식 덕분에 세트 제작이나 로케이션 대관, 엑스트라 섭외 등에 들어가는 비용을 크게 줄일 수 있었고, 그 결과 전체 제작비 역시 눈에 띄게 절감된 것으로 보고되었다. 이 영화를 본 관객 반응은 더욱 흥미로웠는데, 영화 초반에는 "어딘가 미세하게 부자연스럽다"는 의견이 있었다. 그러나 극 중반 이후 스토리의 속도가 붙자 인공지능 사용으로 인한 시각적 차이를 인식하지 못하는 관람자가 늘었다. 무엇이 이 작품에 대한 관객의 수용을 이끌었는가?가 중요한 질문인데, 결과적으로 서사의 설득력과 사운드, 그리고 편집이 만든 감정 곡선이 미세한 이질감을 완전히 상쇄했다고 할 수 있다.
한편, 경영학적 시각에서 보더라도 이 사례는 여러 의미 있는 함의를 담고 있다. 우선, 프로젝트 과정에서 구축된 디지털 캐스팅 라이브러리는 중요한 자산으로 기능한다. 한 번 정교하게 만들어 둔 얼굴, 의상, 동작 데이터는 이후 다른 작품에서드 반복 활용할 수 있고, 이렇게 누적될수록 제작 효율이 커지면서 규모의 경제가 작동한다. 또한 일정 관리나 위험 관리 측면에서도 큰 이점이 있다. 날씨나 촬영지 상황 같은 예측하기 어려운 변수에 흔들리지 않그, 계획된 일정대로 작업을 이어갈 수 있기 때문이다. 이런 점은 제작사 입장에서 안정성과 예측 가능성을 높여주는 매우 중요한 요소로 작용한다. 그러나 해결해야 할 과제도 남아 있다. 가상의 배우 조합이 실제 배우의 개성만큼 풍부한 다양성을 보여줄 수 있는가, 이질감이 보여지지는 않는지, 또한 우발적으로 발생하는 장면 속 생동감을 어떻게 재현할 수 있는가와 같은 여러 문제들이다. 더 나아가 노동의 정의, 권리 보장, 크레딧 표기 방식에 대한 사회적 합의 역시 앞으로 풀어야 할 숙제로 남아 있다.

사례 2 "시간을 벌어 주는 편집자": 영화의 AI 보조 편집 실험

독립영화와 상업영화 현장 모두에서 인공지능은 편집 과정의 시간을 단축하는 도구로 활용된다. 헐리우드 스릴러 영화 〈Fall〉에서는 AI 기반 시각 더빙 기술을 이용해 욕설이 많은 대사를 가족 관람 등급에 맞게 바꾸었는데, 배우를 다시 촬영하지 않고도 입모양과 음성을 자연스럽게 교정해 재촬영 비용과 시간을 아낄 수 있었다. 스웨덴 영화 〈UFO Sweden〉 역시 같은 방식으로 전편을 영어 버전으로 바꾸면서, 소규모 제작팀이 동시에 여러 언어 버전을 실험할 수 있는 길을 열었다. 다큐멘터리 〈Another Body〉에서는 피해자의 얼굴과 목소리를 AI가 치환하여 신원을 보호했지만, 최종 편집자는 여전히 감정의 결을 살리고 장면의 호흡을 다듬는 역할을 맡았다. 선댄스 영화제 영상팀은 촬영 직후 자동 전사와 대사 검색 기능을 활용해 러프컷 타임라인을 빠르게 쌓았고, 편집자는 그 뼈대 위에서 장면의 리듬과 감정을 조율했다.

이처럼 AI는 반복적이고 시간이 많이 드는 정렬과 선별, 버전별 비교 작업 등 러프컷 작업을 빠르게 처리할 수 있다. 인공지능이 이를 대신 수행하며 제작팀에게 '시간을 벌어주는 편집자'의 역할을 한다고 볼 수 있는 것이다. 그러나 최종적으로 관객의 마음을 움직이는 미세한 호흡과 감정의 결은 여전히 인간 편집자의 손끝에서 완성된다. 감정의 미묘함, 대사의 공기, 컷 전환의 숨결을 완성하는 길은 여전히 사람의 역할이라는 점이다. 결국 가장 생산적인 편집은 AI의 속도와 인간의 감각이 만나는 지점에서 이루어진다고 할 수 있다. 앞서 소개된 사례들은, 특히 독립영화 제작 생태계의 관점에서, 매우 중요한 시사점을 남긴다. 제한된 예산과 인력으로도 AI를 활용하면 편집 기간을 압축 및 단축하고, 그만큼 후반 색보정이나 음악 작업에 시간을 배분할 수 있게 된다. 또한 러프컷 단계에서 여러 버전을 동시에 실험해볼 여유가 생기므로, 독립영화 제작팀과 같은 작은 소규모의 팀이라 하더라도 창의적 탐색이 가능해진다. 다만 AI가 제안하는 "가장 무난한 리듬"이 장르적인 평균값으로 수렴할 위험이 있기에, 감독의 취향과 결을 분명히 세팅하는 것은 매우 필요불가결한 요소가 되었다.

사례 3 "흑백의 숨결을 다시": 고전영화 AI 복원과 새로운 관객층의 탄생

국립영화아카이브 보관고에서 1960년대 흑백 장편 한 편이 꺼내졌다. 필름은 세월의 흔적을 고스란히 안고 있었는데, 화면 곳곳에 긁힌 자국과 얼룩이 남아 있었고, 일부 프레임은 화학적 손상으로 이미지가 지워졌다. 오랜 보관으로 입자가 거칠게 변형된 것도 문제였다. 복원팀은 우선 원본을 고해상도로 스캔해 가능한 한 정확하게 디지털화했다. 이후 인공지능 기반 복원 도구를 이용해 손상된 프레임을 보완하고, 해상도를 높이며, 흔들린 장면을 안정화하는 과정을 차례차례 거쳤다. 진짜 어려움은 질감을 살리는 단계에서 드러났다. 지나친 노이즈 제거는 필름 특유의 거친 입자를 지워 화면을 부자연스럽게 만들 수 있기 때문이다. 복원팀은 다른 시대의 흑백 필름을 참고해 장면별로 입자의 농도를 달리 설정했다. 배우의 피부색과 배경의 명암 대비는 당시 촬영감독의 기록, 신문 기사, 사진 자료를 근거로 조정했다. 운 좋게도 일부 장면에는 감독의 구술 기록이 남아 있었는데, 이를 토대로 의도된 명암과 조명 효과를 최대한 존중해 복원했다. 최종본은 4K 해상도의 마스터 파일로 정리되었다. 이렇게 완성된 영화가 OTT를 통해 공개되자 젊은 관객층이 새롭게 유입되었다. SNS에는 "예전엔 이름만 알던 배우의 표정을 이렇게 선명하게 본 건 처음"이라는 감상이 이어졌고, 예술극장에서는 복원작 기획전이 열렸다. 대학교 강의실에서는 촬영 기법과 영화사를 배우는 교재로 쓰였고, 해외 영화제에도 소개되었다.

이같은 사례는 영화 복원이 단순히 화면을 깨끗하게 만드는 기술적 작업이 아님을 보여준다. 중요한 것은 원작이 가진 숨결을 해치지 않으면서, 젊은 관객층을 포함해 현대 관객이 다시 읽을 수 있게 만드는 일이다. 인공지능은 반복적이고 시간 소모적인 단계들을 빠르게 처리해 주지만, 어느 시점에서 멈추고 원래의 질감을 남길지는 결국 사람의 선택에 달려 있다. 산업적 측면에서 보면, 아카이브의 디지털 전환은 장기 자산화를 통해 장기적으로 꾸준하고도 안정적인 수익을 만들어낼 수 있다. 또한, 교육·전시·해외 배급 같은 2차 및 3차 시장을 열어준다. 따라서 이 과정은 문화유산 보존과 상업적 활용을 동시에 가능하게 하는 중요한 모델로 평가된다. 즉, 이 사례는 국내외 영화 아카이브 업계에 복원이 단지 "깨끗하게 만드는 일"이 아니라 원작의 의도를 해치지 않으면서 현대 매체 환경에서 과거를 읽히게 만드는 일임을 상기시킨다.

토론 문제(Discussion Questions)

1. 최근 할리우드 블록버스터 제작 현장에서는 조연이나 엑스트라를 실제 배우가 아닌 디지털 휴먼으로 대체하는 시도가 늘어나고 있다. 이는 제작비를 절감하고 일정 관리에도 유리하지만, 동시에 현장에서 실제 배우가 만들어내는 즉흥적인 반응과 우발적 상호작용이 줄어들 수 있다는 우려를 낳는다. 그렇다면 영화의 생생한 리얼리티와 관객이 체감하는 '살아 있는 긴장감'을 유지하기 위해, 디지털 조연의 활용과 실사 배우의 기여를 어떤 방식으로 균형 있게 결합해야 할까?

2. AI 편집 툴은 제작 속도를 높이고 비용을 절감하는 장점이 있지만, 동시에 감독이 의도하는 고유한 리듬이나 개성이 '평균적인 패턴' 속에 묻혀버릴 위험이 있다. 그렇다면 AI가 제안하는 효율적 편집 리듬과 감독이 고집하는 독창적 리듬이 충돌할 때, 작품의 예술성과 산업적 성공을 모두 고려하는 의사결정 기준은 어디에 두어야 하는가?

3. AI 복원 영화는 원작의 '진정성(authenticity)'을 훼손한다고 볼 수 있는가, 아니면 새로운 세대와의 문화적 연결고리로 평가해야 하는가? 원작의 창작 의도와 시대적 맥락을 존중하면서도 현대 관객에게 매력적으로 다가갈 수 있는 복원 수준은 어떻게 설정해야 하며, 이 경계를 정하는 책임은 누구에게 있어야 할까?

에세이 과제

생각할 문제들

에세이 과제(Essay Assignments): 생각할 문제들

(답변을 손글씨로 직접 책 속에 작성해 주세요)

1. 최근 할리우드에서는 제작비 절감과 효율성 확보를 위해 조연이나 엑스트라를 디지털 휴먼으로 대체하는 사례가 늘고 있다. 이러한 변화는 배우, 감독, 제작사, 투자자, 관객 등 다양한 이해관계자의 이해득실에 영향을 미친다. 영화 산업에서 디지털 조연 도입이 가져올 긍정적 효과와 부정적 파급효과를 이해관계자 관점에서 분석하고, 장기적으로 영화사들이 취해야 할 균형 전략에 대해 논하시오.

2. AI 기반 편집 도구는 대규모 데이터를 학습하여 '평균적으로 효과적인 리듬'을 제안하지만, 이는 감독의 독창성과 개성이 희석될 위험이 있다. 영화 제작의 가치사슬(Value Chain)에서 AI 보조 편집이 어떤 단계에 가장 큰 영향을 주며, 이해관계자별로 그 효과가 어떻게 달라지는지 분석하시오. 또한, AI 편집과 감독의 창의성이 공존할 수 있는 경영 전략적 방안을 제시하시오.

3. AI 복원 기술은 훼손된 고전 영화를 현대적으로 되살리며 새로운 시장을 열고 있다. 그러나 과도한 복원은 원작의 질감을 훼손할 수 있고, 불충분한 복원은 관객 몰입을 방해할 수 있다. 이해관계자 분석(아카이브 기관, 제작사, 감독 유족, 관객, 플랫폼 사업자 등)을 바탕으로, 고전 영화 복원 과정에서 발생하는 경영학적·윤리적 쟁점을 논하고, 장기적인 산업 전략을 제시하시오.

Industry Talk

실무자 인터뷰 인사이트 모음

1) Keanu Reeves(배우)

"The people who made digital stuff, they're trying to not have reality. They want to curate reality. But it's the mistakes that make it human." (Wired, 2023.3.6.)

"디지털 기술을 만든 사람들은 현실을 없애려는 게 아니라 현실을 '큐레이션'하기를 원합니다. 그러나 인간적인 것, 혹은 인간다움을 만드는 것은 결국 실수에서 비롯됩니다."

Key Takeaways

디지털 휴먼과 가상 배우가 확산되는 시대에도, 인간 배우의 우발성과 불완전성이 콘텐츠의 차별적 가치가 될 수 있음을 강조한다. 디지털 배우는 효율과 재현의 장점을 지니지만, 인간의 실수와 즉흥성은 여전히 불가결한 자산이다.

2) Greta Gerwig(영화감독)

"Technology can assist performance, but the heartbeat of a scene still belongs to the actor. The unpredictability on set is where cinema lives." (Vanity Fair, 2023.4.22.)

"기술은 연기를 도울 수 있지만, 장면의 심장은 여전히 배우에게 달려 있습니다. 세트에서의 예측 불가능성이 바로 영화가 살아 숨 쉬는 지점입니다."

Key Takeaways

영화 제작에서 AI와 디지털 도구가 보조적 기능을 담당할 수는 있지만, 서사의 생명력은 인간 배우의 감정과 상호작용에서 출발한다는 점을 상기시킨다.

3) Thelma Schoonmaker(아카데미 수상 편집자)

"AI may handle the drudgery of editing, but it cannot decide how long a glance should last, or when silence should cut deepest." (IndieWire, 2023.11.10.)

"AI는 편집의 반복적 작업을 처리할 수는 있습니다. 하지만 한 사람의 시선이 얼마나 오래 지속되어야 하는지, 언제 침묵이 가장 강렬해야 하는지는 결정하지 못합니다."

Key Takeaways

AI가 후반 작업의 효율성을 높여줄 수는 있어도, 영화 편집의 본질적 가치인 정서적 리듬과 시간의 미학은 인간만이 만들어낼 수 있다.

4) Ava DuVernay(영화감독)

"Data can propose rhythms, but it cannot feel irony, longing, or hesitation. Those choices belong to human editors and directors." (IndieWire, 2023.1.12.)

"데이터는 리듬을 제안할 수 있지만, 인간처럼 아이러니·갈망·망설임을 느끼지는 못합니다. 그런 선택은 인간 편집자와 감독에게 달려 있습니다."

Key Takeaways

AI 편집이 제시하는 '평균적 패턴'은 유용하지만, 작가적 개성과 감정적 미묘함은 인간의 최종 선택이 결정한다. 이는 AI를 보조 도구로서 제도화하는 전략적 접근을 필요로 한다.

5) Martin Scorsese(영화감독)

"Cinema is not about sanitizing the past. Restoration should honor scratches and grain-they're part of the film's soul."

(The Guardian, 2019.10.13.)

"영화란 과거를 소독하는 것이 아닙니다. 복원은 영화필름에 존재하는 스크래치와 필름 입자를 존중해야 합니다. 그것들은 영화, 그 자체로 영혼의 일부이기 때문입니다."

Key Takeaways

AI 복원이 가져온 선명함이 오히려 영화의 역사성과 질감을 훼손할 수 있음을 경고한다. 또한 복원 과정에서의 윤리와 투명성이 산업 경쟁력의 일부가 되어야 함을 보여준다.

6) Guillermo del Toro(영화감독)

"Imperfections are not flaws; they are memory. To erase them is to erase history itself." (NYT, 2021.3.14.)

"불완전함은 결함이 아니라 기억입니다. 그것을 지우는 것은 역사를 지우는 것과 같습니다."

Key Takeaways

고전 영화 복원에서 중요한 것은 기술적 완벽성이 아니라, 원작의 흔적과 시대성을 보존하는 태도다. 이는 장기적으로 아카이브의 신뢰와 정체성을 지키는 핵심 전략이 된다.

참고한 자료들

나무위키. (n.d.). *인디아나 존스: 운명의 다이얼*. 2025년 9월 4일 확인, https://namu.wiki/w/%EC%9D%B8%EB%94%94%EC%95%84%EB%82%98%20%EC%A1%B4%EC%8A%A4:%20%EC%9A%B4%EB%AA%85%EC%9D%98%20%EB%8B%A4%EC%9D%B4%EC%96%BC

박영은 외 (2007). *영화산업 기업전략*. 서울: 영화진흥위원회.

박영은 (2019). *엔터테인먼트 경영학*. 서울: 커뮤니케이션북스.

박영은 (2021). *엔터테인먼트 경영전략*. 서울: 커뮤니케이션북스.

신춘성, & 정희용. (2021). 인공지능 기반 문화예술 콘텐츠 창작 기술 분석 및 도구 설계. *방송공학회 논문지*, 26(5), 489-499. https://doi.org/10.5909/JBE.2021.26.5.489

신형덕, 박지현, 박영은, 김도현, 임정기. (2023). *문화소비트렌드 2024*. 서울: RHK.

영화진흥위원회. (2025). *2024년 한국 영화산업 결산 보고서*. 부산: 영화진흥위원회.

장순규. (2024). 생성형 AI를 활용한 창작 활동의 윤리적 기준 탐색: 온라인 만화 작가를 중심으로. *한국디자인포럼*, 29(1), 17-26. https://doi.org/10.21326/ksdt.2024.29.1.002

전병원. (2023). 인공지능과 영화영상제작: 영화영상제작 도구로서 인공지능의 활용사례를 통해. *디지털영상학회지*, 20(1), 133-162.

한국콘텐츠진흥원. (2024). *KOCCA 포커스 통권 166호: AI가 이끄는 콘텐츠 산업혁명, 현재와 미래*. 나주: 한국콘텐츠진흥원.

한국콘텐츠진흥원. (2025). *2025년 2분기 콘텐츠산업 동향분석 보고서*. 나주: 한국콘텐츠진흥원.

Adobe. (2024, October 8). *Adobe introduces Adobe Content Authenticity web app to help creators attach Content Credentials*. https://news.adobe.com/news/2024/10/aca-announcement

Alexander, J. (2023, April 24). *Grimes says anyone can use her voice for AI-generated songs, will split profits. The Verge*. https://www.theverge.com/2023/4/24/23695746/grimes-ai-music-profit-sharing-copyright-ip

Belsky, S. (2023, April 13). *An interview with Adobe Chief Strategy Officer Scott Belsky. Stratechery*. https://stratechery.com/2023/an-interview-with-adobe-chief-strategy-officer-scott-belsky/

Business Insider. (2023, April 24). *Grimes offers 50-50 royalty split on AI songs using her voice*. https://www.businessinsider.com/grimes-offers-50-50-royalty-split-ai-songs-her-voice-2023-4

Chan, S. (2024, February 27). *Refik Anadol sees artistic possibilities in data. TIME*. https://time.com/7212509/refik-anadol-artistic-possibilities-in-data/

Davenport, T. H., & Bean, R. (2023, June 19). *The impact of generative AI on Hollywood and entertainment. MIT Sloan Management Review*. https://sloanreview.mit.edu/article/the-impact-of-generative-ai-on-hollywood-and-entertainment/

Frater, P. (2025, September 17). *Park Chan-wook sounds alarm on AI, pushes Korean theatrical revival. Variety*. https://variety.com/2025/film/news/park-chan-wook-ai-korea-theatrical-revival-busan-no-other-choice-1236521552/

Goslin, A. (2025, March 26). *Studio Ghibli's archive is the key to its 4K restoration process. The Verge*. https://www.theverge.com/entertainment/634951/studio-ghibli-mononoke-4k-restoration-atsushi-okui

Nast, C. (2023, February 14). *Keanu Reeves will never surrender to the machines. WIRED*. https://www.wired.com/story/keanu-reeves-chad-stahelski-interview/

Pulver, A. (2019, December 20). *Martin Scorsese: "Maybe 'The Irishman' is the last picture I'll make." The Guardian*. https://www.theguardian.com/film/2019/dec/20/martin-scorsese-maybe-the-irishman-is-the-last-picture-ill-make

Ratliff, B. (2023, November 20). *Holly Herndon's infinite art. The New Yorker*. https://www.newyorker.com/magazine/2023/11/20/holly-herndons-infinite-art

Vincent, J. (2022, August 2). *'An engine for the imagination': The rise of AI image generators. The Verge*. https://www.theverge.com/2022/8/2/23287173/ai-image-generation-art-midjourney-multiverse-interview-david-holz

Zhang, R., Yu, B., Min, J., Xin, Y., Wei, Z., Shi, J. N., … Rao, A. (2025). *Generative AI for film creation: A survey of recent advances*. In *Proceedings of the CVPR 2025 Workshop on Computer Vision in the Entertainment and the Arts(CVEU)*. https://openaccess.thecvf.com/content/CVPR2025W/CVEU/papers/Zhang_Generative_AI_for_Film_Creation_A_Survey_of_Recent_Advances_CVPRW_2025_paper.pdf

〉취업·진로 준비를 위한 주요 홈페이지 리스트

주제	사이트명	홈페이지 주소(URL)	주요 내용 / 활용 포인트
한류· 문화콘텐츠	문화체육관광부 콘텐츠산업통계	https://www.mcst.go.kr	문화콘텐츠 산업 통계 및 정책 방향 확인
	한국콘텐츠진흥원 (KOCCA)	https://www.kocca.kr	콘텐츠산업(방송·게임·음악·애니·캐릭터 등) 정책·지원사업·인재양성 정보 제공
	한국문화관광연구원 (KCTI)	https://www.kcti.re.kr	문화·관광산업 연구, 문화정책·산업 동향 리포트, 진로 관련 참고 자료
	콘텐츠산업정보포털 (KOCCA 운영)	https://www.kocca.kr/cop/bbs/list/B0000146.do	콘텐츠산업 동향·정책·리포트·취업 지원 자료
엔터테인먼트	ShowbizJobs	https://www.showbizjobs.com	글로벌 엔터테인먼트 업계(영화·TV·음악·게임) 채용정보
	LinkedIn Entertainment Jobs	https://www.linkedin.com	K-pop·콘텐츠·미디어 기업 채용 공고, 네트워킹 기회
	KOWORK (Jobs for Foreigners in Korea)	https://kowork.kr/en	외국인을 위한 한국 내 채용 플랫폼, 엔터 관련 직무 포함
	CJ ENM Careers	https://recruit.cjenm.com	방송·음악·영화·IP·공연 등 엔터 산업 대표기업 채용공고
AI·빅데이터	AI Jobs Korea	https://aijobs.ai/south-korea	인공지능·머신러닝·데이터 분석 관련 국내외 채용정보
	잡코리아 (JobKorea)	https://www.jobkorea.co.kr	AI·빅데이터·개발·IT 분야 취업정보 및 기업리뷰
	사람인 (Saramin)	https://www.saramin.co.kr	데이터 분석, AI 직무공고 및 커리어패스 자료
	데이콘 (Dacon)	https://dacon.io	데이터 분석·AI 경진대회 플랫폼, 실무형 포트폴리오 구축
	Kaggle	https://www.kaggle.com	글로벌 데이터분석 경진대회, 실무형 AI 역량 개발
경영전략	Harvard Business Review (HBR)	https://hbr.org	글로벌 비즈니스·경영전략 인사이트, 트렌드 리포트
	매일경제 MBiz	https://www.mk.co.kr/mbiz/	최신 경영·산업·스타트업 동향 및 사례
	딜로이트 인사이트 (Deloitte Insights)	https://www2.deloitte.com/kr/ko/insights.html	산업별 전략·혁신 보고서, 컨설팅 기반 경영전략 자료
	한국산업인력공단 HRD-Net	https://www.hrd.go.kr	국가 직업능력표준(NCS) 기반 직무·훈련 정보
	WEF (World Economic Forum)	https://www.weforum.org	4차산업혁명·AI·문화산업 관련 글로벌 리포트

04 Chapter

AI와 음악 산업 : 작곡, 연주, 믹싱의 자동화

세부 내용:
- AI가 작곡하고 연주하는 음악(AIVA, Amper Music 등)
- AI 기반 음악 추천 시스템(Spotify, YouTube Music 알고리즘)
- 가상 가수 및 AI 음성 합성 기술, 그리고 저작권 문제
- 내부 경영자원 및 가치사슬에 영향을 미치는 AI 기술

기대효과:
- AI의 음악 창작 기능에 대한 이해
- AI와 인간 음악가의 협업 가능성 탐색

시사점:
- AI 음악의 창작자로서의 인정 여부
- 음악 산업 내 AI의 역할 재정립

주요 독자층:
- 음악가, 작곡가, 프로듀서, 가수
- 음악 산업 관계자
- 음악 분야 진로를 준비하는 학생들

Big Map

전체 챕터 구성과 연관성 지도

- Chapter Ⅰ AI와 엔터테인먼트의 만남: 역사와 현재
- Chapter Ⅱ AI가 만들어내는 콘텐츠: 창작과 제작의 진화와 혁신
- Chapter Ⅲ AI와 영화 산업: 가상 배우에서 자동 편집까지
- **Chapter Ⅳ AI와 음악 산업: 작곡, 연주, 믹싱의 자동화**
- Chapter Ⅴ AI와 게임 산업: NPC, 시뮬레이션, 자동 콘텐츠 생성
- Chapter Ⅵ AI와 방송·미디어: 뉴스, 광고, 스트리밍의 자동화
- Chapter Ⅶ AI와 공연예술: 가상 아이돌, 홀로그램 콘서트, 인터랙티브 공연
- Chapter Ⅷ AI와 팬덤 문화: 팬과 AI의 새로운 관계
- Chapter Ⅸ AI와 윤리: 창작과 기술의 경계를 넘어서
- Chapter Ⅹ 미래의 엔터테인먼트: AI와 인간이 공존하는 세계

이 챕터는 AI가 음악 산업에서 창작(작곡)–실행(연주)–후반작업(믹싱)의 전 과정을 자동화하거나 보조하는 방식을 다룬다. 영화 산업이 영상 창작의 구조를 바꾸듯, 음악 산업에서도 AI는 창작 주체와 유통 구조를 동시에 재편하고 있다. AI 툴을 활용해 많은 인력을 들이지 않고도 앨범을 제작할 수 있게 되었고, 편곡도 마찬가지이다. 가상의 가수, 그리고 AI 보컬 합성 기술을 활용한 음악의 세계는 더욱 다채롭게 증폭되고 있다. 이러한 변화는 경영학적으로 가치사슬 전반에 큰 영향을 미치고 있으며, 자원기반관점(RBV, Resource-Based View)에서도 시사하는 바가 크다.

Intro(도입)

초연결 시대, 스튜디오 안의 새로운 동료

2025년 봄, 한 신인 싱어송라이터가 발표한 데뷔 앨범이 음악 팬들 사이에서 화제가 되었다. 흥미로운 점은 전 수록곡 중 절반가량이 인공지능 도구와 함께 작업된 곡이라는 사실이다. 그는 먼저 AI 작곡 프로그램을 통해 기본적인 화성과 멜로디의 틀을 뽑아냈다. 이후 별도의 소프트웨어를 활용해 곡의 분위기를 맞추고 편곡을 다듬었으며, 시범 단계에서는 합성 보컬이 가이드 트랙을 불러주었다. 최종 녹음에 들어가서는 실제 보컬과 AI 보이스를 섞어, 기존에는 잘 들을 수 없던 독특한 질감의 노래를 완성했다. 무엇보다 흥미로운 것은 청중의 반응이었다. 단순히 '기계가 만든 음악'으로 치부하기보다는, 한 아티스트가 새로운 도구를 받아들여 자기 색깔을 확장한 결과물로 보는 시각이 많았다. 오히려 낯선 시도에 신선함을 느끼며 긍정적으로 반응한 팬들이 적지 않았다.

돌이켜보면, 음악 산업은 언제나 새로운 기술을 흡수하며 형태를 바꿔왔다. 20세기 중반의 전자기타는 대중음악의 음향 풍경을 바꿨고, 1980년대에는 신디사이저가 전자음악과 팝 사이의 경계를 허물었다. 2000년대 들어서는 디지털 오디오 워크스테이션(DAW)의 확산으로 집에서도 음악을 만들 수 있는 환경이 열렸다. 2020년대의 인공지능은 이 흐름을 잇는 다음 단계라 할 수 있다. 과거에는 모두 분리되어 있던 작업들, 예를 들면, 멜로디 구상, 화성 진행, 편곡, 보컬 가이드, 믹싱과 마스터링까지 이렇게 나눠져 있던 과정을 하나의 파이프라인으로 연결해 주며, 아티스트가 기술적 제약보다는 창의적 아이디어에 집중할 수 있도록 돕는다.

음악 산업은 언제나 기술과 예술이 교차하는 현장이었다. 피아노와 바이올린 같은 악기가 처음 만들어졌을 때에도 그것은 인간의 표현 방식을 바꿨고, 전축과 라디오의 보급은 음악을 특정 공간에서 벗어날 수 있도록 대중에게 확산시켰다. 인공지능은 이 역사적 흐름 속에서 가장 최근에 등장한 창작 매개체라 할 수 있다. 과거의 기술들이 주로 "전달 방식"이나 "음색 확장"에 기여했다면, AI는 "창작 그 자체"에 직접 개입한다는 점에서 차별성을 지닌다. 예를 들어, AI는 특정 장르의 음악 수천 곡을 학습하여 새로운 멜로디 라인을 생성할 수 있다. 기존 작곡가가 축적한 이론적 지식과 직관이 아니라, 데이터의 패턴과 확률에 기반한 방식이다. 동시에, 음성 합성 엔진은 특정 가수의 목소리를 학습해 전혀 존재하지 않는 노래를 '그 가수가 부른 것처럼' 만들어낸다. 이는 음악을 듣는 경험을 근본적으로 변화시킨다. 과거에는 "누가 불렀는가"가 음악의 중요한 가치였다면, 이제는 "어떤 감정을 경험하게 하는가"가 더 큰 비중을 차지하게 된 것이다.

과거의 음악 스튜디오는 늘 여러 전문가가 모여 하나의 곡을 만들어내는 공간이었다. 작곡가가 멜로디를 짜면 편곡가가 구조를 다듬고, 프로듀서가 방향을 잡아주었으며, 세션 연주자와 보컬, 엔지니어가 각자의 역할을 채워 넣었다. 그러나 인공지능이 본격적으로 들어오면서 이 협업 구조에도 변화가 나타난다. 신예 아티스트나 인디 뮤지션은 고가의

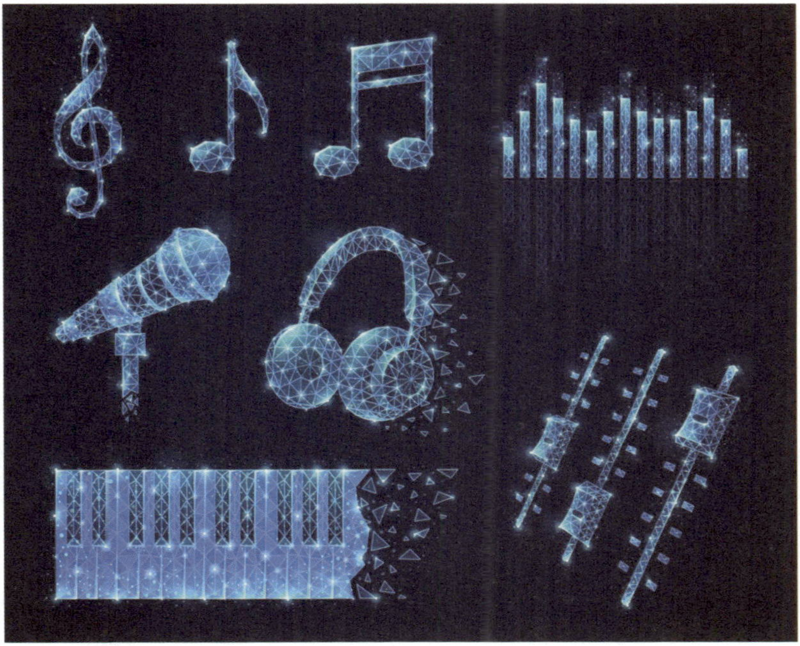

AI 음악의 세계

출처: FREEPIK.COM
https://kr.freepik.com/free-vector/music-media-polygonal-wireframe-set-isolated-shining-images-with-shape-notes-microphone-headphones-keys_7379614.htm#fromView=search&page=1&position=9&uuid=cbb86eb2-5b70-44ad-8f76-83c7123aa78a&query=AI+%EC%9D%8C%EC%95%85

장비나 많은 인력을 섭외하지 않고도, AI 툴을 활용해 혼자서 앨범 단위의 결과물을 만들어낼 수 있게 된 것이다. 실제로 2020년대 초반, 몇몇 스타트업은 텍스트 몇 줄만 입력하면 기본적인 곡이 완성되는 서비스를 내놓아 화제를 모았다. 그렇다고 해서 모든 역할이 대체되는 것은 아니다. 드럼 루프 생성이나 기본적인 믹싱 같은 반복적인 작업은 AI가 맡을 수 있지만, 곡의 정서와 리듬감을 최종적으로 조율하는 일은 여전히 사람의 몫이다. 결국 스튜디오 안에서 인공지능은 “보이지 않는 보조자”에 가깝고, 뮤지션은 그 덕분에 더 창의적인 부분에 집중할 수 있게 된다. 이렇게 음악작업에 인공지능을 사용하는 것은 스타트업이나 인디 업계만이 아니다. 2025년, ABBA의 Björn Ulvaeus는 새 뮤지컬 작업에서 창작의 일부로 AI를 활용하고 있다고 밝혔다. 그는 AI를 완전한 곡을 만드는 주체가 아니라, 아이디어가 막혔을 때 대안을 제시해 주는 “작곡 동료”처럼 본다고 했다. 또한 EDM 프로듀서 Zedd는 새로운 앨범 작업에서 AI 도구가 제작 속도를 높여 주었고, 팬들과 시각 콘텐츠를 함께 만드는 실험에도 도움이 되었다고 언론에서 언급했다. 한편 Ghostwriter977의 곡 “Heart on My Sleeve”은 AI가 기존 유명 아티스트, 드레이크(Drake)와 위켄드(The Weeknd)의 목소리를 흉내낸 음성을 본뜬 보컬로 발표되어 팬들 사이에서 큰 화제를 모았다. 그러나 곧 저작권 및 퍼블리시티 권리 측면에서 논란이 일었는데, 한국에서는 음악저작권협회(KOMCA)가 2025년부터 AI가 창작 과정에 사용된 곡은 저작권 등록을 허가하지 않는다는 새 방침을 시행하기 시작한 것과 관련, 법적으로 문제가 되었다. 즉, 작곡자가 AI 도구를 사용하지 않았음을 확인해야만 저작권을 등록할 수 있도록 한 것이다. 이 조치는 AI 음악과 저작권 간의 경계가 법적 제도로도 문제화될 수 있음을 보여준다.

업계의 이러한 사정과는 별도로, 청중의 경험 역시 변하고 있다. 스트리밍 플랫폼에서 AI 추천 알고리즘은 이미 일상적인 기능이 되었고, 이용자의 취향과 기록을 분석해 맞춤형 재생목록을 제공한다. 이로 인해 아티스트는 예상치 못한 청취자층과 연결되는 경우가 잦아졌다. 최근에는 추천 단계를 넘어 제작 단계까지 팬들이 직접 개입하는 모습도 보인다. 좋아하는 가수를 학습한 AI 보컬이 새로운 곡을 부르기도 하고, 팬들이 이를 "팬메이드 리믹스"라 부르며 즐기기도 한다. 2023년에는 특정 유명 가수의 음색을 본뜬 AI 음성이 발표되자 수백만 회의 조회수가 기록됐는데, 팬들은 이를 불법 복제물이 아니라 새로운 팬 창작물로 받아들였다. 이처럼 AI는 음악의 경계를 흐리게 만들며, 제작자·청중·알고리즘이 함께 곡을 만들어가는 생태계를 형성하고 있다. 산업 차원에서 보면, AI는 제작비 절감 효과가 크다. 과거에는 곡 하나를 완성하는 데 여러 전문가와 긴 시간이 필요했지만, 이제는 초기 작업 단계가 단축되면서 전체 비용을 줄일 수 있다. 동시에 맞춤형 콘텐츠 제작이 가능해져, 특정 팬덤을 겨냥한 곡이나 개인화된 음악도 쉽게 만들 수 있다. 영상 분야에서 OTT가 콘텐츠의 세계화를 이끌었듯, 음악 산업에서는 AI가 언어와 지역의 장벽을 허물고 있다. 하지만 법적·윤리적 문제가 항상 뒤따른다는 것을 명심해야 한다. AI가 만든 곡의 저작권은 누구에게 귀속되는지, 원 가수의 목소리를 본뜬 음성이 퍼블리시티권을 침해하지는 않는지, 그리고 AI 음악이 쏟아지는 시대에 인간 음악가의 작품은 어떻게 차별화될 수 있을지와 같은 질문들이 남는다. 산업이 AI를 환영하는 만큼, 새로운 제도적 장치 마련이 함께 필요하다.

그럼에도 불구하고, 이러한 변화는 음악가에게 분명한 기회이기도 하다. 누구든 아이디어와 도구만 있으면 곡을 만들 수 있고, 실험적인 장르 혼합이나 복잡한 편곡도 시도할 수 있기 때문이다. 하지만 동시에 진입 장벽이 낮아진 만큼 경쟁은 더욱 심화된다. 따라서 음악가 개인은 AI와 협력하면서도 자신만의 색깔과 이야기를 어떻게 구축할지 고민해야 한다. 앞으로 미래의 음악가는 단순히 노래하거나 연주하는 사람이 아니라, 기술을 활용해 자신의 정체성을 더욱 뚜렷하게 보여주는 창작자가 될 것이다. 전자악기와 디지털 레코딩이 음악의 풍경을 바꿔 놓았던 것처럼, 인공지능은 작곡과 연주, 믹싱을 긴밀하게 연결하며 음악 제작 방식을 새롭게 바꿔 놓고 있다. 중요한 것은 이 변화 속에서 인간 음악가가 어떻게 자신만의 고유성을 지키고, 또 어떤 새로운 가능성을 열어 갈 것인가이다.

개념과 이론 파트

AI와 음악 산업의 전략적 해석

AI가 음악 산업에 들어온 흐름을 단순히 '새로운 툴이 하나 늘었다'고 보기는 어렵다. 오히려 음악을 만들고, 유통하고, 듣는 전 과정이 다시 짜이고 있다고 보는 편이 맞을 것이다. 예전에는 작곡·연주·믹싱, 즉 창작의 전통적 삼단계가 분리된 단계이자 뚜렷하게 구분된 작업이였다면, 지금은 이들이 한 줄기 통합 파이프라인으로 함께 묶이고 있다. 곡이 만들어지는 순간부터 플랫폼을 통한 추천과 유통, 그리고 각 청취자가 경험하는 맞춤형 소비 방식까지 동시에 바뀌고 있는 셈이다. 즉, 음원의 공급(음원 생산), 플랫폼에서의 유통(플랫폼 추천), 그리고 개별 청취자인 소비자에게 도달하는 소비 방식(개인화 청취)까지 모두가 동시에 변화하고 있다. 산업 통계만 봐도 그 변화를 체감할 수 있다. 국제음반산업협회(IFPI: International Federation of the Phonographic Industry)의 집계에 따르면 2024년 전 세계 레코드 음악 매출(저작권/저작물 사용권 및 기타 수익을 포함한, 확대된 시장)은 미화 약 296억 달러로, 전년 대비 4.8% 늘어나며 10년 연속 성장세를 이어갔다. 유료 스트리밍 가입자 역시 7억 5천만 명을 넘어섰는데, 이는 10%가 넘는 증가율이다. 결국 추천 알고리즘과 개인화된 청취 경험이 산업 성장의 중요한 동력이 되고 있음을 보여주는 대목이다. 한편, AI 음악 시장만 따로 봐도 성장이 두드러진다. 조사 기관마다 범주 정의가 달라 측정치에 차이가 있지만, 2024

년에는 36억~45억 달러 수준으로 평가되었고, 2025년에는 약 45억 달러 내외까지 확대될 것으로 전망된다. 이런 수치는 AI가 단순히 곁가지 기술이 아니라, 음악 산업 내부에서 새로운 성장 축으로 자리 잡아 가고 있음을 말해준다.

1) AI 작곡과 연주: 창작자의 역할이 달라지는 순간

최근 등장한 생성형 음악 엔진(AIVA, Amper 등)은 수많은 악보와 음원을 학습해 멜로디와 화성, 리듬 패턴을 제안한다. 사용자가 장르나 분위기, 템포 정도만 지정하면, AI는 스케치에 가까운 짧은 구상부터 완성도 높은 트랙까지 여러 결과물을 내놓는다. 이때 작곡가는 예전처럼 곡을 처음부터 끝까지 직접 쓰기보다는, AI가 던져주는 수많은 초안 가운데 쓸 만한 것을 고르고 손보는 감독자 같은 역할을 하게 된다. 연주의 영역에서도 비슷한 변화가 보인다. MIDI 기반 자동 반주, 가상 드러머와 베이시스트 같은 도구는 반복적인 작업을 줄여주지만, 음악의 감정을 살리는 부분은 여전히 사람의 몫이다. AI가 정확한 음과 박자를 제시한다면, 인간 연주자는 박자를 일부러 밀거나 끌어당기며, 호흡과 뉘앙스를 더해 곡에 생명력을 불어넣는다. 결국 감동적인 음악은 계산된 정답에서만 나오지 않고, 불완전성과 예측 불가능성이 어우러질 때 만들어진다는 점을 다시 확인하게 된다.

2) AI 추천 시스템: 수요를 재편하는, 즉 청취 습관을 바꾸는 보이지 않는 계산법

오늘날 스트리밍 플랫폼에서 음악의 성패는 단순히 '좋은 곡을 내느냐'보다 얼마나 발견되고, 얼마나 오래 재생되느냐에 달려 있다. 즉,

스트리밍 플랫폼에서 음악의 승부는 이제 '발견(Discovery)'과 '지속(Retention)'에 달려 있다고 볼 수 있다. 예컨대 Spotify의 'Discover Weekly' 같은 추천 기능은 이용자의 재생과 스킵, 그리고 저장 기록을 바탕으로 새로운 재생목록을 제시한다. 그 뒤에는 협업 필터링, 심층 신경망 등 복잡한 수학적 모델, 추천 알고리즘이 돌아가고 있다. 경영학적으로 보면 이는 실시간 고객관계관리(CRM)의 한 형태다. 플랫폼은 사용자 행동을 학습하며 추천 정확도를 높이고, 그 결과 청취 시간이 늘어나고, 구독 전환이나 광고 노출이 증가한다. 이렇게 축적된 데이터는 다시 알고리즘을 정교하게 만들면서 선순환을 만든다. 아티스트와 레이블 입장에서 추천 시스템은 단순한 배경 기술이 아니다. 신곡을 내놓을 때는 초반 완청률, 공유 횟수, 저장 수치 같은 지표가 곧바로 추천 여부를 결정하고, 이 지표에 따라 곡이 세계 시장으로 퍼질 기회가 달라지기 때문이다. 요컨대 알고리즘의 작동 원리를 이해하고 대응하는 전략이 아티스트의 성패를 가르는 중요한 변수가 되고 있다. 알고리즘에 의해 '추천 승수'가 붙어 글로벌 시장 확산으로 연결되느냐가 결정되는 것이다.

3) 가상 가수와 AI 보컬 합성: 무대가 넓어지는 방식

최근 보컬 합성 기술은 인간 목소리의 질감과 감정을 상당히 정교하게 따라잡는 수준까지 발전했다. Yamaha의 VOCALOID, Dreamtonics의 Synthesizer V 같은 프로그램은 단순히 음정을 맞추는 수준을 넘어, 억양과 호흡, 감정의 뉘앙스까지 구현해 실제 가창과 구분하기 어려울 정도다. 이런 합성 보컬은 메타버스 콘서트, 가상 아이돌 프로젝트, 홀로그램 공연과 같은 새로운 무대를 가능하게 하며, 공연의 장을 온라인과 오프라인을 넘나드는 혼합적 공간으로 확장시키고 있다. 그러나 무대가 넓어지는 만큼 해결해야 할 과제도 늘어난다. 특히 보이스 데이터는 단순한 기술 자원이 아니라 가수 개인의 퍼블리시티와 직결되기 때문에, 원 보컬의 동의와 정당한 보상이 필수적이다. 계약서에 저작권과 2차 사용 조건이 명시되어야 하며, 최근 미국에서는 음반사와 아티스트 노조가 이런 원칙을 제도화하는 합의안을 마련하기 시작했다. 이는 한국을 포함한 다른 음악 산업에도 중요한 기준이 될 가능성이 크다.

4) 경영학적 시각: 자원기반관점과 가치사슬

AI가 음악 산업에서 차지하는 의미를 분석할 때, 자원기반관점(Resource-Based View, RBV)은 여전히 유효하다. RBV는 기업이 가진 희소하고 모방하기 어려운 자원이 경쟁우위의 원천이라고 본다. 음악 기업의 경우, 특정 보컬 데이터베이스, 장르별로 학습된 AI 모델, 독창적인 편집 규범 등이 그러한 자원에 해당한다. 외부에서 쉽게 확보할 수 없는 이런 요소가 곧 기업의 핵심역량(Core Competence)이 된다. 가치사슬(Value Chain)의 관점에서 보아도 AI는 거의 모든 단계에 스며들고 있다. 작곡과 보컬 합성 같은 창작 단계에서부터 믹싱이나 마스터링 같은 제작 단계, 추천 시스템과 광고 타깃팅이 이루어지는 유통 단계, 개인화 청취나 인터랙티브 공연 같은 소비 단계에 이르기까지 AI가 관여하지 않는 부분은 드물다. 결국 데이터와 알고리즘을 기업 내부의 자원으로 전환해 규모의 경제를 만들어내는 동시에, 차별화의 지점을 기술 자체가 아닌 해석, 브랜딩, 팬 경험 설계에서 찾게 되는 것이다. 예를 들어 같은 보컬 합성 엔진을 쓰더라도 어떤 기업은 단순히 곡을 대량 생산하는 데 그치지만, 또 다른 기업은 스토리텔링과 팬 커뮤니티를 결합해 새로운 경험을 만들어낸다. 여기서 AI는 표준화된 틀을 제공하고, 인간은 예외적 감성과 서사를 불어넣으며 완성도를 높인다. 그러나 AI와 음악 산업이 앞으로 안정적으로 발전하기 위해서는 몇 가지 원칙이 필요하다. 투명성, 동의, 보상, 명시적 표기가 그것이다. 합성 보컬을 사용한다면 반드시 크레딧과 메타데이터에 기재해야 하고, 원 보컬의 동의와 로열티 구조도 사전에 명확히 해야 한다. 이러한 절차가 마련될 때, AI는 인간 창작을 대체하는 위험 요소가 아니라 창작을 확장시키는 촉매로 기능한다.

〈표〉 음악산업에 선보여진 AI 인공지능 영역

구분	핵심 포지셔닝	강점/차별화	수익모델	전략 포인트
AIVA	생성형 작곡 엔진(B2C/B2B 하이브리드)	장르 프리셋·빠른 산출·악보화	구독/사용권	"신속·대량 스케치"로 영상·게임·브랜드 잉여 수요 흡수. (AIVA)
Amper (셔터스톡)	스톡·크리에이터 워크플로 내 음악 자동생성	스톡 에코시스템과 결합	플랫폼 번들/에디팅 툴	엔진 단독 판매→플랫폼 내 흡수로 전환, B2B 파이프라인화. (PR Newswire)
Spotify	개인화 추천·발견	대규모 행동 데이터·위클리 추천	구독·광고	후보 생성→랭킹·맥락 인지·재방문율 고착. 릴리스 전략과 직결. (Google Research, UniteSync)
YouTube Music	동영상–음악 통합 추천	구글 대규모 추천 기술	프리미엄·광고	대규모 추천 시스템 설계 원리공개·책임있는 추천 강조. (Google Research, blog.youtube)
Yamaha VOCALOID6	가창 합성 소프트웨어	안정적 워크플로·창작 생태계	소프트웨어·보이스팩	레거시 크리에이터 커뮤니티+신기능(자연발성)로 로열티 강화. (vocaloid.com)
Dreamtonics Synthesizer V	AI 보컬 합성/제작 스튜디오	AI Retakes·랩/싱 모드·신보이스	에디터·보이스 라이선스	2025 버전 업으로 표현력/상용보이스확장, 합법 라이선스 명시. (Dreamtonics)

정리하자면, AI는 더 이상 단순한 음악 제작 도구가 아니라 산업 전체의 가치사슬을 재편하는 전략적 자원으로 작동한다. 자원기반관점은 기업이 AI와 데이터를 어떻게 내부 자원으로 흡수해 핵심역량으로 전환하는지를 설명하고, 가치사슬 이론은 창작부터 소비까지 산업 구조가 어떻게 바뀌고 있는지를 보여준다. 독자는 이를 통해 AI가 음악 산업에 가져온 변화를 기술 차원을 넘어 경영 전략적 차원에서도 이해할 수 있게 된다.

한편, AI는 음악 제작을 빠르고 싸게(속도·비용), 더 개인화된 방식(추천·경험)으로 재구성한다. 그러나 모든 것이 자동화될수록, 결과물은 오히려 비슷해질 위험이 커진다. 최종 경쟁력은 "기술로 만든 표준화" 위에 "인간의 해석과 브랜딩"을 어떻게 얹는가에서 판가름난다. 다시 말해, AI는 창의성의 증폭기이고, 증폭할 원형의 미학은 여전히 인간이 설계한다. 그리고 시장은 이를 보상한다. 추천이 작동하는 플랫폼 생태계, 보이스 합성의 합법적 활용, 그리고 권리 배분의 정교화가 함께 갈 때, 우리는 AI와 인간이 공존하는 음악 산업의 안정적 성장 경로를 확보하게 된다.

사례 파트(Case Study 및 토론문제)

실무적인 파트

사례 1 프랑스 음악저작권협회(SACEM)이 인정한, 최초의 가상 창작자 아이바(AIVA)

룩셈부르크의 음악 AI 회사인, 아이바(AIVA: Artificial Intelligence Virtual Artist)는 클래식·재즈·영화음악 등 다양한 장르를 학습한 AI 작곡 플랫폼으로, 유럽의 영화·게임 업계에서 점차 영향력을 넓히고 있다. 2024년, 파리 기반의 한 독립영화 제작사는 제작비 압박과 촉박한 후반 작업 일정 때문에 AIVA를 영화음악 제작에 전면 도입하기로 결정했다.

감독과 음악감독은 촬영 편집본에 장면별로 감정 태그(예: '불안한 긴장감', '따뜻한 회상', '급박한 추격')와 연주 스타일(현악기 중심, 브라스 강조, 미니멀 피아노 등)을 입력했다. AIVA는 이 정보를 기반으로 각 장면에 맞는 테마·리듬·화성 구조를 자동 생성했고, 각 트랙은 오케스트라 샘플 라이브러리를 통해 사실적인 음색으로 구현되었다. 총 1시간 분량의 오케스트라 음악이 불과 48시간 만에 완성되었으며, 이는 전통적인 영화음악 제작 대비 제작 기간을 70% 가까이 단축한 수치다. 예산 역시 세션 연주자, 녹음 스튜디오, 악보 제작 인력 비용이 절감되어 전체 음악 제작비의 60% 절감을 기록했다. 완성본은 인간 작곡가가 세부 편곡과 믹싱을 보완해 최종 품질을 높였다. 즉, 최종 단계에서는 인간 작곡가가 편곡과 믹싱을 보완하여 감정적 디테일을 살렸다. 이 사례는 자원기반관점(RBV)에 잘 적용된다. AIVA가 가진 핵심역량은 방대한 음악 데이터셋과 이를 활용한 학습 알고리즘이며, 이는 모방이 쉽지 않은 무형자산이다. 영화 제작사 입장에서는 이 자원을 활용해 제작 속도와 효율성을 확보했고, 동시에 인간 작곡가의 감각을 더해 차별화된 최종 결과물을 완성했다. 즉, AI는 표준화된 구조를 제공하고, 인간은 그 위에 감성적 해석을 더하는 하이브리드 가치사슬 모델이 형성된 것이다. AI가 장르별 음악 문법을 빠르게 구현하고, 인간 전문가가 마지막 감정·디테일을 보정하는 '하이브리드 제작 모델'의 가능성은 업계에 큰 시사점을 보여준다.

사례 2 Spotify 추천 알고리즘으로 인디밴드의 글로벌 진출

서울에서 활동하던 한 4인조 인디밴드는 주로 국내 라이브 클럽과 소규모 스트리밍 채널을 통해 활동하던 팀이었다. 글로벌 진출 경험이 전무했지만, 2024년 중반 발매한 싱글이 Spotify의 추천 알고리즘에 의해 해외 사용자 플레이리스트에 포함되면서 상황이 급변했다.

Spotify의 'Discover Weekly'와 'Release Radar'는 해당 밴드의 신곡이 기존 청취자의 반복 재생과 높은 완주율을 기록한 것을 감지했다. 특히 곡의 템포·조성·감정 분석값이 브라질과 스페인 사용자들이 즐겨 듣는 유사 곡과 높은 상관도를 보였고, 이에 따라 현지 사용자 플레이리스트에 자동 편입되었다. 그 결과, 발매 후 한 달 만에 해외 스트리밍 수익이 4배 증가했고, 브라질과 스페인 팬들이 SNS를 통해 밴드의 유튜브 채널과 온라인 스토어로 유입되었다. 해외에서 공연 요청까지 들어오면서, 이 밴드는 첫 글로벌 투어를 준비하게 되었다. 이 사례는 플랫폼 알고리즘이 신인 아티스트의 '글로벌 진입장벽'을 획기적으로 낮출 수 있음을 입증한다. 특히 홍보 예산이 제한된 뮤지션에게는 추천 시스템이 '디지털 입소문'의 촉매제 역할을 한다는 점에서 의미가 크다. AI 추천 시스템이 단순한 '기술적 배경'이 아니라 유통 가치사슬을 근본적으로 바꾼 사례라는 점에서 이 사례는 매우 의미를 갖는다. 과거라면 해외 진출을 위해 대규모 홍보와 유통망이 필요했지만, 이제는 알고리즘이 신인 아티스트를 새로운 시장으로 안내한다. RBV 관점에서 보면, Spotify는 방대한 사용자 데이터와 정교한 추천 모델이라는 핵심역량을 강점으로 갖고 있다. 반면 아티스트에게는 음악적 개성과 팬과의 직접 소통 능력이 차별화된 내부 자원으로 작용한다. 결국 이 두 가지가 결합되면서, 작은 인디밴드도 글로벌 시장에 진입할 수 있는 길이 열리게 된 것이다.

사례 3 중국의 가상 가수 Luo Tianyi

Luo Tianyi는 중국 상하이 헤이룬사(禾伦)와 Yamaha가 협력해 2012년 출시한 Vocaloid 기반, 즉 AI 음성 합성 기반 가상 가수다. 실제 가수처럼 음원 발매, 콘서트, 팬미팅, 브랜드 협업 등을 활발히 진행하고 있다. 초기에는 온라인 커뮤니티 중심으로 팬덤을 형성했지만, 최근에는 AI 음성 보컬 합성과 홀로그램 공연 기술이 발전하면서 점차 오프라인 공연 시장까지 진출했다. 2024년 말, Luo Tianyi는 광저우에서 1만 석 규모의 콘서트를 전석 매진시키면서 큰 주목을 끌었다. 공연에는 실시간 홀로그램 투사 기술이 사용되어 무대 위에 실제 인물처럼 등장했고, AI 보컬 합성이 곡마다 다른 감정·발성 스타일을 구현했다. 밴드 연주는 실제 연주자들이 맡았으나, 보컬은 전 곡이 합성된 음성이었다. 티켓은 발매 후 5분 만에 전석 매진됐는데, 이 공연은 단순한 시청 경험을 넘어 공연과 연계된 공식 굿즈·한정판 음반 판매로 상당한 부가 수익을 거두었다. 팬들은 “가상의 존재임에도 감정 전달력이 있다”는 반응을 보였고, 일부는 “인간 가수보다 일관된 라이브 퀄리티를 제공한다”고 평가했다. Luo Tianyi의 사례는 가상 아티스트가 실제 공연·팬덤 경제에 편입되는 새로운 엔터테인먼트 모델을 보여주며, AI와 공연예술의 융합 가능성을 입증했다. 특히, 이 사례는 가치사슬 이론과 동적역량 관점에서 분석할 수 있다. AI 보컬과 홀로그램 기술은 창작과 공연 단계를 확장시키며, 소비자 경험을 완전히 새롭게 구성한다. 동시에 Luo Tianyi 프로젝트는 기업이 기존의 자원을 재구성해 새로운 시장 기회를 창출하는 동적역량의 사례이기도 하다. 그러나 동시에 목소리 데이터 사용의 동의, 권리 배분, 로열티 문제 등 거버넌스 과제도 부각되었다. 이는 향후 한국 음악 산업에도 중요한 참고점이 된다.

세 가지 사례는 모두 AI가 음악 산업의 가치사슬 전체에 깊숙이 들어와 있음을 보여준다. AIVA는 제작 단계를 재구성하여 효율성을 극대화했고, Spotify는 유통 단계를 혁신하며 글로벌 확산의 경로를 새롭게 열었으며, Luo Tianyi는 창작과 소비를 결합한 새로운 무대 경험을 제시했다. 이들은 공통적으로 AI가 단순하고도 평이한 보조 도구가 아니라, 기업의 내부자원과 핵심역량으로 전환되는 전략적 자산임을 입증한다. 독자들은 이 사례들을 통해 AI가 음악 산업의 현재와 미래를 어떻게 동시에 재편하고 있는지, 그리고 경영학적 이론이 이를 설명하는 데 어떤 힘을 가지는지 확인할 수 있다.

토론 문제(Discussion Questions)

1. AI 작곡 플랫폼 AIVA가 영화음악 제작에 활용된 사례는 제작 효율성을 크게 높였지만, 인간 작곡가의 역할 축소에 대한 우려도 제기된다. 이러한 변화가 장기적으로 영화음악 산업의 가치사슬에 어떤 영향을 줄 수 있을지 논하라. AI가 만든 영화음악이나 대중음악에서 '창작자'로 인정받아야 할 주체는 누구인가?

2. Spotify 추천 알고리즘 덕분에 인디밴드가 글로벌 시장으로 진출할 수 있었던 사례는 긍정적 가능성을 보여준다. 그러나 동시에 모든 아티스트가 알고리즘에 의존할 경우 어떤 한계나 위험이 나타날 수 있을까? 추천 알고리즘은 음악의 다양성을 넓히는가, 아니면 인기곡 중심의 편향을 강화하는가?

3. 가상 가수 Luo Tianyi의 성공은 AI와 홀로그램 기술이 공연예술을 새롭게 확장할 수 있음을 보여준다. 하지만 가상 가수가 확대될 경우, 인간 가수와의 차별성은 어떻게 유지되어야 할까?가상 가수가 주류 시장에 완전히 편입될 경우, 인간 가수의 경쟁력은 어떤 방식으로 재정립되어야 하는가?

에세이 과제

생각할 문제들

에세이 과제(Essay Assignments): 생각할 문제들

(답변을 손글씨로 직접 책 속에 작성해 주세요)

1. AI 작곡 플랫폼 AIVA가 영화음악 제작에 도입된 사례는 제작 속도와 비용을 획기적으로 줄이면서도 품질을 유지할 수 있는 가능성을 보여주었다. 그러나 이러한 변화가 장기적으로 영화음악 산업의 직업 구조와 창작 방식에 어떤 영향을 미칠 수 있는지 논하시오.

2. Spotify의 추천 알고리즘은 서울의 한 인디밴드가 해외 플레이리스트에 진입하고 글로벌 투어까지 준비하게 된 계기를 마련했다. 이 사례를 통해 AI 추천 시스템이 음악 산업의 유통 구조와 아티스트 성장 전략에 어떤 변화를 가져오는지 논하시오.

3. 중국의 가상 가수 Luo Tianyi는 AI 보컬 합성과 홀로그램 공연을 통해 대규모 오프라인 콘서트까지 성공적으로 개최했다. 이 사례를 바탕으로, 가상 가수의 확산이 인간 가수와 공연예술 산업에 어떤 도전과 기회를 제공할 수 있는지 논하시오.

Industry Talk

실무자 인터뷰 인사이트 모음

1) Brian Eno(뮤지션·프로듀서)

"Generative systems don't replace composers; they give us new canvases. The question is whether we paint with them, or let them paint for us." (Rolling Stone, 2023.6.15.)

"생성 시스템은 작곡가를 대체하는 것이 아니라 새로운 캔버스를 제공하는 것입니다. 문제는 우리가 그 위에 그림을 그릴 것인지, 아니면 시스템이 우리 대신 그려주게 할 것인지를 결정하는 것입니다."

Key Takeaways

AI 작곡 도구는 음악가의 자리를 빼앗기보다 창작의 도구 상자를 넓혀준다. 핵심은 창작 주도권을 인간이 어떻게 유지하느냐에 달려 있으며, AI와 인간의 협업 모델이 산업의 미래를 결정할 것이다.

2) Daniel Ek(Spotify CEO)

"Recommendation isn't just about discovery; it's about creating a personal soundtrack for every moment of life."

(Financial Times, 2023.9.2.)

"추천은 단순히 새로운 곡을 찾는 문제가 아닙니다. 그것은 삶의 모든 순간을 위한 개인적 사운드트랙을 만드는 일입니다."

Key Takeaways

스트리밍 플랫폼에서 쓰이는 추천 알고리즘은 단순히 곡을 유통하는 도구에 머물지 않는다. 이용자의 행동을 실시간으로 반영해 경험을 조율한다는 점에서, 사실상 고객관계관리(CRM)의 새로운 형태라 할 수 있다. 이런 흐름은 음악 산업에서 데이터 활용과 개인화된 서비스가 곧 경쟁력의 핵심으로 자리 잡고 있음을 잘 보여준다.

3) Imogen Heap(싱어송라이터, 블록체인 음악 플랫폼 Mycelia 설립자)

"Technology should amplify transparency and fairness, not hide the artist's work behind algorithms." (Billboard, 2022.12.8.)

"기술은 투명성과 공정성을 증폭해야 합니다. 아티스트의 작품을 알고리즘 뒤에 숨겨서는 안됩니다."

Key Takeaways

AI와 플랫폼은 창작자에게 새로운 기회를 제공하지만, 동시에 보상·저작권·투명성 문제를 해결하지 않으면 지속 가능하지 않다. 산업적 경쟁력은 기술력 뿐 아니라 공정한 거버넌스 설계에서 비롯된다.

4) Hatsune Miku 팬 커뮤니티 운영자

"People don't just consume Miku's songs; they co-create her identity. That's why she feels alive." (Fan Forum Interview, 2023.11.3.)

"팬들은 미쿠의 노래를 단순히 소비하지 않습니다. 그들은 미쿠의 정체성을 공동 창조합니다. 그렇기 때문에 미쿠가 살아있는 것처럼 느껴지는 것입니다."

Key Takeaways

이제 사용자는 단순한 소비자가 아니라, AI 캐릭터의 정체성을 함께 만들어가는 공동 창작자이다. AI 기술은 완성된 결과물이 아니며, 인간과의 협업을 통해 지속적으로 진화해 나간다.

5) Quincy Jones(프로듀서)

"AI can generate harmonies, but it cannot tell you why a blue note makes you cry." (Interview, Variety, 2022.5.21.)

"AI는 화음을 만들어낼 수 있지만, 왜 블루 노트가 사람을 울리는지는 말하지 못합니다."

Key Takeaways

음악의 본질적 가치는 알고리즘적 구조보다 감정적 울림에 있다. 이는 AI가 아무리 정교해져도 인간 예술가의 해석과 감각이 산업 경쟁력의 핵심임을 일깨운다.

참고한 자료들

김도훈. (2024). AI 작곡과 음악 산업 구조 변화. *한국음악산업학회지*, 18(1), 55–72.

이지연, & 박민수. (2023). 음악 추천 알고리즘의 개인화 전략과 산업적 함의. *미디어경영연구, 20*(3), 101–124.

AIVA Technologies. (2024). *AIVA: Artificial Intelligence Virtual Artist – Official website*. https://www.aiva.ai

Amper Music. (2023). *Amper Music platform overview*. https://www.ampermusic.com

Billboard. (2022, December 8). *Imogen Heap on Mycelia and the future of fair music ecosystems. Billboard*. https://www.billboard.com

Briot, J.-P., Hadjeres, G., & Pachet, F. (2020). *Deep learning techniques for music generation*. Springer.

Dreamtonics. (2025, March). *Synthesizer V Studio Pro 2 update release notes*. https://dreamtonics.com

Dredge, S. (2023, August 17). *AI in music: From composition to recommendation. Music Ally*. https://musically.com

Ek, D. (2023, September 2). *Recommendation isn't just about discovery; it's about creating a personal soundtrack for every moment of life. Financial Times*. https://www.ft.com

Eno, B. (2023, June 15). *Generative systems don't replace composers; they give us new canvases. Rolling Stone*. https://www.rollingstone.com

Heap, I. (2022, December 8). *Technology should amplify transparency and fairness, not hide the artist's work behind algorithms. Billboard*. https://www.billboard.com

International Federation of the Phonographic Industry(IFPI). (2024). *Global music report 2024: State of the industry*. London: IFPI. https://www.ifpi.org

Jones, Q. (2022, May 21). *AI can generate harmonies, but it cannot tell you why a blue note makes you cry. Variety*. https://variety.com

PR Newswire. (2020, November 11). *Shutterstock acquires Amper Music to expand into AI-driven content creation*. https://www.prnewswire.com

Rolling Stone. (2023, June 15). *Brian Eno on AI and the future of music. Rolling Stone*. https://www.rollingstone.com

Spotify. (2023). *Discover Weekly: How recommendation works. Spotify Research Blog*. https://research.atspotify.com

vocaloid.com. (2025). *VOCALOID6 features and release notes*. Yamaha Corporation. https://www.vocaloid.com

YouTube Official Blog. (2023). *How YouTube Music recommendation system works. Google Research Blog*. https://blog.youtube

〉 엔터테인먼트 산업별 주요 홈페이지 & 활용정보 1

산업 분야	사이트명	홈페이지 주소(URL)	주요 내용 / 활용 포인트
영화 (Film / Cinema)	영화진흥위원회 (KOFIC)	https://www.kofic.or.kr	한국 영화산업 통계, 정책, 제작지원, 교육 및 채용 프로그램
	한국영상자료원 (KOFA)	https://www.koreafilm.or.kr	영화 아카이브, 시네마테크, 영화 교육 콘텐츠
	부산국제영화제 (BIFF)	https://www.biff.kr	영화인 네트워킹, 아시아필름마켓, 공모전, 인턴십 기회
	한국영화아카데미 (KAFA)	https://www.kafa.ac	영화 제작·기획·촬영·편집 전문 교육 및 인재 양성 프로그램
음악 (Music / K-Pop)	한국음악콘텐츠협회 (KMCIA)	https://www.komca.or.kr	음악저작권, K-pop 산업 구조 및 통계 자료
	멜론 아티스트플러스	https://www.melon.com/artistplus	음악 유통, 아티스트 데이터, 팬덤 소비 패턴 분석
	하이브 (HYBE) 채용	https://careers.hybecorp.com	글로벌 음악·IP·팬덤 플랫폼 기업 채용 및 인턴십
	SM엔터테인먼트 채용	https://www.mentertainment.com/Career	아티스트 매니지먼트, 공연·음악기획, 콘텐츠 기획 직무
	JYP엔터테인먼트 채용	https://www.jype.com	음악·아티스트·콘텐츠 기획, 글로벌 마케팅, A&R 직무
	YG엔터테인먼트 채용	https://www.ygfamily.com	K-pop 기획·매니지먼트·브랜드 협업·글로벌 전략 직무
	CJ ENM (뮤직·공연사업부)	https://recruit.cjenm.com	음악·페스티벌·공연기획·IP유통 등 문화기획 관련 채용
게임 (Game Industry)	한국게임산업협회 (K-GAMES)	https://www.k-games.or.kr	게임산업 정책, 리포트, 취업 세미나
	게임잡 (GameJob)	https://www.gamejob.co.kr	게임 개발·운영·디자인·기획 전문 채용포털
	G-Star 국제게임전시회	https://www.gstar.or.kr	글로벌 게임기업 네트워킹 및 채용상담회
	넥슨 / 크래프톤 / 스마일게이트	https://www.smilegate.com https://career.nexon.com https://careers.krafton.com	국내 대표 게임기업 채용사이트
애니메이션 (Animation)	한국애니메이션산업지원 (KOCCA)	https://www.kocca.kr	애니메이션 산업 지원사업, 창작자 공모전, 인재양성
	SICAF 서울국제만화애니메이션페스티벌	https://www.sicaf.org	공모전·전시·시사회, 학생 참여 프로그램
	서울애니메이션센터 (SBA)	https://www.ani.seoul.kr	창작자 지원, 캐릭터 개발, 콘텐츠 교육 프로그램

05

Chapter

AI와 게임 산업 : NPC, 시뮬레이션, 자동 콘텐츠 생성

세부 내용:

- AI 기반 게임 디자인과 개발(Procedural Content Generation)
- AI가 조종하는 NPC(Non-Player Character)의 진화
- AI 기반 게임 테스트 및 운영 자동화
- AI와 게임산업에서의 사업부수준의 전략(차별화, 비용우위, 집중화)

기대효과:

- AI를 활용한 게임 개발과 운영 방식 이해
- AI로 더욱 몰입감 있는 게임 제작 가능성 제시

시사점:

- AI가 주도하는 게임 스토리텔링의 가능성
- 인간 플레이어와 AI의 인터랙션 발전

주요 독자층:

- 게임 개발자, 기획자, 게이머
- 게임 산업 이해관계자
- 게임 산업에 관심있는 일반인과 학생들

Big Map

전체 챕터 구성과 연관성 지도

- Chapter Ⅰ **AI와 엔터테인먼트의 만남:** 역사와 현재
- Chapter Ⅱ **AI가 만들어내는 콘텐츠:** 창작과 제작의 진화와 혁신
- Chapter Ⅲ **AI와 영화 산업:** 가상 배우에서 자동 편집까지
- Chapter Ⅳ **AI와 음악 산업:** 작곡, 연주, 믹싱의 자동화
- Chapter Ⅴ **AI와 게임 산업:** NPC, 시뮬레이션, 자동 콘텐츠 생성
- Chapter Ⅵ **AI와 방송·미디어:** 뉴스, 광고, 스트리밍의 자동화
- Chapter Ⅶ **AI와 공연예술:** 가상 아이돌, 홀로그램 콘서트, 인터랙티브 공연
- Chapter Ⅷ **AI와 팬덤 문화:** 팬과 AI의 새로운 관계
- Chapter Ⅸ **AI와 윤리:** 창작과 기술의 경계를 넘어서
- Chapter Ⅹ **미래의 엔터테인먼트:** AI와 인간이 공존하는 세계

본 챕터는 AI와 엔터테인먼트 시리즈의 다섯 번째 챕터로, 영화·음악 산업에 이어 게임 분야에서의 AI 혁신을 집중 조명한다. 앞선 챕터들이 AI의 창작, 편집, 연출 기능을 다뤘다면, 이번 챕터에서는 게임 개발 전 과정-기획, 제작, 테스트, 운영-속에서 AI가 수행하는 핵심 역할과 새로운 가능성을 살펴본 뒤 경영전략 측면에서 사업부 수준의 전략(차별화 전략, 비용우위 전략, 집중화 전략)과 어떻게 연결 지을 수 있는지 분석해 본다. 즉, AI는 게임 개발과 운영, 마케팅의 전 과정을 데이터 중심으로 재편하며, 비용 효율화와 함께 지속 가능한 수익모델을 창출한다.

따라서 본 챕터에서는 게임 산업 속에서 AI가 창의성과 효율성을 어떻게 동시에 구현하며, 콘텐츠 산업의 비용구조, 수익모델, 경쟁우위를 재정의 하는지를 분석한다. 나아가, 이러한 변화가 기업의 전략적 포지셔닝 및 글로벌 확장 전략과의 연계성에 어떤 함의를 지니는지 고찰한다.

Intro(도입)

인공지능 시대의 게임 혁신과 콘텐츠 생태계 변화

2024년, 영국의 인디 개발사 헬로게임즈(Hello Games)가 선보인 No Man's Sky는 게임 업계에 커다란 충격을 던졌다. 이들은 전통적인 방식처럼 개발자가 일일이 지형과 캐릭터를 디자인한 것이 아니라, 절차적 생성 기법을 활용해 무려 1,800경 개가 넘는 행성을 구현했다. 과거 같으면 수십 명의 프로그래머가 수년 동안 매달려야 할 방대한 세계가, 알고리즘의 계산을 통해 자동으로 태어난 것이다. 이로써 게임 제작은 단순한 효율성 개선을 넘어, 상상력의 범위를 현실화할 수 있는 수준까지 확장되었다.

최근에는 프랑스 파리에 본사를 둔 글로벌 영상게임 개발·퍼블리셔인 '유비소프트(Ubisoft)' 회사의 행보가 주목할 만하다. 유비소프트는 단순히 AI를 활용한 기술 실험보다는, 게임 개발 및 서비스 사업체계 전체에서 AI를 경쟁우위로 활용하고 있다. 이 회사의 기술은 같은 타이틀 안에서도 플레이어마다 다른 경험을 만들어낸다. 누군가는 자신만의 퀘스트를 만나고, 다른 이는 예측하기 어려운 NPC(Non-Player Character)와의 대화나 달라진 지형을 경험한다. 퀘스트는 게임 속에서 주어지는 임무나 과제를 가리키며, NPC는 플레이어가 직접 조종하지 않는 인물이나 존재를 뜻한다. 즉, 게임은 더 이상 정해진 스토리를 단순히 소비하는 패키지가 아니라, 이용자와 AI가 함께 만들어가는 유기적 세계로 진화하고 있는 셈이다. 또한, 네트워크 환경의 변화는 이런 흐름을 가속화한다. 5G와 6G 통신망, 클라우드 컴퓨팅, 전 세계 게이머 커뮤니티가 연결되면서 플레이어는 수많은 이용자와 동일한 가상공간을 공유하거나, 자신에게 맞춤화된 세계에 몰입할 수 있다. 경제 구조도 변하고 있다. 아이템 거래, 가상 화폐, 플랫폼 간 자산 이전이 일상화되면서, 게임은 단일 콘텐츠를 넘어선 하나의 생태계가 되어가고 있다. 게임 운영 방식도 달라지고 있다. 과거에는 정해진 주기에 맞춰 업데이트와 이벤트가 제공되었지만, 지금은 AI가 이용자의 플레이 데이터를 실시간으로 분석해 난이도와 보상 구조를 즉각 조정한다. 전투에서 어려움을 겪는 이용자에게는 난이도를 낮추거나 아이템을 제시하고, 숙련된 이용자에게는 더 도전적인 상황을 제시한다. 이러한 적응형 운영은 이탈을 줄이고 장기적 몰입을 강화하는 효과를 낳는다. 또한, AI-자동화와 데이터 기반의 의사결정은 개발비용을 절감하고, 운영 효율성을 높이는 동시에, 플레이어 경험을 차별화하여 브랜드 가치와 충성도를 강화하는 전략적 수단이 되었다.

앞으로의 게임 사업부 수준의 전략에서는 AI 기술을 중심으로 한 새로운 수익모델, 예를 들면, 'NPC 유료화, 적응형 난이도 및 시나리오 자동화, 사용자 생성 콘텐츠 + AI 활용'이라는 방향이 핵심이 될 수 있다. 따라서, 이번 챕터에서는 게임산업에 스며든 AI, 그리고 이와 함께 달라지는 기업의 사업부 수준 전략(차별화 전략, 비용우위 전략, 집중화 전략)을 동시에 살펴보고 인사이트를 얻고자 한다.

개념과 이론 파트

경영학 관점에서 본 AI와 게임산업

인공지능이 게임 산업에 스며드는 방식은 단순히 몇 가지 기능을 개선하는 수준에서 그치지 않는다. 과거에는 방대한 지형이나 캐릭터, 스토리 세계관을 구축하기 위해 수십 명의 개발자가 수년간 매달려야 했다. 하지만 이제는 절차적 생성 알고리즘이 이런 작업을 대신한다. 인공지능은 더 이상 개발을 돕는 보조 장치가 아니라, 새로운 게임 패러다임을 여는 핵심 축이 된 셈이다. 이 변화는 이용자 경험에서도 뚜렷하다. 과거 대부분의 게임은 동일한 스토리와 동일한 퀘스트를 따라가는 일방향 구조였다. 그러나 '유비소프트(Ubisoft)'처럼 클라우드 기반 AI를 적용한 시도에서는 같은 게임이라도 이용자마다 전혀 다른 모험이 펼쳐진다. 누군가는 자신만의 퀘스트를 마주하고, 다른 이는 NPC와의 예상치 못한 대화를 통해 색다른 여정을 경험한다. NPC란 플레이어가 직접 조종하지 않는 캐릭터를 뜻하는데, 상점 주인이나 퀘스트를 주는 주민, 혹은 자동으로 움직이는 몬스터 등이 이에 해당한다. 인공지능이 이들의 행동과 대사를 학습하고 변화시키면서, 플레이어는 실제 인물과 상호작용하는 듯한 몰입감을 느낀다. 이제 게임은 고정된 패키지를 소비하는 것이 아니라, 이용자와 AI가 함께 만들어가는 살아 있는 서비스로 자리매김하고 있다. 운영 단계에서도 AI의 개입은 점점 깊어진다. 과거에는 일정한 주기에 맞춰 업데이트나 이벤트가 제공되었지만, 지금은 이용자의 행동 데이터를 실시간으로 분석해 난이도, 보상 구조, 이벤트 구성을 즉각적으로 바꿀 수 있다. 이러한 적응형 운영은 게임 소비자의 이탈을 줄이고 몰입을 더욱 강화하는 나비효과를 낳는다. 결국 게임은 단순한 오락을 넘어 데이터와 알고리즘이 설계한 하나의 맞춤형 생태계로 발전하고 있다.

1) AI가 만들어내는 차별화의 방식

게임산업에 스며든 AI, 그리고 이에 따른 업계의 변화는 경영학적으로도 매우 중요한 시사점을 지닌다. 가장 눈에 띄는 변화는 '경험의 차별화'다. 과거의 게임이 미리 짜인 스토리를 따라가는 일방향적 구조였다면, AI 시대의 게임은 플레이어의 선택에 따라 끊임없이 달라지는 살아있는 세계가 된다. 인공지능은 개별 플레이어들에게 서로 다른 경험을 제공해 독보적인 가치를 만든다. 동일한 타이틀 안에서도 다른 퀘스트, 다른 NPC, 다른 지형 구성을 경험하는 차별성은 브랜드 충성도를 높이는 요소로 작동한다. 이는 전통적인 차별화 전략이 강조해 온 '독창적 가치 창출'을 기술이 뒷받침하는 대표적인 사례이다. 예를 들어 Ubisoft가 실험 중인 '생성형 NPC 시스템'은 AI가 캐릭터의 성격과 대화를 실시간으로 만들어낸다. 같은 퀘스트라도 누가, 어떻게 접근하느냐에 따라 대화가 완전히 달라진다. 이처럼 AI는 개발자가 미처 상상하지 못한 수많은 변주를 만들어내며, 게임을 하나의 '유기적 이야기 생태계'로 바꾼다. AI의 창작 능력은 콘텐츠의 양뿐 아니라 창의성의 형태 자체를 변화시킨다. 절차적 생성 기술을 통해 천문학적인 규모의 세계를 자동으로 만들어낸 《No Man's Sky》도 그 대표적인 예다. 플레이어는 매번 다른 행성과 생명체를 마주하며, 그 세계 속에서 자신만의 여정을 써 내려간다. 즉, AI는 '새로운 콘텐츠'를 만드는 기술이 아니라, '새로운, 차별화된 경험'을 설계하는 동반자가 된 셈이다.

2) 효율이 곧 경쟁력, AI의 비용우위 전략

AI는 동시에 개발과 운영의 효율성을 극대화하며, 게임기업이 '비용우위'를 확보할 수 있는 구조를 만들어준다. 즉 비용우위 전략 차원에서도 AI는 막대한 기여를 한다. 과거 한 장면의 그래픽을 완성하기 위해 수십 명, 수백 명의 아티스트가 수주일에서 수개월간 작업해야 했던 일이, 이제는 AI 툴을 통해 몇 시간 만에 가능해졌다. 음향효과나 보컬까지 합성이 가능해지면서 제작비와 시간이 획기적으로 줄어들었다. 대형 퍼블리셔들은 이미 QA(품질검사), 버그 탐지, 사운드 디자인, 마케팅 영상 제작까지 인공지능으로 자동화하고 있다. 이러한 변화는 단순히 인건비 절감 이상의 의미를 가진다. AI의 속도와 반복학습 능력은 프로젝트 전체의 리스크를 낮추고, 출시 주기를 단축시켜 시장 대응력을 높인다. 그 결과 대형 스튜디오뿐 아니라 인디 개발사도 대규모 오픈월드 게임을 제작할 수 있는 여건을 갖추게 되었다. 즉, 중소형 개발사에게 AI는 '기회의 기술'이다. 과거 막대한 예산이 필요한 대형 오픈월드 게임은 소수 기업의 영역이었지만, 이제는 인디 개발사도 AI 툴을 통해 방대한 규모의 세계를 구현할 수 있다. 결과적으로 AI는 자본의 장벽을 낮추고, 규모가 아닌 창의성으로 경쟁할 수 있는 시장 환경을 만들어가고 있다. 이는 곧 더 저렴한 비용으로 글로벌 시장에 도전할 수 있는 기회를 만들어 낼 수 있다는 것을 의미한다.

3) AI가 이끄는 집중화 전략, 팬덤을 향한 정밀한 조준

인공지능은 특정 게이머 집단의 취향과 행동 패턴을 정밀하게 분석할 수 있다. 이를 바탕으로 기업은 지역과 장르에 특화된 집중화된 서비스를 내놓을 수 있다. 예컨대 동아시아 시장을 겨냥해 RPG 요요소에 지역 문화를 반영하거나, 북미 게이머들이 선호하는 액션성을 강화하는 식이다. 인공지능 데이터 분석 능력이 기업의 집중전략을 한층 정교하게 만드는 것이다. 즉, AI는 '누구를 위해 게임을 만들 것인가'에 대한 전략적 사고를 근본부터 바꾸고 있다. 예전에는 단순히 연령대나 지역으로 시장을 구분했다면, 이제는 AI가 데이터 속에서 게이머 개인의 취향과 행동 패턴을 세밀하게 분석해준다. 덕분에 개발사는 특정 장르나 팬덤을 향해 정밀하게 콘텐츠를 설계할 수 있게 되었다. 예를 들어 e스포츠 운영에서는 AI가 시청자의 반응 데이터를 분석하여, 지역별로 어떤 캐릭터나 전략이 인기가 있는지를 실시간으로 파악한다. 이를 바탕으로 맞춤형 이벤트나 보상을 제공함으로써, 팬들은 자신이 존중받는다는 감정을 느끼고 브랜드에 더욱 깊이 몰입하게 된다. 또한 AI 번역과 음성합성 기술 덕분에 개발사들은 저비용으로 여러 언어 버전을 동시에 출시할 수 있게 되었다. 이는 곧 신흥시장으로의 진입 장벽을 낮추는 글로벌 집중화 전략으로 이어진다.

정리하면, 인공지능은 단순히 효율성을 높이는 기술이 아니라 기업의 전략적 선택을 뒷받침하는 핵심 자원으로 작동한다. 절차적 생성은 비용 절감을, 실시간 운영은 차별화를, 정밀 데이터 분석은 집중 전략을 가능하게 한다. 따라서 게임 산업에서 인공지능은 선택 사항이 아니라 전략적 의사결정을 좌우하는 자산이다.
궁극적으로 초연결 시대의 게임은 인간과 인공지능이 공동으로 창작하는 장으로 진화하고 있다. 게임은 오락을 넘어 경제, 사회, 문화의 무대가 되고 있으며, 이는 엔터테인먼트 산업 전체의 패러다임 전환을 가속화하는 실험장이 되고 있다. 경영학적 분석은 이러한 흐름을 단순한 기술 혁신이 아니라 산업 구조의 근본적 전환으로 이해할 수 있게 해주며, 이를 통해 우리는 게임 산업의 미래를 보다 넓은 시각에서 바라볼 수 있다.

실무적인 파트

사례 1 No Man's Sky와 절차적 생성의 전략적 가치

영국의 비디오 게임 회사로 출발한, 소규모 인디 개발사 헬로게임즈(Hello Games)가 2016년 공개한 No Man's Sky는 절차적 생성(procedural generation) 기술이 게임 제작 방식을 어떻게 바꾸는지를 극적으로 보여준다. 이 작품에서 구현된 세계는 무려 1,800경 개의 행성을 품은 가상 은하계였다. 과거 같으면 수백 명의 프로그래머와 아티스트가 수년 동안 고군분투하며 투입되어야만 가능한 규모였지만, 이 게임에서는 알고리즘이 스스로 지형과 기후, 식생, 생물 군집, 건축 구조물까지 만들어냈다. 덕분에 플레이어는 사실상 끝이 없는 탐험을 경험할 수 있었고, 게임 세계는 인간의 상상력을 넘어서는 규모로 확장되었다. 절차적 생성 기술이 제공한 가치는 단순히 "콘텐츠가 많다"는 차원이 아니었다. 우선, 제작 과정에서의 비용과 시간을 크게 줄여 인디 개발사조차 대형 오픈월드 게임에 도전할 수 있는 기반을 마련했다는 점에서 비용우위 전략을 가능하게 했다. 동시에 플레이어마다 서로 다른 세계를 경험할 수 있게 만들어, 동일한 게임 안에서 개인화된 경험이 탄생했다는 점은 차별화 전략의 근거가 되었다. 이는 인디 스튜디오가 제한된 자원으로도 글로벌 시장에서 경쟁할 수 있음을 보여준 상징적 사례였다. 다만 초기 출시 당시의 평가는 냉정했다. 화려한 홍보와 달리

게임 내 콘텐츠가 기대만큼 풍부하지 않았고, 기술적 버그도 많았다. 많은 이용자들이 "약속과 현실의 간극"을 지적하며 혹평을 남겼고, 헬로 게임즈는 심각한 신뢰 위기에 직면했다. 그러나 이 시점에서 개발사는 포기하지 않았다. 출시 이후 꾸준한 패치와 확장 업데이트를 통해 부족했던 부분을 보완했고, 커뮤니티 피드백을 반영하며 게임의 방향성을 다듬었다. 시간이 흐르면서 평가는 점차 달라졌다. 오늘날 No Man's Sky는 "플레이어와 함께 성장하는 게임"이라는 별칭을 얻으며, 꾸준한 업데이트로 장기 수명을 유지하는 대표 사례로 자리 잡았다.

이 과정은 게임이 더 이상 일회성 상품이 아니라, 이용자 데이터와 인공지능을 기반으로 꾸준히 진화하는 '서비스형 게임(GaaS: Game as a Service)'으로 바뀌고 있음을 보여준다. No Man's Sky는 출시 당시의 실패를 장기 운영 전략으로 극복해 낸 대표적 모델이며, 절차적 생성이 단순히 기술적 효율성을 넘어선 전략적 자원임을 입증했다.

더 나아가 이 사례는 게임 산업 전반에 중요한 메시지를 던졌다. 첫째, 절차적 생성은 제한된 자원으로도 대규모 세계를 구현할 수 있게 해 소규모 개발자들에게 새로운 가능성을 열었다. 둘째, 업데이트와 커뮤니티 피드백이 결합될 때, 게임은 완성된 패키지를 소비하는 것이 아니라, 이용자와 함께 공동 창작하는 살아 있는 플랫폼이 될 수 있음을 보여주었다. 셋째, 장기적으로 절차적 생성과 인공지능은 비용 절감과 차별화라는 두 가지 전략을 동시에 가능하게 하며, 이는 게임 기업의 지속 가능한 경쟁우위를 설명하는 자원기반관점(RBV)의 좋은 사례가 된다.

사례 2 Ubisoft와 클라우드 기반 맞춤형 경험

2023년, 프랑스의 게임 개발 및 유통사인 유비소프트는 자사의 차세대

전략으로 AI 기술이 핵심 역할을 하는 플랫폼을 공개했다. 이 플랫폼은 클라우드 인프라와 인공지능을 결합해 플레이어마다 서로 다른 게임 경험을 제공하는 것을 목표로 한다. 전통적인 게임에서는 모든 이용자가 동일한 스토리와 동일한 맵을 공유했지만, 여기서는 같은 게임 안에서도 전혀 다른 세계를 만들어낸다. 어떤 플레이어는 작은 농촌 마을에서 이야기를 시작해 주민들과 교류하며 서사를 이어가고, 다른 플레이어는 전장 한가운데에서 전략적 전투를 경험하는 식이다. 핵심은 모든 데이터가 로컬 디바이스가 아닌 클라우드에서 실시간으로 처리된다는 점이다. 시스템은 이용자의 이동 경로나 전투 방식, 대화 선택지 등을 분석해 지형 구조, NPC의 대사, 퀘스트 전개까지 즉시 변화시킨다. 절차적 콘텐츠 생성(PCG: Procedural Content Generation) 기술과 행동 예측 모델이 결합되면서, 플레이어는 각자에게 맞춤화된 세계를 마주하게 되는 것이다. 내부 테스트에서는 몰입도가 기존보다 높아지고 평균 플레이 시간이 늘어났다는 결과가 보고되기도 했다. 이러한 흐름은 단순한 기술적 실험에 그치지 않고, 경영 전략적으로도 중요한 의미를 갖는다. 고객경험관리(CRM)와 대규모 개인화(mass customization)를 결합해 이용자별 체류 시간을 늘리고 재방문율을 높이는 방식이기 때문이다. AAA급 게임 시장에서 플레이어 충성도를 유지하는 핵심 자산이 될 수 있다는 점에서, 이 플랫폼은 단순한 엔진 이상의 가치를 보여준다.

경영전략적 관점에서 보면 유비소프트는 차별화 전략과 집중화 전략을 동시에 구현한다. 한쪽에서는 이용자 개개인에게 최적화된 경험을 제공해 경쟁 타이틀과 뚜렷한 차별성을 확보하고, 다른 한쪽에서는 전략 전투형, 탐험형 등 특정 세그먼트를 공략해 충성도 높은 고객층을 확보하는 것이다. 동시에 클라우드 기반 구조는 새로운 비즈니스 기회도 연다.

업데이트와 이벤트가 서버 단에서 즉시 반영되기 때문에, 게임사는 실시간으로 데이터를 분석해 아이템 판매나 밸런스 조정 같은 운영 전략을 신속하게 조율할 수 있다. 결과적으로 게임은 한 번 출시되는 패키지가 아니라, 끊임없이 진화하는 서비스형 모델로 전환된다. 이는 장기적인 이용자 유지율을 높이고, 반복적인 매출 구조를 가능하게 만드는 기반이 된다.

사례 3 리그 오브 레전드와 AI 기반 e스포츠 운영

라이엇게임즈의 리그 오브 레전드(LoL)는 전 세계에서 가장 큰 e스포츠 생태계를 구축한 게임 가운데 하나다. 서비스가 시작된 지 10년이 훌쩍 넘었지만 여전히 매일 수천만 명의 플레이어가 접속하는 이유는 단순히 게임성 때문만이 아니다. 눈에 보이지 않는 곳에서 AI가 게임의 흐름을 관리하고 있기 때문이다. 게임 안에서는 인공지능이 이용자의 실력과 플레이 스타일을 분석해 적절한 상대를 매칭한다. 덕분에 초보자는 비슷한 수준의 이용자들과 겨루며 성장할 수 있고, 숙련자는 자신에게 맞는 난이도의 경험을 할 수 있다. 이 과정에서 밸런스를 조정하는 역할도 AI가 맡는다. 또 하나 중요한 영역은 보안이다. 자동화된 패턴 인식 기술은 부정행위를 신속하게 탐지하고 제재하며, 이는 곧 공정성 확보로 이어진다. 이러한 운영 방식은 단순히 관리 비용을 줄이는 데 그치지 않고, 플레이어에게 안정적이고 몰입감 있는 환경을 제공하는 결과로 이어졌다. LoL은 이제 단순한 게임이 아니라 거대한 엔터테인먼트 플랫폼으로 성장했다. 매년 열리는 월드 챔피언십은 수천만 명이 지켜보는 글로벌 미디어 이벤트로 자리 잡았으며, 방송 제작, 광고 수익, 굿즈 판매, 지역별 프랜차이즈 제도가 결합되면서 게임 산업을 넘어선 경제적 생태계로 발전했다. e스포츠라는 무대 위에서 인공지능은 공정성과 확장성을 동시에 뒷받침하는 기술적 토대가 되고 있으며, 기업 입장에서는 장기적인 비용 절감과 차별화된 경험 제공이라는 두 가지 목표를 함께 달성할 수 있는 수단이 된다. 게임의 판도를 바꾸고 있는 인공지능, 이제 이 모든 역사를 엄청난 양의 데이터로 저장하면서 세상에 없던 게임의 룰을 스스로 만들어가고 있다.

앞서 살펴본 세 가지 사례는 인공지능이 게임 산업에서 단순하고도 기본적인 기능 개선의 차원을 넘어 전략적 자산으로 작동하고 있음을 잘 보여준다. No Man's Sky는 절차적 생성을 통해 비용 절감과 차별화를 동시에 이뤄냈고, Ubisoft는 클라우드와 AI를 결합해 맞춤형 경험을 제공하며 집중 전략을 강화했다. 리그 오브 레전드는 운영 단계에서 AI를 활용해 글로벌 e스포츠 생태계를 안정적으로 확장시켰다. 결국 인공지능은 게임 기업의 전략 선택에 따라 차별화, 비용우위, 집중 전략을 모두 뒷받침할 수 있는 자원으로 기능한다. 더 나아가 게임을 완성품으로 소비하는 패키지에서 벗어나, 이용자와 AI가 함께 진화시키는 문화적·산업적 생태계로 변모하게 만드는 힘이 된다.

토론 문제(Discussion Questions)

1. 절차적 생성 기술은 No Man's Sky와 같이 방대한 세계를 만들어 내며 제작 효율성을 높인다. 그러나 모든 콘텐츠가 AI 알고리즘에 의해 자동 생성될 경우, 게임의 몰입도와 스토리 전달력은 약화될 수 있다는 우려도 존재한다. 이러한 상황에서 게임 기업은 효율성과 몰입도 사이의 균형을 어떻게 맞추어야 할까?

2. 'Ubisoft' 프로젝트는 같은 게임이라도 플레이어마다 다른 퀘스트와 NPC 상호작용을 경험하게 한다. 이러한 개인화된 구조가 장기적으로 게임의 브랜드 가치와 유저 충성도에 어떤 영향을 줄 수 있을까?

3. 리그 오브 레전드는 AI 매칭 시스템과 공정성 강화 장치를 통해 e스포츠 산업을 세계적 규모로 확장시켰다. 그러나 운영이 지나치게 자동화될 경우, 인간 심판이나 커뮤니티의 판단이 가진 '신뢰와 감정적 설득력'이 약화될 수 있다는 지적도 있다. 이러한 점에서 AI 운영 시스템은 어떤 한계를 가지고 있으며, 이를 보완하기 위해 기업은 어떤 전략을 취해야 할까?

에세이 과제

생각할 문제들

에세이 과제(Essay Assignments): 생각할 문제들

(답변을 손글씨로 직접 책 속에 작성해 주세요)

1. 절차적 생성 기술을 활용한 No Man's Sky는 방대한 세계를 구현했지만, 초기에 "스토리 부재"와 "몰입감 부족"이라는 비판을 받았다. 이러한 사례를 바탕으로, AI 기반 절차적 생성 기술이 게임의 비용 절감과 몰입감 강화라는 두 가지 목표를 동시에 달성하기 위해 어떤 전략적 접근이 필요할지 논하라.

2. ‘Ubisoft’ 프로젝트는 클라우드 기반 AI로 플레이어 개개인에게 서로 다른 퀘스트와 NPC 경험을 제공한다. 이러한 개인화 전략은 장기적으로 게임 기업의 차별화 전략과 집중화 전략에 어떤 기여를 할 수 있는지 논하라.

3. 리그 오브 레전드는 AI 매칭과 운영 시스템을 통해 공정성과 효율성을 확보하며 글로벌 e스포츠로 성장했다. 이 사례를 토대로, AI 기반 운영 체계가 기업의 비용우위 전략과 차별화 전략을 동시에 강화하는 과정을 논하라.

Industry Talk

실무자 인터뷰 인사이트 모음

1) Shigeru Miyamoto(닌텐도 수석 프로듀서)

"Games are about creating feelings, not just systems. AI can expand the systems, but the heart of play still comes from human curiosity." (*Time*, 2023.5.10.)

"게임은 단순히 시스템을 만드는 것이 아니라 감정을 만드는 일입니다. AI가 시스템을 확장할 수는 있지만, 놀이의 본질은 여전히 인간의 호기심에서 비롯됩니다."

Key Takeaways

AI는 게임의 규모와 다양성을 확장하는 강력한 도구이지만, 플레이어의 호기심과 감정적 반응을 설계하는 것은 인간 디자이너의 몫임을 보여준다. 이는 게임 개발에서 차별화 전략의 핵심 요소가 인간 창작자의 창의성임을 상기시킨다.

2) Jade Raymond(헤이븐 스튜디오 CEO, 前 Ubisoft 프로듀서)

"Cloud and AI make it possible to think of games as living worlds that evolve every day, rather than fixed products."

(*GamesIndustry.biz*, 2023.11.2.)

"클라우드와 AI는 게임을 고정된 제품이 아니라 매일 변화하는 살아 있는 세계로 만들 수 있게 합니다."

Key Takeaways

게임이 출시된 후에도 AI는 지속적으로 학습, 진화하며 플레이어와 함께 변화한다. 즉, AI는 '고정된 제품'이 아닌 '살아있는 세계'를 가능하게 하며, 업데이트나 패치가 아닌, 자율적·지속적 진화시스템, 유기적 생태계(living ecosystem)로 전환시킨다.

3) Tim Sweeney(Epic Games CEO)

"AI will help us build bigger worlds, but the real challenge is ensuring players don't get lost in them without meaning."

(*The Verge*, 2024.1.18.)

"AI는 더 큰 세계를 만드는 데 도움을 줄 것입니다. 그러나 진짜 도전은 플레이어가 그 안에서 의미 없이 길을 잃지 않도록 하는 것입니다."

Key Takeaways

AI는 비용우위 전략을 통해 방대한 콘텐츠를 자동 생성할 수 있지만, 의미 없는 확장은 오히려 플레이어 경험을 약화시킬 수 있다. 결국 인간 디자이너가 내러티브와 목표 구조를 설계해 차별화를 더해야 한다는 점에서, AI와 인간의 협력은 필수적이다.

4) Ryozo Tsujimoto(캡콤 프로듀서, *Monster Hunter*시리즈)

"AI-driven NPCs can feel alive, but what makes players return is the shared hunt, the sense of community."

(*Famitsu*, 2023.7.22.)

"AI로 구동되는 NPC는 실제처럼 느껴질 수 있습니다. 그러나 플레이어를 다시 불러들이는 것은 결국 '공동의 사냥', 즉 커뮤니티의 감각입니다."

Key Takeaways

NPC의 지능화는 플레이어 경험을 깊게 하지만, 장기적 충성도를 만드는 것은 커뮤니티 기반 경험이다. 이는 AI의 차별화 효과를 커뮤니티 전략과 접목해야 함을 보여준다.

5) Gabe Newell(Valve 공동 창립자)

"Automation is useful, but players can tell when a world lacks the scars of human design. Imperfections are what make it memorable." (*PC Gamer*, 2022.9.14.)

"자동화는 유용하지만, 세계가 인간 디자인의 흔적을 잃으면 플레이어는 곧바로 알아차립니다. 기억에 남는 것은 오히려 불완전함에 있습니다."

Key Takeaways

AI가 제작 효율성을 높여 비용우위를 창출할 수 있지만, 인간만이 줄 수 있는 불완전성과 흔적이 브랜드 차별화의 원천이 된다. 이는 게임 기업이 자동화와 인간적 개입을 병행해야 한다는 전략적 과제를 던진다.

참고한 자료들

김도경. (2023). 차세대 게임 교육에 대한 연구: VR·AR·AI를 중심으로. *한국게임교육학회 논문집, 6*(1), 45-60.

김현남. (2023). 효율적인 게임 품질 보증을 위한 인공지능 기술 적용에 관한 연구. *한국게임학회지, 18*(3), 89-104.

송규진. (2017). 컴퓨터 게임에서의 인공지능 기술에 관한 연구. *한국컴퓨터정보학회지, 25*(1), 11-19.

유선준. (2006). 게임 인공지능 기술의 제어 시스템 유형 및 문제점 연구. *디지털콘텐츠학회 논문지, 7*(1), 35-40.

여향란. (2020). 게임 인공지능 초기이용자 만족에 미치는 요인 분석. *한국융합학회논문지, 11*(2), 20-30.

패미통. (2023, 7월 22일). 츠지모토 료조: AI NPC와 커뮤니티의 의미. Famitsu. https://www.famitsu.com

한국게임학회. (2024). AI 기술과 게임 산업의 융합 동향. 서울: 한국게임학회.

Cowley, B., & Charles, D. (2016). Adaptive artificial intelligence in games: Issues, requirements and a solution through Behavlets-based general player modelling. *arXiv Preprint*. https://arxiv.org/abs/1607.05028

Epic Games. (2024, January 18). *Tim Sweeney on AI and the challenge of meaningful game worlds. The Verge*. https://www.theverge.com

Famitsu. (2023, July 22). *Ryozo Tsujimoto interview on Monster Hunter and AI NPCs. Famitsu*. https://www.famitsu.com

GamesIndustry.biz. (2023, November 2). *Jade Raymond: Cloud and AI make games living worlds. GamesIndustry.biz*. https://www.gamesindustry.biz

Global Market Insights. (2024). *Procedural content generation market report 2024–2030*. https://www.gminsights.com/industry-analysis/procedural-content-generation-market

Hello Games. (2016). *No Man's Sky* [Video game]. Hello Games.

Hu, C., Zhao, Y., Wang, Z., Du, H., & Liu, J. (2023). Games for artificial intelligence research: A review and perspectives. *arXiv Preprint*. https://arxiv.org/abs/2304.13269

Melhart, D., Togelius, J., Mikkelsen, B., Holmgård, C., & Yannakakis, G. N. (2023). The ethics of AI in games. *arXiv Preprint*. https://arxiv.org/abs/2305.07392

Miyamoto, S. (2023, May 10). *Games are about creating feelings, not just systems. TIME*. https://time.com

Newell, G. (2022, September 14). *Automation is useful, but imperfections make it memorable. PC Gamer*. https://www.pcgamer.com

Ratican, J. (2024). Adaptive worlds: Generative AI in game design and future of play. Lindenwood University Faculty Research Papers. https://digitalcommons.lindenwood.edu/cgi/viewcontent.cgi?article=1693&context=faculty-research-papers

Shao, K., Tang, Z., Zhu, Y., Li, N., & Zhao, D. (2019). A survey of deep reinforcement learning in video games. *arXiv Preprint*. https://arxiv.org/abs/1912.10944

Team Liquid. (2023, May 9). *Data-driven esports: How Team Liquid uses AI for strategy. CIO.com*. https://www.cio.com/article/2144065/team-liquid-tackles-esports-data-with-ai.html

Ubisoft. (2023, June 15). *Introducing Ubisoft Scalar: Real-time procedural generation powered by the cloud. Ubisoft Official Blog*. https://www.ubisoft.com/en-us/company/scalar

Valve. (2022, September 14). *Gabe Newell on AI, automation, and human design. PC Gamer*. https://www.pcgamer.com

Wu, Y., et al. (2023). Artificial intelligence for video game visualization, optimization and immersive experience: a systematic review. *Mathematical Biosciences and Engineering*, 20(8), 686-711. https://doi.org/10.3934/mbe.2023086

06

Chapter

AI와 방송·미디어 : 뉴스, 광고, 스트리밍의 자동화

세부 내용:

- AI 뉴스 앵커와 AI 저널리즘
- AI 기반 광고 제작 및 개인 맞춤형 광고
- AI 알고리즘이 이끄는 스트리밍 추천 시스템
- AI 방송, 미디어 분야의 기업 수준의 전략1(관련/비관련 다각화 전략)

기대효과:

- 미디어 산업 내 AI 활용 사례 학습
- AI를 통한 맞춤형 콘텐츠 소비 방식 이해

시사점:

- AI가 제공하는 정보의 신뢰성 문제
- 개인화 추천 시스템의 윤리적 문제

주요 독자층:

- 미디어 관계자, 저널리스트
- 광고 기획자, 마케팅 전문가
- 방송, 미디어 분야에 관심있는 일반인과 학생들

Big Map

전체 챕터 구성과 연관성 지도

Chapter Ⅰ	Chapter Ⅱ	Chapter Ⅲ	Chapter Ⅳ	Chapter Ⅴ
AI와 엔터테인먼트의 만남: 역사와 현재	**AI가 만들어내는 콘텐츠:** 창작과 제작의 진화와 혁신	**AI와 영화 산업:** 가상 배우에서 자동 편집까지	**AI와 음악 산업:** 작곡, 연주, 믹싱의 자동화	**AI와 게임 산업:** NPC, 시뮬레이션, 자동 콘텐츠 생성
Chapter Ⅵ	**Chapter Ⅶ**	**Chapter Ⅷ**	**Chapter Ⅸ**	**Chapter Ⅹ**
AI와 방송·미디어: 뉴스, 광고, 스트리밍의 자동화	**AI와 공연예술:** 가상 아이돌, 홀로그램 콘서트, 인터랙티브 공연	**AI와 팬덤 문화:** 팬과 AI의 새로운 관계	**AI와 윤리:** 창작과 기술의 경계를 넘어서	**미래의 엔터테인먼트:** AI와 인간이 공존하는 세계

AI는 이제 방송국의 조용한 조연이 아니라, 제작 현장을 움직이는 보이지 않는 연출가이자 행동대장이 되었다. 이에 따라, 뉴스는 기자의 손끝보다 빠르게 편집되고, 광고는 시청자의 취향을 실시간으로 읽어낼 수 있게 되었다. 스트리밍 플랫폼에서는 AI가 시청자의 다음 클릭을 예측하면서, 수많은 콘텐츠의 흐름을 설계해 나간다. 이러한 변화의 본질은 단순한 '자동화'가 아니라, '재구성'에 있다. AI는 인간 본연의 역할을 대신하는 존재가 아니라, 실시간으로 정보와 감각을 연결하는 새로운 언어로 작동하고 있다.

카메라 뒤에 머물던 기술은, 이제 콘텐츠의 기획과 유통, 그리고 소비의 방식까지 바꾸는 주체가 되었다. 이렇듯 AI로 인한 뉴스, 광고, 스트리밍의 재구성은 본 도서 전체에서 AI의 산업별 적용 사례중 미디어·광고 분야를 집중 조명하는 파트이다. 앞선 챕터들(Ⅰ~Ⅴ)에서 다룬 기술적 배경, 창작·게임 산업과의 연계성을 토대로, 본 챕터는 뉴스, 광고, 스트리밍 분야에 대한 인공지능의 기술적 구현·경영학적 분석·사례·시사점을 종합적으로 제시한다.

Intro(도입)

생활에 스며든 초연결 사회의 한가운데서...

2020년대 중반을 지나면서 우리의 일상은 디지털 기술과 떼려야 뗄 수 없는 관계가 되었다. 흔히 '초연결(Hyperconnectivity) 사회'라고 부르는 이 환경은 단순히 기기끼리 네트워크로 연결되는 차원을 넘어선다. 사람, 기계, 데이터, 콘텐츠가 실시간으로 얽히며 끊김 없는 경험을 제공하는 상태, 바로 그 한가운데 우리가 서 있는 것이다. 이런 변화의 중심에는 인공지능(AI)이 있다. 방송과 미디어 산업만 보더라도 AI는 단순한 기술적 도구가 아니라 새로운 촉매제로 기능한다. 예컨대 2024년 상하이에서 열린 국제경제포럼에서는 AI 뉴스 앵커가 실제 기자와 나란히 앉아 뉴스를 진행했다. 속보가 들어오면 곧바로 번역과 편집, 그리고 송출까지 가능해졌고, 시청자의 과거 시청 이력과 선호도를 분석해 맞춤형 헤드라인을 만들어 내기도 했다. '뉴스 전달자'의 개념이 인간에서 기계로, 다시 인간과 기계의 협력으로 확장되는 장면을 직접 목격한 셈이다. 광고 산업 역시 크게 달라졌다. 과거의 광고가 대본과 이미지를 정해 놓고 모든 사람에게 동일한 메시지를 전달했다면, 지금은 AI가 소비자의 구매 이력, 관심사, 위치 정보를 분석해 각자에게 다른 광고를 보여준다. 글로벌 시장조사기관 Statista(2025)는 AI 기반 맞춤형 광고 솔루션을 도입한 브랜드의 전환율이 평균 32%나 상승했다고

전한다. 스트리밍 서비스에서도 AI는 빠질 수 없는 핵심 요소다. 넷플릭스, 디즈니+, 왓챠 등은 이미 시청 데이터를 바탕으로 개별 이용자의 취향을 예측해 콘텐츠를 추천한다. PwC(2024) 보고서에 따르면 시청자가 실제로 소비하는 콘텐츠의 75%가 이런 추천 알고리즘을 통해 노출된 결과물이었다. 결국 방송·광고·스트리밍의 경계는 흐려지고 있으며, 모두가 하나의 데이터 흐름 속에서 긴밀하게 연결된 융합형 미디어 생태계를 만들어가고 있다.

20세기 후반까지만 해도 방송은 철저히 '대중'을 전제로 했다. 정해진 시간에 똑같은 뉴스를 틀어주고, 같은 광고를 내보내며, 프로그램 편성도 모든 시청자가 동일하게 소비했다. 선택권이라고 해봤자 채널을 돌리는 정도였다. 그러나 인터넷과 디지털 전환은 이 구조를 송두리째 바꾸었다. 스마트폰, 5G 네트워크, 클라우드 인프라가 결합하면서 뉴스와 광고, 스트리밍은 국경을 넘어 실시간으로 퍼지고, 인공지능은 이 초연결 환경에서 일종의 '두뇌' 역할을 맡게 되었다. 오늘날 AI는 뉴스 제작, 광고 기획, 스트리밍 추천이라는 세 가지 축에서 다음과 같은 핵심 도구로 자리잡고 있다.

- ■ AI 뉴스 앵커: 다국어·다문화 환경에서도 실시간 맞춤형 방송 가능
- ■ AI 기반 광고: 소비자의 심리와 행동 데이터를 반영해 개별화된 메시지 즉각 제작
- ■ 스트리밍 추천 알고리즘: 취향을 예측해 최적화된 큐레이션 제공

이제 방송과 미디어는 더 이상 모든 사람에게 같은 콘텐츠를 내보내지 않는다. 동일한 저녁 뉴스를 보더라도 시청자 A는 정치 이슈 중심의 편

성을, 시청자 B는 스포츠와 문화 위주의 편성을 받는다. 광고는 하루 전 검색한 키워드나 SNS 관심사, 심지어 음성 톤이나 감정 분석 결과까지 반영해 달라진다. AI가 만드는 방송·미디어 혁신은 단순한 자동화를 넘어서 융합과 상호작용의 단계로 진입했다. 뉴스 제작 데이터가 광고 타깃팅으로 이어지고, 광고 반응이 스트리밍 추천 알고리즘의 학습 데이터로 다시 피드백된다. 실시간 시청 로그와 감정 분석은 곧바로 차기 프로그램 기획에 반영된다. 바로 이 장은 이러한 흐름을 "AI와 초연결 인프라가 만들어내는 방송·미디어의 새로운 표준"이라는 주제로 살펴본다. 독자는 이 과정에서 기술, 경영, 그리고 윤리라는 세 축이 어떻게 맞물려 움직이고 있는지를 확인하게 될 것이다.

개념과 이론 파트

AI와 방송·미디어 산업, 그리고 기업 수준의 전략 1

인공지능이 본격적으로 방송·미디어 산업에 도입되면서, 뉴스와 광고, 스트리밍 서비스는 기존의 사업 모델을 넘어 기업 전략의 핵심 무대로 떠올랐다. 불과 십여 년 전만 해도 방송사는 프로그램 제작과 송출이 가장 중요한 과제였지만, 지금은 상황이 크게 달라졌다. 기업들은 데이터를 모으고 알고리즘을 설계하여 이용자 경험을 분석·조율하는 능력을 가장 중요한 자산으로 보고 있다. 먼저, 뉴스 산업을 살펴보면, AI 앵커는 시차나 노동 시간에 구애받지 않고 24시간 뉴스를 전달한다. 광고업계에서는 수억 건의 데이터를 분석해 특정 시간과 장소, 그리고 적절한 상황에 맞는 광고를 개별 소비자에게 노출한다. 스트리밍 플랫폼은 시청 이력과 행동 데이터를 기반으로 각 사용자에게 맞춤형 콘텐츠를 추천한다. 단순히 편의성을 높이는 수준을 넘어, 서비스 체류 시간과 구독 충성도를 끌어올리는 원동력이 되는 것이다.

1) 관련 다각화: 알고리즘이 만드는 콘텐츠의 확장

이런 변화는 경영전략에서 말하는 기업 수준의 전략(Corporate-Level Strategy)과 밀접하게 연결된다. 기업 수준 전략은 단일 사업 단위가 아니라, 서로 다른 사업 영역을 어떻게 엮고 확장할지를 결정하는 과정이다. 과거 방송사가 다각화를 시도하던 이유가 단순한 '수익원 분산'이었다면, AI 시대의 다각화는 데이터와 알고리즘을 중심으로 한 가치연결(Value Connectivity)이다. 인공지능은 여기서 다각화 전략을 촉진하는 중요한 자원으로 작용한다. 우선 관련 다각화(related diversification) 사례부터 살펴보자. 넷플릭스는 DVD 대여 서비스에서 출발했지만, 스트리밍으로 전환하면서 시청 데이터를 축적했고, 이를 토대로 추천 알고리즘을 강화했다. 이후 오리지널 콘텐츠 제작에 뛰어들면서 유통과 제작을 동시에 잡는 구조로 발전했다. 데이터 분석 역량이 단순한 운영 효율성을 넘어 새로운 성장 자원이 된 셈이다. 광고 업계의 구글도 비슷하다. 구글은 검색엔진 기업으로 시작했지만, AI 기반 광고 플랫폼을 통해 검색 데이터, 유튜브 시청 기록, 위치 정보를 통합 분석하며 맞춤형 광고를 구현했다. 이는 서로 다른 사업 영역을 AI가 연결해주는 전형적인 관련 다각화 전략의 사례다.

이렇듯, AI가 가장 강력한 변화를 가져온 영역은 기존 비즈니스 내부에서 일어나는 관련 다각화다. 관련 다각화는 '콘텐츠의 깊이'를 확장하면서, 기업의 정체성과 운영방식을 근본적으로 바꾸고 있다.

2) 비관련 다각화: 미디어 기업의 AI 플랫폼화

반대로 비관련 다각화(unrelated diversification) 는 전혀 관련이 없어 보이는 새로운 산업으로 확장하는 경우다. 아마존은 전자상거래 기업이었지만 AWS를 통해 클라우드 컴퓨팅 산업에 진출했다. AWS의 핵심 경쟁력 가운데 하나는 AI·머신러닝 서비스다. 전자상거래와 직접적 연관은 없지만, 데이터 인프라와 알고리즘 역량을 활용해 새로운 수익원을 만들어낸 사례다. 방송·미디어 기업들도 음성 합성이나 영상 편집 기술을

AI로 축적한 뒤, 이를 교육, 헬스케어, 금융 등 전혀 다른 영역에 적용하면서 유사한 확장을 시도하고 있다. 이 과정에서 관건은 AI가 기업의 핵심 역량(Core Competence) 으로 자리 잡을 수 있느냐이다. 방대한 데이터를 분석하고 개인화된 경험을 제공하는 능력은 누구나 확보할 수 있는 '일반적 기능'에 그칠 수도 있다. 그러나 독창적인 알고리즘, 독점적 데이터, 차별화된 서비스 디자인을 확보한다면 이야기는 달라진다. 이때 AI는 단순한 기술이 아니라, 장기적으로 경쟁우위를 만드는 전략적 자산이 된다. 산업 간 경계가 희미해진 융합 생태계 안에서 비관련 다각화 전략은 '산업의 폭'을 넓히는 큰 역할을 한다.

이를 정리해 보자면, 인공지능은 방송·미디어 산업의 기업 전략을 새롭게 정의하는 변수가 되었다. 기존 사업과 시너지를 내는 관련 다각화, 전혀 다른 산업으로의 확장을 가능케 하는 비관련 다각화 모두에서 AI는 촉매제 역할을 한다. 따라서 뉴스·광고·스트리밍에 스며든 AI를 단순한 효율성 도구로 볼 것이 아니라, 기업의 미래 방향을 바꾸는 전략적 자원으로 이해해야 한다.

사례 파트(Case Study 및 토론문제)

실무적인 파트

사례 1 AI 뉴스 앵커의 상용화 그리고 '휴먼 인 더 루프(human in the loop)'

2018년 중국 신화통신은 '세계 인터넷 대회'에서 소거우(Sogou)와 협력해 세계 최초의 AI 뉴스 앵커를 공개했다. 이어 2019년에는 여성 앵커 '신샤오멍(Xin Xiaomeng)'을, 2020년에는 3D 가상 앵커 '신샤오웨이(Xin Xiaowei)'를 추가해 라인업을 확장했다. 이들은 실존 앵커의 얼굴과 목소리를 본떠 제작된 합성 모델로, 멀티모달 합성 기술을 활용하여 뉴스 대본을 읽고 제스처와 표정까지 자연스럽게 재현했다. 글로벌 뉴스룸이 시시각각 변하는 속보 환경에 다국어·다버전 뉴스를 빠르게 제작해야 하는 상황에서, 인건비와 제작 리드타임을 줄이는 동시에 '항상 켜진(Always-on)' 송출을 구현하는 것은 뉴스룸을 보유한 방송국 입장에서는 1차 목표였다. 특히 정치 행사, 대형 재난, 금융, 다양한 속보처럼 실시간성이 중요한 영역에서 AI 앵커의 효과가 가장 뚜렷하게 나타났다. 이 기술이 실제로 작동하는 방식은 몇 가지 단계로 나눠 설명할 수 있다. 먼저 콘텐츠 입력 단계에서는 언론사 CMS(Content Management Solution: 서버 및 보완, 뉴스 솔루션 등 콘텐츠 관리 솔루션)나 속보 데이터베이스에서 자동 생성된 요약 스크립트가 활용된다. 이후 합성 단계에서 텍스트는 음성으로 변환(TTS: Text-to-Speech)되고, 보이스 클로닝과 억양 조정을 거쳐 자연스러운 발화가 구현된다. 완성된 음성은 2D 또는 3D 아바타와 결합되어 입 모양과 표정을 실시간으로 맞추게 되고, 이 과정을 통해 화면에 등장하는 뉴스 앵커가 완성된다. 마지막 단계에서는 언어와 지역에 따라 자동으로 버전이 분화되어 웹, 모바일, OTT 등 여러 플랫폼에 동시에 송출된다. 다만 이 일련의 과정이 전적으로 기계에 의존하는 것은 아니다. 최종적으로 편집자가 제목을 다듬거나 팩트체크를 하고, 민감한 표현을 걸러내는 절차가 추가된다. 흔히 '휴먼 인 더 루프(human in the loop)'라고 부르는 운영 구조가 여기에 해당한다. 성과 측면에서 공개된 정량 지표는 제한적이지만, 신화통신은 3D 앵커 '신샤오웨이'를 도입한 뒤 현장 행사 보도 능력과 지속 송출 체계가 강화되었다고 발표했다. 해외 테크 매체들 역시 주목했다. 예를 들어 TNW, Unite.AI 등은 AI 앵커의 장점으로 다국어 대응 능력과 24시간 운영 가능성을 꼽았다. 구체적인 인력 절감률이나 송출 속도의 개선 수치는 외부에 공개되지 않았지만, 최소한 "도입이 현실화되었다"는 점과 "다국어·지속 송출이 가능하다"는 사실은 확인할 수 있다.

그러나 이러한 기술이 안고 있는 리스크도 분명하다. 자동으로 생성된 대본에는 오류나 편향이 포함될 수 있고, 이를 걸러낼 편집 공정이 없으면 심각한 문제가 발생할 수 있다. 만약 잘못된 보도가 나갔을 때 책임을 누구에게 물을 것인지에 대한 제도적 장치도 필요하다. 더불어 시청자에게 AI 앵커임을 명확히 알리지 않는다면 신뢰가 흔들릴 수 있다. 따라서 라벨링과 표시 체계는 필수적이다. 저작권과 초상권 문제 역시 핵심 쟁점이다. 실제 앵커의 영상과 음성을 학습한 만큼, 그 사용 범위와 2차 활용 조건이 계약에 명시되어야 한다. 따라서, 이 사례에서 얻을 수 있는 교훈은 분명하다. AI 앵커는 속보 전달, 요약 뉴스, 다국어 송출과 같이 반복적이고 표준화된 영역에서는 높은 효율성을 보인다. 그러나 현장 취재, 심층 보도, 맥락 해설처럼 인간 기자의 판단과 감각이 필요한 영역까지 대체할 수는 없다. 결국 뉴스룸은 AI가 담당할 생산적 역할과 인간 기자가 제공할 해석적·감성적 역할을 어떻게 조율하고 결합할지를 고민해야 한다. 따라서 AI 앵커의 상용화는 단순한 기술 전시가 아니라, 저널리즘이 기술과 어떤 방식으로 공존하며 진화해야 하는지를 보여주는 중요한 이정표라 할 수 있다.

중국 신화통신-소거우가 공동 개발한, 중국의 첫 3D AI앵커

출처: AI TIMES(윤영주, 2020.10.28.)
https://www.aitimes.com/news/articleView.html?idxno=128670

사례 2 **코카콜라의 생성형 AI 광고: "Create Real Magic" 캠페인의 배움**

2023년 코카콜라는 'Create Real Magic'이라는 프로젝트를 통해 브랜드 역사상 새로운 형태의 광고 실험을 선보였다. 이 캠페인은 아티스트와 일반 소비자가 직접 참여하여, 코카콜라의 대표적 자산인 산타클로스,

유리병, 스크립트 로고 등을 소재로 생성형 AI 도구인 GPT-4와 DALL·E를 활용해 이미지를 제작하는 방식으로 진행되었다. 참가자들이 만든 이미지 중 우수작은 실제 대형 옥외광고(OOH, Out-of-Home)와 디지털 광고로 공개되었으며, 이를 통해 코카콜라는 '소비자와 함께 만든(Co-created)' 광고라는 차별적 브랜드 경험을 창출했다. 이 프로그램은 베인앤드컴퍼니(Bain & Company)와 오픈AI와의 파트너십을 기반으로 운영되었으며, 공식 웹사이트와 마케팅 전문 매체를 통해 큰 화제를 모았다. 캠페인의 핵심 목표는 단순한 AI 실험에 머무르지 않았다. 코카콜라는 브랜드 에쿼티를 훼손하지 않으면서도, 초개인화에 가까운 크리에이티브 규모 확장을 달성하고자 했다. 특히, 소비자가 직접 참여한 창작물을 고품질 광고로 끌어올리고, 그 제작 과정을 다시 하나의 콘텐츠로 가공하여 참여율, 체류시간, 공유 지표를 동시에 끌어올리는 전략을 세웠다. 즉, UGC(사용자 생성 콘텐츠 User Generated Content)를 기업이 주도하는 광고 품질로 전환함으로써, 브랜드와 커뮤니티가 상호작용하는 새로운 형태의 마케팅을 구현한 것이다. 광고 제작과 미디어 집행 과정은 단계별로 체계적으로 설계되었다. 우선, 코카콜라는 브랜드 자산에 대한 가이드라인과 템플릿이 적용된 전용 생성형 AI 스튜디오를 제공해 참가자들이 안전하게 이미지를 만들 수 있도록 했다. 이어 상표권 침해, 표절, 부적절 콘텐츠를 걸러내는 필터링 룰을 적용해 브랜드 세이프티를 보장했다. 이후 우수작은 다양한 채널에서 확장적으로 활용되었다. 단순한 정적 이미지에 머무르지 않고, 크리에이티브를 리사이즈하거나 애니메이션화하여 옥외광고, 소셜 영상, 디스플레이 광고로 전개했다. 마지막으로, 플랫폼을 통해 수집된 클릭률, 체류시간, 공유 지표를 바탕으로 변형 크리에이티브를 자동으로 생성하고 테스트하는 피드백 루프가 마련되었다.

이러한 과정은 마케팅 운영에서 AI가 단순히 도구를 넘어 실시간 실험과 최적화의 파트너로 기능할 수 있음을 보여준다. 공식 보도자료와 업계 리포트에 따르면, 코카콜라는 이번 캠페인을 통해 생성형 AI를 크리에이티브 도구로 적극적으로 배포하면서, 브랜드와 소비자가 함께 브랜딩을 만들어가는 참여형 모델을 확대했다. 그러나 동시에 논쟁도 발생했다. 일부 AI 기반 광고, 특히 2024년 홀리데이 시즌 영상은 완성도 문제와 노동 대체 논란을 불러일으켰다. 이를 통해 업계는 속도와 규모의 장점을 추구하는 동시에, 브랜드 감성과 장인성을 유지하기 위한 관리와 큐레이션이 필수적이라는 교훈을 얻게 되었다. 다시 말해, 광고 산업에서의 AI 활용은 단순히 더 많은 버전을 빠르게 만드는 것을 넘어선다. 이러한 작업에는 브랜드의 세계관과 정서를 지켜내는 과정이 반드시 병행되어야 한다는

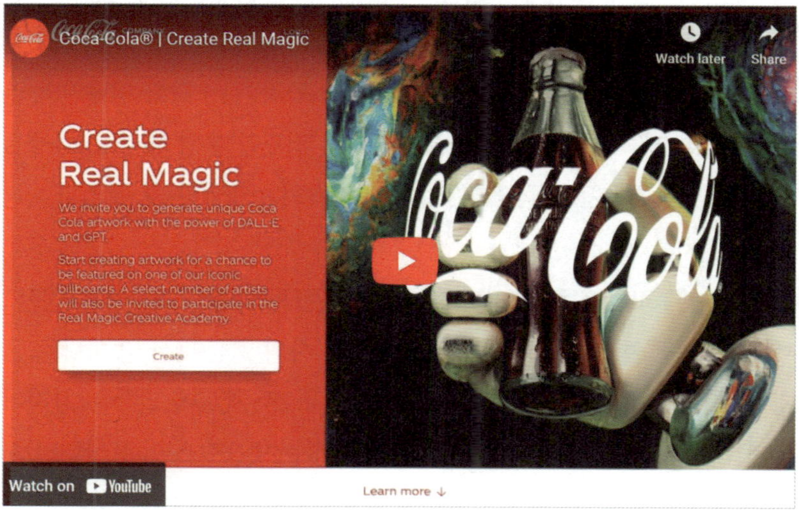

코카콜라의 'Real Magic' 글로벌 브랜드 플랫폼, 'Create Real Magic' 캠페인

출처: immersive, 2024.12.5.
https://www.immersiveplus.co.kr/channels/L2NoYW5uZWxzLzE2NTc5/B00001/posts/499085

점이 부각되어야 한다. 또한, 성과를 평가하기 위한 KPI 설계 역시 새로운 시사점을 제공한다. 단순히 도달 수나 노출 수 같은 전통적 지표에 국한하지 않고, 생성 참여율과 업로드 빈도, 공유율, 브랜드 인지도와 호감도 상승 같은 브랜드 리프트, 그리고 최종 전환율까지 종합적으로 고려해야 한다. 또한, 거버넌스 차원에서는 불허 콘텐츠 비율, 저작권 클리어 실패율, 그리고 크리에이티브 승인까지 걸리는 리드타임 같은 관리 지표를 반드시 포함시켜야 한다. 이러한 지표들은 단순히 마케팅 성과를 넘어, AI 광고의 사회적 책임과 법적 안정성을 담보하는 역할을 한다.

따라서 이 사례에서 도출되는 시사점은 명확하다. 생성형 AI 광고는 아이디어 발굴, 버전 확장, 실험 속도에서 탁월한 강점을 지니고 있으며, 참여형 브랜딩을 통해 소비자의 몰입과 확산을 동시에 촉진할 수 있다. 그러나 브랜드 세이프티와 윤리적 가드레일이 뒷받침되지 않는다면, 빠른 속도가 오히려 역풍을 부를 수 있다. 따라서 성공적인 AI 광고 캠페인의 열쇠는 "열린 제작 과정(Open Creation)"과 "엄격한 운영 관리(Rigorous Governance)"를 동시에 갖춘 양손잡이 전략의 선택이라 할 수 있다.

사례 3 넷플릭스의 초개인화 추천: "보는 시간의 대부분을 좌우하는" 엔진

넷플릭스는 출범 초기부터 추천 시스템을 자사의 핵심 자산 중 하나로 규정해 왔다. 공개된 보도에 따르면, 시청자의 75~80%에 달하는 시청이 추천 알고리즘을 통해 발생할 정도로, 개인화는 넷플릭스 이용 경험의 중심에 자리 잡고 있다. 이 시스템은 단순히 인기 콘텐츠를 제시하는 수준을 넘어, 개별 이용자의 시청 이력, 탐색 행동, 완주율, 그리고 장르 및 테마 태그 등을 종합적으로 분석한다. 그 결과 수백 개의 후보 타이틀을 자동으로 추출하고, 시간대나 시청 기기, 이용자의 국가와 같은 상황적 요인까지 고려해 최종 순위를 산출한다. 이러한 맞춤형 추천은 WIRED 등 주요 매체에서도 넷플릭스 경쟁력의 원천으로 여러 차례 보도된 바 있다. 넷플릭스가 추천 시스템을 발전시킨 가장 중요한 목적은 광대한 카탈로그 속에서 이용자가 겪을 수 있는 '발견의 다찰'을 최소화하는 데 있다. 시청자는 선택지가 너무 많으면 결정 피로에 빠지기 쉽다. 따라서 넷플릭스는 사용자가 세션을 시작하는 데 걸리는 시간을 줄이고, 이용자가 좋아할 확률이 높은 타이틀을 초기 화면에 배치하여 시청 시간을 늘리고, 재방문율과 구독 유지율을 높이고자 했다. 결국 추천 시스템은 단순한 편의 기능이 아니라, 구독 기반 스트리밍 모델의 성패를 좌우하는 핵심 도구이자 핵심역량이 된 것이다. 이 추천 엔진의 작동 과정은 여러 단계로 이루어진다. 먼저 후보 생성 단계에서는 이용자 데이터와 콘텐츠 메타데이터를 바탕으로 가능한 시청 목록을 만들어 낸다. 이어지는 랭킹 단계에서는 딥러닝 기법과 그래프 기반 분석을 혼합하여 이용자별 맞춤 순위를 도출한다. 흥미로운 점은 동일한 타이틀이라도 아트워크와 트레일러가 이용자 성향에 맞춰 달리 제시된다는 것이다. 예를 들어 한 사람에게는 로맨스 요소가 강조된 썸네일이, 다른 사람에게는 액션 장면이 중심이 된 썸네일이 노출될 수 있다. 넷플릭스는 끊임없는 A/B 테스트를 통해 알고리즘, 사용자 인터페이스(UI), 카피 문구, 아트워크의 미세 조정을 반복하며 세션 시작률과 콘텐츠 완주율을 끌어올린다. 또한, 국가별 취향, 문화적 규제, 언어적 특성까지 반영하는 로컬라이제이션 전략을 병행해 글로벌 시장에서의 적합성을 강화해 나가고 있다.

성과와 근거는 비교적 명확하다. WIRED를 비롯한 주요 매체들은 넷플릭스의 개인화 추천이 이용 행태의 절대 다수를 결정한다고 강조해왔다.

이는 단순히 "더 많이 보게 한다"는 차원을 넘어선다. 개인화 추천은 오리지널 콘텐츠 투자 회수율을 높이는 데 기여하고, 기존에는 잘 소비되지 않던 '롱테일 콘텐츠'를 관객과 연결하는 역할을 하기도 한다. 즉, 추천 시스템은 넷플릭스의 비즈니스 모델 전반과 직결된 경제적 엔진이라 할 수 있다. 하지만 이러한 강력한 시스템에는 리스크와 거버넌스 과제도 존재한다. 첫째, 필터 버블 문제가 있다. 과도한 개인화는 특정 장르나 스타일만 반복 노출함으로써 콘텐츠 다양성을 좁힐 수 있다. 둘째, 투명성 문제도 지적된다. 추천 알고리즘의 기준과 작동 방식, 그리고 이용자가 개인화에서 벗어날 수 있는 옵트아웃(사용자가 서비스의 거부 의사를 밝히지 않으면 기본적으로 정보 수집이나 서비스 이용이 허용되는 방식) 경로를 명확히 고지하지 않으면 불신이 생길 수 있다. 셋째, 편향 관리 문제가 있다. 특정 국가나 언어, 혹은 제작사의 콘텐츠가 과도하게 노출될 경우, 시청 경험의 균형이 무너질 수 있다. 따라서 이를 방지하기 위해 다양한 지표, 예컨대 다양성 지수(Diversity Index)를 도입하여 지속적으로 노출 편향을 감시하는 노력이 필요하다. 결국 넷플릭스의 사례는 추천이 단순한 '보조 기능'을 넘어, 사실상 새로운 편성(Programming) 그 자체로 기능한다는 사실을 잘 보여준다. 이제 "무엇을 만들 것인가" 못지않게 "누구에게 어떤 방식으로 보여줄 것인가"가 성과를 좌우하는 시대가 된 것이다. 제작, 편성, 마케팅의 경계가 허물어지면서 추천과 크리에이티브, 그리고 투자가 하나의 피드백 고리로 통합되고 있으며, 이 구조는 글로벌 스트리밍 산업의 새로운 규범으로 자리잡고 있다.

토론 문제(Discussion Questions)

1. 중국 신화통신과 한국 MBN이 선보인 AI 앵커는 뉴스 제작의 효율성을 높이고 24시간 방송을 가능하게 했다. 하지만 인간 기자의 역할이 축소될 수 있다는 우려도 커지고 있다. 기업이 AI 앵커 도입을 통해 관련 다각화 전략을 강화하는 동시에, 저널리즘의 본질적 가치를 지켜내기 위해 어떤 접근을 취해야 할까?

2. 구글은 검색 데이터를 광고와 연결하는 AI 기반 맞춤형 광고 시스템을 통해 막대한 수익을 창출해왔다. 이는 전형적인 관련 다각화 전략의 성공 사례이지만, 동시에 개인정보 침해 논란을 불러일으키고 있다. 기업은 맞춤형 광고의 수익성과 개인정보 보호 사이에서 어떤 균형점을 찾아야 할까?

3. 넷플릭스는 추천 알고리즘을 기반으로 기존 DVD 대여에서 스트리밍, 그리고 오리지널 콘텐츠 제작으로 사업을 확장했다. 이는 관련 다각화를 통한 성공 사례지만, 동시에 디즈니+나 애플TV 같은 경쟁자와의 비관련 다각화 전략 경쟁에 직면하고 있다. 넷플릭스가 장기적인 차별화를 유지하기 위해 어떤 전략적 선택을 해야 할까?

생각할 문제들

에세이 과제(Essay Assignments): 생각할 문제들

(답변을 손글씨로 직접 책 속에 작성해주세요)

1. AI 앵커의 등장은 뉴스 생산의 효율성을 높였지만, 저널리즘의 진정성과 신뢰성이 훼손될 수 있다는 우려를 제기시킨다. 관련 다각화 전략의 관점에서 볼 때, 언론사가 AI 기술을 활용하면서도 저널리즘 본질을 지켜내기 위해 어떤 장기적 접근을 취해야 할지 논하라.

2. 구글의 AI 광고 모델은 검색 데이터를 광고 사업과 연결해 관련 다각화를 성공적으로 실현했다. 그러나 개인정보 보호 문제는 기업의 장기 경쟁력에 위험이 될 수 있다. 기업이 맞춤형 광고 전략을 지속가능하게 발전시키기 위해 어떤 제도적·전략적 선택을 해야 하는지 논하라.

3. 넷플릭스는 추천 알고리즘을 기반으로 스트리밍에서 오리지널 제작으로 사업을 확장하며 관련 다각화에 성공했다. 그러나 디즈니, 애플 같은 경쟁자들은 비관련 다각화를 통해 더 넓은 시장을 공략하고 있다. 넷플릭스가 장기적으로 경쟁력을 유지하기 위해 어떤 관련, 비관련 다각화 전략을 선택해야 할지 논하라.

Industry Talk

실무자 인터뷰 인사이트 모음

1) Sundar Pichai(CEO, Google)

"AI is not just a feature, it's the foundation of how advertising will be personalized and scaled globally."

(*Financial Time*, 2023.10.5.)

"AI는 단순한 기능이 아니라, 광고가 글로벌 차원에서 개인화되고 확장되는 방식을 근본적으로 바꾸는 토대입니다."

Key Takeaways

구글은 검색과 광고를 연결하는 관련 다각화 전략을 통해 AI를 수익 모델의 중심에 두고 있다. 이는 광고 비즈니스가 기술적 도구를 넘어 기업의 핵심 정체성을 형성하는 전략적 자산임을 보여준다.

2) Reed Hastings(Co-founder, Netflix)

"Data tells us what audiences want, but creating cultural moments requires original stories that algorithms alone can't write." (*The New Yorker*, 2023.12.2.)

"데이터는 시청자가 원하는 것을 알려주지만, 문화적 순간을 만드는 것은 알고리즘만으로는 불가능합니다."

Key Takeaways

넷플릭스는 추천 알고리즘이라는 AI 역량을 기반으로 스트리밍에서 오리지널 제작으로 관련 다각화에 성공했다. 그러나 장기 경쟁력은 데이터 분석을 넘어 창작 역량을 함께 키워야 한다는 점을 강조한다.

3) Jeff Bezos(Founder, Amazon)

"Diversification works when capabilities transfer. AWS was built on the same obsession with efficiency we had in retail."

(*Harvard Business Review*, 2022.7.20.)

"다각화가 성공하려면 역량이 이전 가능해야 합니다. AWS는 우리가 소매에서 가졌던 효율성 집착을 기반으로 탄생했습니다."

Key Takeaways

아마존의 사례는 비관련 다각화 전략의 전형으로, 소매 유통에서 클라우드로 확장했지만 내부 핵심역량(효율성 추구)을 그대로 이식했다. 이는 방송·미디어 기업이 새로운 산업으로 확장할 때 AI 역량을 어떻게 전환할 수 있는지를 보여준다.

4) Mark Thompson(CEO, CNN, 前 BBC Director-General)

"Automated anchors can read the news, but journalism's authority comes from investigation, judgment, and trust."

(*The Guardian*, 2023.8.14.)

"자동화된 앵커가 뉴스를 읽을 수는 있겠지만, 저널리즘의 권위는 탐색과 판단, 그리고 신뢰에서 나옵니다."

Key Takeaways

AI 뉴스 앵커는 효율성을 높이지만, 언론사의 장기적 브랜드 가치는 인간 기자의 심층 탐색과 신뢰성에 달려 있다. 이는 차별화 전략의 원천이 기술이 아니라 인간적 가치임을 시사한다.

5) Sheryl Sandberg(Former COO, Meta)

"Personalization at scale is powerful, but the line between helpful and invasive is very thin in advertising."

(*Wall Street Journal*, 2022.11.9.)

"대규모 개인화는 강력하지만, 광고에서 유용함과 침해 사이의 경계는 매우 얇습니다."

Key Takeaways

AI 광고는 관련 다각화 전략의 핵심 동력이지만, 동시에 프라이버시 논란이라는 리스크를 내포한다. 기업은 데이터 활용과 윤리적 경계 사이에서 균형을 맞추는 전략적 접근이 필요하다.

참고한 자료들

김종명, & 정해원. (2025). 생성형 AI를 활용한 멀티모달 광고 콘텐츠 자동 생성 파이프라인 연구. *문화기술의 융합, 11*(5), 615-625.

박영은. (2025). A hybrid business model in action as a blueprint for K-culture strategies: Insights from Amazon. *Journal of Distribution Science, 23*(7), 143-157. https://doi.org/10.15722/jds.23.07.202507.143

오세욱. (2017). 미디어 창작도 기계가 대체하는가?: '휴머리즘(human+algorithm) 미디어'의 제안. *한국방송저널리즘학회 논문집, 97*, 45-68.

이재영, & 진범섭. (2024). 생성형 인공지능을 활용한 초개인화 마케팅의 자동화 시스템의 효과성 탐색: 향후 방향성과 전략적 시사점. *데이터크리에이티브연구, 8*(2), 123-139.

정은진, & 김예빈. (2024, October 21). 방송영상산업에서의 생성형 AI 활용과 시사점. *KISDI Perspectives*, No. 3, 1-16.

조선일보. (2018, 11월 9일). 중국 신화통신, 세계 최초 AI 앵커 공개. *조선일보*. https://www.chosun.com/site/data/html_dir/2018/11/09/2018110901260.html

진홍근, & 김민정. (2021). AI기반 디지털 광고효과 연구: 맞춤화광고와 개인화광고를 중심으로. *한국융합학회논문지, 12*(8), 115-122.

Boateng, R., Lovia, S., & Budu, J. (2024). *AI and the music industry: Transforming production, platforms, and practice*. Routledge.

Cools, H. (2025). From automation to transformation with AI-tools: A case study of a national news company. *Journal of Media Innovation, 12*(3), 215-233. https://doi.org/10.1080/21670811.2025.2505982

Demsar, V. (2025). Harmony or discord? The intersection of generative AI and advertising. *Journal of Advertising Research, 65*(2), 162-181. https://doi.org/10.1080/00218499.2025.2464305

Foster, T. (2024). *Artificial intelligence in music and audio production: Shaping the sound of tomorrow*. Routledge.

Gao, B. (2023). Artificial intelligence in advertising. *SAGE Open, 13*(3). https://doi.org/10.1177/21582440231210759

Gu, C., Li, Y., Chen, W., & Zhang, T. (2024). Exploring consumer acceptance of AI-generated advertisements: The role of perceived eeriness and intelligence. *Information, 19*(3), 108. https://doi.org/10.3390/info19030108

Häglund, E., & Björklund, J. (2022). AI-driven contextual advertising: A technology report and implication analysis. *Journal of Digital Advertising, 8*(1), 45-62. https://arxiv.org/abs/2205.00911

Kumar, V. (2024). AI-powered marketing: What, where, and how? *Journal of Marketing, 88*(5), 26-49. https://doi.org/10.1016/S0268-4012(24)00031-8

Li, T. (2024). AI-powered personalized advertising and purchase intention in digital marketing. *International Journal of Information Management*, 64, Article 102874. https://doi.org/10.1016/j.ijinfomgt.2024.102874

Murphy, R. (2025). *Rise of AI music*. AIP Publifye.

Owsinski, B. (2023). *The musician's AI handbook*. Apress.

Vizcaino, M., & Jones, K. (2023). ChatGPT, AI advertising, and advertising research and education. *Journal of Advertising Education*, 27(1), 19–37. https://doi.org/10.1080/00913367.2023.2227013

Walshe, J. (2023). *13 ways of looking at AI, art & music*. Unsound Festival Press.

Xinhua News Agency. (2018, November 8). World's first AI news anchor makes "his" China debut. *XinhuaNet*. http://www.xinhuanet.com/english/2018-11/09/c_137594923.htm

Zhang, R., Yu, B., Min, J., Xin, Y., Wei, Z., Shi, J. N., & Rao, A. (2025). Generative AI for film creation: A survey of recent advances. In *Proceedings of the CVPR 2025 Workshop on Computer Vision in the Entertainment and the Arts*(CVEU).

07

Chapter

AI와 공연예술 : 가상아이돌, 홀로그램콘서트, 인터랙티브공연

세부 내용:

- AI 가수 및 버추얼 아이돌(KDA, 하츠네 미쿠 등)
- 홀로그램 및 VR/AR 기반 공연
- AI가 실시간으로 관객 반응을 분석하여 공연 연출
- AI와 공연예술 분야에서의 기업 수준의전략2(수직적 통합, 아웃소싱)

기대효과:

- AI를 활용한 새로운 공연 형식 탐색
- 가상 아티스트와 인간 아티스트의 협업 가능성 연구

시사점:

- 가상 아티스트의 법적, 윤리적 지위 문제
- AI 공연의 대중적 수용 가능성

주요 독자층:

- 공연 기획자, 음악/공연 제작자
- 엔터테인먼트 산업 관계자
- 관련 분야 진로를 준비하는 일반인과 학생들

Big Map

전체 챕터 구성과 연관성 지도

Chapter Ⅰ **AI와 엔터테인먼트의 만남:** 역사와 현재	Chapter Ⅱ **AI가 만들어내는 콘텐츠:** 창작과 제작의 진화와 혁신	Chapter Ⅲ **AI와 영화 산업:** 가상 배우에서 자동 편집까지	Chapter Ⅳ **AI와 음악 산업:** 작곡, 연주, 믹싱의 자동화	Chapter Ⅴ **AI와 게임 산업:** NPC, 시뮬레이션, 자동 콘텐츠 생성
Chapter Ⅵ **AI와 방송·미디어:** 뉴스, 광고, 스트리밍의 자동화	Chapter Ⅶ **AI와 공연예술:** 가상 아이돌, 홀로그램 콘서트, 인터랙티브 공연	Chapter Ⅷ **AI와 팬덤 문화:** 팬과 AI의 새로운 관계	Chapter Ⅸ **AI와 윤리:** 창작과 기술의 경계를 넘어서	Chapter Ⅹ **미래의 엔터테인먼트:** AI와 인간이 공존하는 세계

본 챕터는 “AI가 공연예술에 미치는 영향”을 중심 주제로 삼으며, 앞선 챕터에서 다루어진 AI의 역사적 발전과 콘텐츠 제작·유통·방송 미디어 활용 사례를 기반으로 공연예술 분야로 확장되는 흐름을 보여준다. 따라서 본 챕터는 단순히 한 장르를 다루는 데 그치지 않고, 인접 산업과의 연결 구조를 시각적으로 보여주는 학습 지도(learning map) 역할을 수행한다. 앞선 Ⅰ~Ⅵ챕터에서 다룬 내용은 인공지능의 태동과 발전 과정, 그리고 영화나 음악, 게임과 방송, 미디어 분야에서의 활용 사례였다. 이 챕터들에서는 기술이 창작과 제작 전반을 어떻게 변화시켜 왔는지, 그리고 산업 구조에 어떤 파급 효과를 미쳤는지를 보여준다. 이제 Ⅶ챕터에서

는 시선을 공연예술 분야로 옮겨, 음악, 무용, 연극, 융합형 이벤트 등 실제 무대 위에서 AI가 어떤 방식으로 적용되고 있는지, 그리고 그 결과 예술적 표현이 어떻게 확장되는지를 본격적으로 탐구한다. 이어지는 Ⅷ챕터는 팬덤과 문화 커뮤니티의 확장 과정을 다루며, Ⅸ챕터는 법·제도와 윤리, 사회적 쟁점을 집중적으로 살핀다. 마지막 Ⅹ챕터는 인간과 AI가 앞으로 어떤 방식으로 공존할 수 있을지에 대해 전망한다. 전체적으로 각 챕터는 독립적인 주제를 담고 있지만, 흐름을 따라가다 보면 하나의 서사가 유기적으로 연결되어 있음을 확인할 수 있다.

Intro(도입)

공연예술의 새로운 전환점, AI기반 무대의 급부상

AI 공연예술이 만들 미래를 한편의 시나리오로 만들어 보면 다음과 같다. 2026년 도쿄돔에서 열린 'Next Reality Concert'는 공연 산업이 앞으로 어떤 방향으로 발전할 수 있는지를 생생하게 보여준 사건이다. 무대 위에는 이미 글로벌 팬덤을 확보한 가상 아이돌 하츠네 미쿠와, 한국에서 새롭게 데뷔한 버추얼 걸그룹 '이온(E-ON)'이 함께 섰다. 현장에는 약 5만 명의 관객이 입장했고, 동시에 32개국에서 VR을 통해 접속한 온라인 관객이 같은 공연을 즐겼다. 현실과 디지털이 겹쳐지면서, 전 세계 팬들이 하나의 무대를 공유하는 장면이 연출된 것이다. 같은 해 열린 또 다른 이벤트 'Virtual Fusion Live'는 한 걸음 더 나아갔다. 실존 가수와 가상 아티스트가 같은 무대에 오르는 실험이 진행되었고, 전 세계 약 4천만 명이 동시에 시청했다. 공연 중간에는 실시간 채팅과 SNS 해시태그가 무대 배경에 투영되었으며, 관객들이 스마트폰으로 투표한 조명 색상이 불과 몇 초 만에 무대에 반영되었다. 단순히 무대를 '보는' 것이 아니라, 관객이 무대 연출의 일부를 함께 만드는 구조가 구현된 셈이다. 과거에는 철저히 분리되어 있던 무대 위와 객석의 경계가, 인공지능과 실시간 데이터 분석을 통해 무너지고 있었다.

시나리오를 통해 먼저 살펴본 AI 공연예술의 미래는 가상과 현실이 혼합된 하이브리드 콘서트에 가깝다. 이 같은 변화는 공연예술의 비즈니스 모델에도 큰 파장을 불러올 것이다. 전통적으로 아이돌 공연은 티켓 판매가 주된 수익원이었다. 하지만 AI 기반 공연은 스트리밍, 굿즈, 팬덤 플랫폼 등 다양한 부가 수익을 창출하며 수익 구조를 다각화하고 있다. 지역적 한계도 줄어들었다. 예전에는 특정 도시나 공연장에 직접 가야 즐길 수 있었던 공연이 이제는 전 세계로 동시 중계되며 글로벌 이벤트로 확장되고 있다. 나아가 일회성 소비에 그쳤던 공연 경험은 재시청·재참여가 가능한 상시 운영형 공연 서비스로 변모하고 있다.

공연 현장에서 AI가 수행하는 역할을 구체적으로 살펴보면 더욱 흥미롭다. 시스템은 관객의 표정, 제스처, 음성 반응을 실시간으로 분석하고, 그 결과에 따라 배경, 조명, 음향이 즉각 변한다. 관객 위치와 선호도에 맞춰 맞춤형 음향 믹스와 시점이 제공되며, 동시통역과 실시간 자막은 언어 장벽을 무너뜨린다. 이런 무대는 1980년대의 디지털 오디오 혁신, 1990년대의 레이저와 대형 스크린, 2000년대의 LED와 3D 프로젝션, 2010년대의 초기 홀로그램 공연을 잇는 흐름 속에서 2020년대에 등장한 AI 기반 인터랙티브 무대라는 새로운 정점을 보여준다. 또한 방송·미디어 산업에서 발전해온 가상 캐릭터와 CGI 기술은 공연 무대에서 홀르그램이나 AR로 구현되고 있다. 게임 산업 역시 공연예술과 연결된다. 라이엇게임즈의 가상 걸그룹 K/DA가 대표적이다. K/DA는 게임 IP에서 출발했지만 'POP/STARS' 같은 히트곡으로 현실 무대 공연까지 확장되며 글로벌 팬덤을 형성했다. 이런 흐름 속에서 공연예술은 곧 팬덤 문화로 이어지고, 공연 경험은 굿즈 구매, 온라인 커뮤니티 활동, 2차 창작으로 확산된다. 다음에 제시된 AI 공연예술 기술 발전 타임라인은 1980년대 디지털 오디오 혁신에서 시작해 2025년 AI 기반 인터랙티브 무대까지 이어지는 변화를 직관적으로 보여준다. 이는 공연예술이 단순한 무대 연출을 넘어, 기술과 관객 참여가 결합된 복합적 경험으로 진화하고 있음을 잘 보여준다.

〈표〉 AI 공연예술 기술 발전 타임라인(1980년대~2025년)

시기	내용
1980년대	디지털 오디오 혁신(CD, MIDI 표준화)
1990년대	레이저 쇼, 대형 스크린 도입
2000년대	LED 무대, 3D 프로젝션 기술 확산
2010년대	초기 홀로그램 공연(예: 하츠네 미쿠, 투팍)
2020년대 이후	AI 기반 인터랙티브 공연(실시간 데이터 반영, 글로벌 동시 연결)

아울러, 팬 경험 확장 구조의 단계를 보여주는 표(공연 → 팬덤 → 2차 소비)는 공연예술이 단순한 무대 경험을 넘어, 산업 전체의 가치사슬(Value Chain)로 확장되는 과정을 보여줄 수 있다.

〈표〉 단계별 팬 경험 확장구조

단계	내용
1단계	공연 경험(현장·VR·스트리밍 참여)
2단계	팬덤 활동(온라인 커뮤니티, SNS 해시태그, 실시간 상호작용)
3단계	2차 소비(굿즈 구매, 재방송·VOD 시청, 팬아트·팬픽 등 2차 창작)

개념과 이론 파트

AI와 공연예술의 결합, 그리고 기업 수준의 전략 2

AI와 공연예술의 결합은 단순히 새로운 무대를 보여주는 차원을 넘어, 경험경제(Experience Economy)라는 흐름과 맞닿아 있다. 즉, AI가 공연예술에 진입하면서 나타나는 변화는 단순히 새로운 기술을 도입하는 차원을 넘어, 소비자 경험을 중심에 둔 패러다임 전환으로 이해할 수 있다. Pine과 Gilmore(1999)의 경험경제 이론에 따르면, 현대 사회의 소비자는 제품이나 서비스 자체보다 그것을 통해 얻는 체험, 그리고 그 체험이 만들어내는 기억에 더 큰 가치를 둔다. 공연예술에 AI가 결합하면, 관객은 단순한 '시청자'가 아니라 공연의 진행을 바꾸고 무대의 일부가 되는 참여자로 전환된다. 예컨대 도쿄돔에서 열렸다고 가정해 본 Next Reality Concert에서는 현장 관객과 VR 접속자가 동시에 무대를 경험했고, 관객의 투표가 무대 조명에 실시간 반영되었다. 이는 공연을 하나의 "소비재"에서 "경험재"로 전환시키며, 관객이 '소비자'이자 동시에 '공동 창작자'가 되는 구조를 보여준다.

이런 변화는 기업의 전략적 사고와도 밀접히 연결된다. 특히 공연산업은 수직적 통합(vertical integration)과 아웃소싱(out-sourcing)이라는 두 가지 상반된 전략적 선택 사이에서 움직인다. 수직적 통합은 기업이 공연에 필요한 전 과정을 회사 내부에서 관리하는 방식이다. 기획, 기술 개발, 무대 제작, 아티스트 관리, 팬덤 플랫폼 운영을 하나의 체계 안에 통합하면, 데이터와 지식재산권(IP)을 독점적으로 확보할 수 있다. 예를 들어 하이브(HYBE)는 BTS나 세븐틴과 같은 실제 아이돌뿐 아니라, AI 기반의 가상 아티스트, 해외 아티스트까지 이를 '위버스(Weverse)'라는 팬덤 플랫폼과 연결시켰다. 음악 제작, 공연 기획, 굿즈 판매, 팬 커뮤니티 운영이 하나의 가치사슬로 통합되면서, 브랜드의 일관성과 수익 극대화를 동시에 달성한 좋은 사례다. 디즈니 역시 공연, 애니메이션, 스트리밍, 머천다이징을 모두 회사 내부에서 통제하며, 기술과 IP를 장기적 경쟁우위의 핵심자원으로 전환시키고 있다. 반면, 많은 중소 기획사나 독립 공연단체들은 아웃소싱(Outsourcing) 전략을 활용한다. 홀로그램 기술, AI 번역 시스템, 실시간 데이터 분석 솔루션 등은 전문 기업에 의존하고, 공연사 자체는 스토리텔링과 아티스트 관리에 집중하는 방식이다. 이 전략은 빠르게 변화하는 기술 환경 속에서 불확실성을 줄이고, 초기 투자 비용을 줄이는 장점이 있다. 하지만 외부 기업 의존도가 높아질 경우, 장기적으로는 핵심 데이터와 노하우가 기업 내부에 축적되지 않는다는 리스크도 따른다. 예를 들어, 일본이나 중국의 일부 공연사들은 홀로그램 투사 기술을 외부 업체에 의존하면서 초기 성공을 거두었지만, 시간이 지나자 기술 사용 비용 상승과 계약 제한 때문에 새로운 공연 형식을 개발하는 데 한계를 겪기도 했다. 따라서 기업은 수직적 통합과 아웃소싱의 균형점을 전략적으로 선택해야 하는데, 이는 기업 규모, 자본력, 장기 비전과 직결되는 문제로 과거에 비해 더욱 중요해졌다.

한편, AI 공연예술은 IP(Intellectual Property 지적재산권) 다각화 전략과 결합하며 새로운 수익 모델을 창출한다. 가상 아이돌은 단순히 무대에만 머물지 않는다. 가상 아티스트의 의상은 패션 브랜드와 협업할 수 있고, 공연에서 사용된 음원은 스트리밍 플랫폼을 통해 전 세계로 배급되며, 공연 장면은 게임이나 애니메이션 콘텐츠로도 확장된다. 하츠네 미쿠 프로젝트를 단순한 홀로그램 공연에서 출발했다고 가정하지만, 현재는 게임, 굿즈, 콜라보레이션 광고까지 아우르며 연간 수천억 원 규모의 부가 매출을 창출하고 있는 프로젝트를 키울 수도 있다. 이는 AI 기반 공연예술이 단일 이벤트가 아니라, IP를 중심으로 한 다층적 비즈니스 생태계를 만들어내는 과정이 될 수 있음을 보여준다. 또한, AI 공연은 데이터 기반 경영(Evidence-Based Management)의 대표적 사례다. 과거 공연에서는 관객 반응을 조사하기 위해 설문조사나 티켓 판매 데이터를 활용했다면, 이제는 공연 도중 관객의 표정, 제스처, 환호성을 실시간으로 수집하고 즉각 분석한다. 이러한 데이터는 조명, 음향, 무대 배경을 즉시 변화시키는 데 활용되며, 공연 종료 후에는 차기 공연 기획, 티켓 가격 책정, 마케팅 전략 수립에 반영될 수 있다. 이처럼 데이터-연출-성과가 이어지는 선순환 구조는 공연 투자수익률(ROI: Return on Investment)을 극대화하며, 기업의 장기적인 경쟁력을 강화한다. 특히 AI의 분석 기능은 공연의 '흥행 요인'을 보다 정밀하게 식별해내어, 기업이 안정적으로 다음 프로젝트를 설계할 수 있게 도와준다. 그러나 이러한 변화는 새로운 위험과 책임도 동반한다. 공연이 AI에 의존할수록 시스템 오류, 해킹, 데이터 유출의 위험이 커진다. 예를 들어, AI가 합성한 가상 아티스트의 발언이나 행동이 사회적으로 논란이 된다면, 그 책임은 누구에게 있을 것인가? 이는 법적·윤리적 논쟁을 불러일으키는 중요한 이슈다. 특히 가수의 음성을 기반으로 한 합성 보컬은 원보컬의 동의와 보상을 필요로 하며, 저작권 귀속 문제도 명확히 해결해야 한다. 이미 미국에서는 노조와 레이블 간 협약을 통해 가수의 디지털 복제 사용 조건과 보상 규정이 마련되고 있는데, 한국 역시 이러한 제도적 장치 마련이 조속히 필요하다.

이 모든 흐름은 공연예술을 단순한 오락 산업이 아니라, 경험경제와 기업 전략이 교차하는 실험장으로 만든다. 기업은 수직적 통합을 통해 자원을 내부화하고 IP를 보호할 것인지, 아니면 아웃소싱을 통해 비용 효율성과 유연성을 확보할 것인지를 선택해야 한다. 동시에, 공연 자체는 경험경제적 가치를 중심으로 재편되며, 관객은 소비자이자 공동 제작자가 된다. 결국 AI 공연예술은 기술, 경영, 법제, 윤리, 문화가 한데 얽힌 복합적인 장르로 자리 잡고 있으며, 이를 어떻게 조율하느냐가 향후 엔터테인먼트 산업 전반의 경쟁력을 결정짓는 열쇠가 될 것이다.

사례 파트(Case Study 및 토론문제)

실무적인 파트

사례 1 **버추얼 K-POP 그룹 PLAVE: 공연예술과 수직적 통합 전략의 만남**

2023년 3월, 한국의 기획사 블래스트(Vlast)는 다섯 명의 가상 멤버로 구성된 버추얼 보이그룹 PLAVE를 선보였다. PLAVE는 애니메이션풍 아바타가 무대에 등장하지만, 그 뒤에는 실제 퍼포머가 존재한다. 멤버들의 움직임과 표정은 모션캡처 장비를 통해 실시간으로 반영되며, 이는 사전에 완성된 영상을 틀어주는 방식과는 전혀 다르다. 관객은 무대 위에서 캐릭터가 살아 움직이는 것을 목격하면서, 현실과 가상이 교차하는 독특한 현장감을 경험한다. 데뷔 직후 발표된 EP Asterum(아스테룸): The Shape of Things to Come은 극내 음악 플랫폼에서 빠르게 반향을 일으켰다. 이어서 2024년 서울 올림픽홀에서 열린 첫 팬 콘서트는 전석 매진을 기록하며 업계의 주목을 받았다. 가상 아이돌이 단순히 온라인 콘텐츠에 머무르지 않고, 실제 공연장에서 팬들과 만나는 장면은 K-POP 산업 구조에 중요한 전환점을 상징한다. 이후 발매된 앨범 Caligo Pt.1 역시 좋은 성과를 거두었고, 유튜브에서 공개된 뮤직비디오와 무대 영상은 누적 수억 회 이상의 조회 수를 기록했다. 이는 PLAVE가 단순한 실험적 프로젝트가 아니라, 실제 산업적 경쟁력을 지닌 그룹으로 자리 잡아가고 있음을 보여준다.

경영학적 관점에서 PLAVE의 성장은 수직적 통합 전략(vertical integration)과 밀접히 연관된다. 수직적 통합이란 기업이 가치사슬의 여러 단계를 내부화하여 관리하는 전략을 뜻한다. PLAVE 사례에서 보면, 음악 제작, 퍼포먼스 기획, 팬덤 관리, 온라인 플랫폼 운영, 굿즈 판매까지 모두 긴밀히 연결되어 있다. 블래스트는 PLAVE를 단순히 '아이돌 그룹'으로 내세운 것이 아니라, 팬덤 플랫폼 위버스(Weverse)를 통해 팬과의 접점을 확장했다. 음원은 스트리밍으로 배급되고, 공연은 VR·온라인 채널을 통해 중계되며, 팬덤 활동은 플랫폼 내에서 굿즈와 서비스로 이어졌다. 이렇게 연결된 가치사슬은 단순한 수익 다각화를 넘어, 데이터와 IP를 기업 내부에서 독점적으로 축적할 수 있는 기반을 마련한다. 또한 수직적 통합의 장점은 일관된 브랜드 경험을 제공한다는 데 있다. PLAVE의 세계관, 아바타 디자인, 무대 연출, 온라인 콘텐츠가 따로 노는 것이 아니라, 하나의 통합된 스토리텔링 속에서 운영된다. 이는 팬들에게 강한 몰입감을 주고, 브랜드 신뢰를 유지하는 핵심 요소가 된다. 또한 내부 자원으로 데이터를 통합 관리하기 때문에, 팬의 반응과 소비 패턴을 세밀하게 분석해 다음 앨범 전략이나 공연 기획에 즉각 반영할 수 있다. 예컨대 콘서트 현장에서 어떤 곡에 환호가 집중되는지, 온라인 스트리밍에서 어떤 국가에서 반응이 높은지 같은 정보가 회사 내부 데이터베이스로 모여들고, 이는 다시 콘텐츠 제작과 마케팅 전략으로 연결된다. 즉, 이 방식은 IP를 장기적으로 확보하고, 데이터와 팬덤 운영 노하우를 내부에 축적할 수 있다는 장점이 있다. 실제로 PLAVE는 가상 아바타 기반의 활동에도 불구하고 멜론, 빌보드 글로벌 차트에 진입하며 산업적 성과를 거뒀다. 다만 내부적으로 모든 프로세스를 관리하는 만큼 초기 투자와 유지 비용이 높고, 외부와의 협력보다 내부 자원 활용에 의존하는 한계도 존재한다. 그러나 장기적으로는 브랜드 일관성을 유지하고, 다양한 2차 수익 모델을 직접 통제할 수 있다는 점에서 수직적 통합 전략의 효과가 잘 드러난 사례라 할 수 있다.

물론 이러한 전략은 규모의 경제를 가능하게 한다는 점에서도 의미가 크다. 전통적인 아이돌 산업에서는 음반 제작사, 공연 기획사, 굿즈 업체, 팬덤 플랫폼이 각각 나뉘어 있었다. 하지만 PLAVE는 이 모든 과정을 한 체계로 묶어내면서 비용 절감과 수익 극대화를 동시에 추구했다. 이는 디즈니가 애니메이션 제작에서 시작해 테마파크, 머천다이징, 스트리밍 서비스까지 장악해온 전략과도 유사하다. 반대로 아웃소싱 전략과 비교해보면 차이가 뚜렷하다. 일부 중소 공연사는 홀로그램 기술이나 AI 번역을 외부 업체에 의존하지만, PLAVE 사례는 기술과 IP, 팬덤까지 내부에서 직접 관리한다는 점에서 다르다. 이는 단기적으로는 비용과 리스크가 크지만, 장기적으로는 IP를 기반으로 한 독점적 경쟁우위를 만들 수 있는 길이 된다. PLAVE의 사례가 보여주는 교훈은 분명하다. 버추얼 아이돌과 AI 기반 공연예술은 단순한 기술 실험이 아니라, 기업 전략 차원에서 수직적 통합의 전형이라는 점이다. 현실과 가상이 결합된 무대를 통해 새로운 팬 경험을 만들고, 이 경험을 다시 데이터와 IP 자산으로 전환하는 구조는 앞으로 K-POP과 글로벌 음악 산업 전반의 전략적 방향성을 가늠하게 한다. PLAVE는 "현실과 가상이 공존하는 무대"를 실제로 구현함으로써, 공연예술이 단순한 이벤트를 넘어 경험 경제와 전략적 경영의 교차점에 서 있음을 입증했다.

사례 2 Elvis Evolution, 기대와 논란 속에 등장한 몰입형 공연

2025년 7월, 영국 공연기획사 레이어드 리얼리티(Layered Reality)는 런던 엑셀 센터에서 Elvis Evolution이라는 이름의 몰입형 공연을 선보였다. 제작사는 발표 당시 "AI 강화 영상과 최신 디지털 기술"을 내세우며 전설적인 뮤지션 엘비스 프레슬리를 현대 무대에 다시 불러오겠다고 홍보했다. 이 소식은 글로벌 미디어를 통해 빠르게 확산되었고, 예고편으로 공개된 영상은 팬들의 기대감을 끌어올렸다. 티켓 가격이 일반 좌석보다 훨씬 높은 VIP 패키지까지 포함되었음에도 많은 표가 조기에 판매되었다는 점에서, 엘비스라는 문화 아이콘의 상징성이 여전히 강력하게 작용함을 알 수 있다. 하지만 막상 공연이 개막하자 반응은 엇갈렸다. 일부 관객은 엘비스의 아카이브 영상을 재구성한 장면과 다중 감각적 요소(음향, 무대 조명, 배우들의 라이브 퍼포먼스)가 결합된 형식을 흥미롭게 평가했다. 그러나 상당수는 기대했던 '홀로그램 형태의 엘비스 공연'이 구현되지 않았다는 점에 실망을 표했다. 현장에 참석한 언론과 평론가들은 공연이 약속했던 기술적 혁신보다는 기존 기록 영상을 새로운 방식으로 편집·재현하는 데 집중했다고 지적했다. 타임스와 가디언 등 영국 주요 매체들은 특히 ABBA의 홀로그램 공연 Voyage와 비교하며, 이번 시도가 지나치게 기술적 과시에 기대면서도 관객의 몰입감을 완전히 끌어내지는 못했다고 비판했다. 제작사 역시 이러한 반응을 의식해 "단순한 홀로그램 구현이 아니라, 관객에게 극적인 경험을 제공하는 데 초점을 맞췄다"는 입장을 내놓았다. 그러나 초기에 강조했던 마케팅 메시지와 실제 공연의 성격이 달라지면서, 관객의 기대와 실제 경험 사이의 간극이 뚜렷해진 것은 부정하기 어려웠다. 공연이 끝난 후 일부 언론에서는 "기술적 장치가 풍부했지만, 엘비스를 무대에 되살리겠다는 약속은 절반만 실현되었다"는 평가가 이어졌다.

경영학적으로 이 사례는 몇 가지 중요한 시사점을 남긴다. 첫째, 기대관리 실패가 브랜드 신뢰도에 얼마나 치명적인 영향을 줄 수 있는지를 보여준다. 지나치게 기술적 혁신을 강조한 초기 홍보는 관객의 기대치를 과도하게 끌어올렸지만, 실현된 무대는 그 수준에 미치지 못했다. 둘째, 투자 대비 효과 분석의 중요성을 환기한다. 디지털 영상 재구성과 멀티미디어 장치에 상당한 자원이 투입되었지만, 결과적으로 관객 만족도와 흥행 성과가 제한적이었다는 점은 ROI(투자 대비 수익률) 측면에서 고민할 부분이다. 셋째, 전략적 선택의 초점 문제를 드러낸다. 공연이 내세운 USP(Unique Selling Proposition)는 '엘비스의 재현'이었으나, 정작 구현 방식은 관객의 기대와 달랐고, 이는 공연이 가진 차별화 요소를 약화시키는 결과를 낳았다. 핵심 기술의 상당 부분을 외부 업체와 협력해 구현함으로써, 영상 제작, 무대 기술, 아카이브 자료 재구성 등에서 아웃소싱 의존도가 높았던 셈인데 이에 대한 결과가 브랜드 신뢰도에 얼마나 타격을 입힐 수 있는지 이 사례는 잘 보여준다. 결국 Elvis Evolution은 첨단 기술을 강조한 공연이 반드시 성공으로 이어지지 않는다는 사실을 잘 보여준다. 공연 예술에서 기술은 분명 중요한 수단이지만, 그것만으로는 관객의 몰입과 만족을 보장하기 어렵다. 오히려 스토리텔링과 감정적 연출, 그리고 브랜드가 약속한 경험을 충실히 실현하는 과정이 더 중요하다. 이 사례는 향후 AI·홀로그램 공연을 기획하는 이들에게 "기술적 화려함보다 관객 경험 중심 설계가 우선되어야 한다"는 교훈을 남겼다.

사례 3 ChatNekoHacker – 실시간 대화형 팬 참여형 AI 공연

2025년 일본 인디 음악 듀오 네코 해커(Neko Hacker)는 연구진과 협업해 ChatNekoHacker라는 프로젝트를 선보였다. 이 실험은 유튜브 라이브 방송을 통해 진행되었으며, 단순한 음악 송출을 넘어서 인공지능을 매개로 한 팬 참여 방식을 시험했다. 공연 시스템은 여러 기술이 결합된 구조였다. Amazon Bedrock Agents 기반의 대화형 AI가 실시간으로 팬 메시지를 받아 응답했고, Unity 엔진을 활용한 3D 가상 무대가 시각적 무대를 구현했다. 여기에 일본어 합성 음성 도구인 VOICEVOX가 적용되어, 가상 캐릭터가 실제로 말하는 듯한 발화를 가능하게 했다. 이들은 Amazon Bedrock Agents, Unity 엔진, VOICEVOX 같은 외부 솔루션을 활용해 공연 시스템을 구축했다. 즉, 기술 인프라는 아웃소싱한 셈이지만, 팬과의 소통 방식이나 공연 기획은 뮤지션과 연구진이 직접 설계했다. 관객은 채팅을 통해 메시지를 입력하면, 공연 속 캐릭터가 그 내용을 반영해 대화와 반응을 이어갔다. 실험에는 약 30명의 팬이 참여했으며, 약 1시간 동안 라이브 스트리밍 형태로 진행되었다. 연구진은 공연 전후의 설문과 반응 분석을 통해 관객 경험을 평가했다. 그 결과, 참여자 다수는 "아티스트에 대한 흥미가 더 높아졌다"는 응답을 보였으며, 향후 음악을 듣거나 라이브 공연에 다시 참여할 의향도 증가했다. 특히 분석에서 드러난 핵심 요인은 단순한 기술적 신기함이 아니라 '재미(Fun)' 요소였다. 대화형 상호작용이 공연을 보다 흥미롭게 만들고, 팬들이 자신이 무대의 일부가 되었다는 감각을 갖도록 만든 것이다.

경영학적 관점에서 보면, ChatNekoHacker는 세 가지 의미를 남긴다.

첫째, 참여형 콘텐츠 모델의 가능성을 보여주었다. 기존의 공연이 일방향적 전달에 머물렀다면, 이번 실험은 팬이 공동 창작 과정에 참여한다는 감각을 제공했다. 둘째, 비용 효율성 측면에서도 시사점이 있다. 이는 인디 아티스트가 내부적으로 모든 기술을 보유하기 어려운 상황에서, 외부 자원을 효율적으로 끌어와 새로운 공연 형식을 만들어낸 경우다. 아웃소싱을 통해 비용과 시간을 절감하는 동시에, 창작자 스스로가 공연의 핵심 콘셉트를 주도하면서 차별성을 확보했다는 점에서 의미가 크다. 대규모 무대 장치나 인력을 동원하지 않고, AI와 가상 환경만으로 몰입형 경험을 만들어냈다는 점은 소규모 기획사나 인디 아티스트에게 중요한 대안이 될 수 있다. 셋째, 팬덤 강화 효과다. 실시간 상호작용은 팬을 단순 소비자가 아니라 지속적인 관계를 맺는 존재로 전환시키며, 장기적 충성도를 높이는 기반이 된다. 결국 ChatNekoHacker는 공연을 단순한 감상의 장에서 실시간 상호작용의 플랫폼으로 확장시킨 사례라 할 수 있다. 관객은 단순히 음악을 듣는 데서 그치지 않고, 공연의 일부로 참여하며 경험을 만들어 간다. 이는 기술이 공연예술의 비용 구조와 소비 방식을 동시에 바꾸고 있음을 보여주며, 향후 인디 뮤지션뿐 아니라 대형 기획사까지 참고할 만한 중요한 실험으로 평가된다.

토론 문제(Discussion Questions)

1. PLAVE의 사례에서 보듯, 수직적 통합은 공연 IP와 팬덤 관리에 강력한 효과를 준다. 하지만 아웃소싱을 통해 외부 기술 파트너와 협업하는 전략도 선택지일 수 있다. 공연 기획사가 PLAVE와 같은 모델을 벤치마킹할 때, 수직적 통합과 아웃소싱 전략 중 어떤 방식을 택해야 장기적 경쟁력을 확보할 수 있을까?

2. Elvis Evolution 공연은 '최첨단 홀로그램 기술'이라는 콘셉트로 홍보되었지만, 실제 공연에서 구현된 모습은 기존 아카이브 영상 편집과 유사하다는 비판을 받았다. 이와 같은 기대-인지 격차는 공연 산업에서 매우 치명적일 수 있다. 공연 기업이 기술 기반 공연을 기획할 때, 어떻게 하면 관객의 기대와 실제 경험 사이의 괴리를 최소화할 수 있을까?

3. ChatNekoHacker 공연에서는 관객이 채팅을 통해 공연 흐름에 직접 개입하고, AI 캐릭터가 이에 실시간으로 반응하는 구조를 갖추고 있다. 이러한 실시간 인터랙션은 팬을 단순한 소비자가 아닌 공동 창작자로 전환시킨다. 이러한 참여형 공연이 장기적으로 인디 아티스트와 소규모 기획사에 어떤 전략적 기회를 제공할 수 있을까?

에세이 과제

생각할 문제들

에세이 과제(Essay Assignments): 생각할 문제들

(답변을 손글씨로 직접 책 속에 작성해주세요)

1. 버추얼 K-POP 그룹 PLAVE는 모션캡처와 아바타 기술을 활용하여 현실과 가상의 경계를 허무는 새로운 공연 모델을 제시했다. 이들의 성공은 IP 확장, 팬덤 네트워크 효과, 브랜드 신뢰도 확보라는 세 가지 전략적 요인과 맞물려 있다. 이러한 요인들이 어떻게 경험경제적 가치를 창출하고 글로벌 K-POP 시장 내 차별화된 경쟁력을 만들어냈는지 논하시오.

2. Elvis Evolution 공연은 초기 홍보에서 "AI와 홀로그램 기술"을 강조했으나, 실제 공연에서는 기대에 미치지 못하면서 브랜드 신뢰도와 ROI 모두에서 실패했다. 이 사례를 바탕으로, 공연산업에서 고객 기대 관리와 기술 도입의 균형이 왜 중요한지, 그리고 기업이 어떠한 전략적 선택을 해야 하는지 서술하시오.

3. ChatNekoHacker 공연은 대화형 AI와 가상 무대를 결합해 팬들이 실시간으로 무대에 개입할 수 있는 구조를 선보였다. 이 시도가 보여주는 참여형 콘텐츠의 가능성과, 특히 인디 아티스트나 소규모 기획사가 선택할 수 있는 전략적 가치에 대해 논하시오.

Industry Talk

실무자 인터뷰 인사이트 모음

1) Björk(뮤지션, 실험적 공연 아티스트)

"Technology should not replace the intimacy of music, but expand it. When AI responds to the audience in real time, it creates a dialogue rather than a monologue, and that is where new art is born." (The Guardian, 2024.5.10.)

"기술은 음악의 친밀감을 대체하는 것이 아니라 그것을 확장해야 합니다. AI가 관객의 반응에 실시간으로 응답할 때, 그것은 독백이 아닌 대화가 되고, 바로 그 지점에서 새로운 예술이 태어납니다."

Key Takeaways

AI 공연은 단순한 자동화가 아니라 관객과 무대 간의 쌍방향 경험을 가능케 하는 그 무엇이다. 이는 경험경제적 가치 창출을 시사하며, 공연이 단순 소비가 아니라 공동 창작 과정으로 확장되는 전환점을 보여준다.

2) Lee Soo-man(SM엔터테인먼트 창업자)

"The future of entertainment lies in IP expansion. Virtual idols, AI-based concerts, and fan platforms are not side projects—they are the core business model that allows vertical integration across music, games, and fashion." (Billboard Korea, 2024.8.22.)

"엔터테인먼트의 미래는 IP 확장에 있습니다. 버추얼 아이돌, AI 공연, 팬 플랫폼은 부가적인 사업이 아니라 음악·게임·패션을 아우르는 수직적 통합을 가능하게 하는 핵심 비즈니스 모델입니다."

Key Takeaways

가상 아이돌과 AI 공연은 단일 이벤트가 아닌 IP 다각화와 수직적 통합 전략의 중심축이다. 이를 통해 기업은 팬덤 데이터를 통합 관리하며 다층적 수익 모델을 구축할 수 있다.

3) Imogen Heap(싱어송라이터, 기술 혁신가)

"Artists should not fear outsourcing technology. Partnering with AI developers or visual studios can free us to focus on the emotional core of performance, while still delivering innovation on stage." (Rolling Stone, 2023.12.17.)

"아티스트는 기술을 아웃소싱하는 것을 두려워할 필요가 없습니다. AI 개발자나 비주얼 스튜디오와 협력하면, 우리는 공연의 감정적 핵심에 집중할 수 있고 무대에서는 여전히 혁신을 구현할 수 있습니다."

Key Takeaways

공연예술에서 아웃소싱 전략은 비용을 줄이고 유연성을 높이는 동시에, 아티스트가 창의적 감정 표현에 집중할 수 있는 여건을 마련해준다. 기술 협력은 필수지만, 핵심 가치는 여전히 인간의 표현력에 있다.

4) Hatsune Miku Project Team(Crypton Future Media)

"Fans are not passive anymore. With virtual concerts, they

remix, redraw, and reinvent the artist. This continuous cycle between stage and fandom is what sustains the value of a virtual idol." (Interview, Nikkei Asia, 2025.1.4.)

"팬들은 이제 수동적인 존재가 아닙니다. 버추얼 콘서트를 통해 팬들은 아티스트를 리믹스하고, 다시 그려내며, 재창조합니다. 무대와 팬덤 사이의 이 지속적 순환이 버추얼 아이돌의 가치를 유지시킵니다."

Key Takeaways

팬덤은 단순히 소비자가 아니라 공연 가치사슬의 공동 창작자다. 버추얼 아이돌 사례는 팬 경험 확장이 공연예술의 핵심 경쟁력임을 보여준다.

5) Yoko Ono(예술가, 공연예술 기획자)

"Performance has always been about breaking walls between stage and audience. AI just gives us sharper tools to make that happen, but the vision must remain human."

(New York Times, 2023.9.20.)

"공연은 언제나 무대와 관객의 벽을 허무는 것이었습니다. AI는 그 과정을 더 날카롭게 만드는 도구일 뿐이며, 비전은 여전히 인간에게 달려 있죠."

Key Takeaways

AI 공연은 무대와 관객의 경계를 허무는 도구이지만, 궁극적으로 방향성을 설정하는 것은 인간 창작자의 몫이다. 기술은 보조적 수단이고, 예술적 비전과 스토리텔링이 성패를 가른다.

참고한 자료들

국가과학기술정보센터(NDSL)·국가전략정보포털. (2024). *방송영상산업에서의 생성형 AI 활용과 시사점*(KISDI Perspectives 2024-10-21, 정은진·김예빈). 정보통신정책연구원. https://www.kisdi.re.kr/report/view.do?arrMasterId=4334696&artId=1788396

한국방송기술인연합회. (2025). *생성형 인공지능을 이용한 증강현실 기반 방송 제작 시스템 구현*(정상섭, 「방송과 미디어」 30권 1호, 기술기고문). https://www.kibme.org/resources/journal/20250205162701503.pdf

한국콘텐츠진흥원. (2023). *중국 콘텐츠산업의 미래: 버추얼 휴먼과 가상 아이돌*. KOCCA 베이징비즈니스센터. https://welcon.kocca.kr/ko/info/trend/1953167

한국콘텐츠진흥원. (2023). *KOCCA 트렌드 36호: K-버추얼 아이돌의 세계*. https://www.kocca.kr/trend/vol36/sub/s21.htm

한국학술정보원(KoreaScience). (2023). *한국 가상 아이돌 그룹의 콘텐츠에 나타난 디지털 기술 및 팬덤 특성 분석*(설가, 「디지털콘텐츠학회논문지」). https://koreascience.kr/article/JAKO202313943266344.pdf

Anderson, N. (2021). Hatsune Miku, virtual idols, and transforming the popular music experience. *Musicology Research Journal(MÓR), 6*, 28-44. https://journals.ed.ac.uk/music-ology-eca/article/view/6478

Bengtsson, L. R. (2025). *Phygital experiences through immersive live performances*(Master's thesis, KTH Royal Institute of Technology). https://www.diva-portal.org/smash/get/diva2:1988074/FULLTEXT01.pdf

Epic Games. (2024, November 7). *Unreal Engine for live performance: Big Sand case study(Unreal Fest 2024)*. https://dev.epicgames.com/community/

learning/talks-and-demos/awbr/unreal-engine-for-live-performance-big-sand-case-study-unreal-fest-gold-coast-2024

Matthews, J. (2023). Examining fan responses to ABBA's virtual "live" concert. *Popular Music and Society, 46*(5), 580–596. https://www.tandfonline.com/doi/full/10.1080/03007766.2023.2208048

Moment Factory. (2024). Moment Factory brings real-time visuals to Phish at Sphere. *Unreal Engine Spotlight*. https://www.unrealengine.com/en-US/spotlights/moment-factory-redefines-live-concerts-with-real-time-visuals-for-phish-at-sphere

Tian, Y. (2020). *The virtual idol: Hatsune Miku*(M.A. thesis, University of Iceland). https://skemman.is/bitstream/1946/35709/1/Tian%20Yujie%20-%20Hatsune%20Miku%20.pdf

Time. (2022, April 22). Coachella gave fans a wild AR experience. It could be the future of concerts. *TIME Magazine*. https://time.com/6168688/coachella-enters-the-metaverse/

White Rose Research. (2023). Ng, J. P. S. *Spooker Trouper: ABBA Voyage, virtual humans and the uncanny in concert performance*(Accepted manuscript). https://eprints.whiterose.ac.uk/201432/1/Ng_ACCEPTED.pdf

Xinhua News Agency. (2023, August 31). Japan's synthesized singing sensation Hatsune Miku turns 16. *AP News*(syndicated). https://apnews.com/article/cd13b384c0b97d77b640e2ee4d04a261

Yu, Y., Liu, H., & Zhang, Z. (2023). Virtual idol marketing: Benefits, risks, and an integrated framework. *Heliyon, 9*(10), e20934. https://www.sciencedirect.com/science/article/pii/S2405844023093726

University of Rhode Island. (2019). Kobayashi, H. *Virtual Idol Hatsune Miku: Case study of new production. Markets, Globalization & Development Review, 4*(3), Article 5. https://digitalcommons.uri.edu/mgdr/vol4/iss3/5

08

Chapter

AI와 팬덤문화 : 팬과 AI의 새로운 관계

세부 내용:

- AI 챗봇과 가상 팬서비스(K-pop AI 팬봇 사례)
- AI 기반 개인 맞춤형 콘텐츠 제공
- AI로 분석하는 팬덤 트렌드 그리고 글로벌 전략

기대효과:

- AI가 팬과 스타의 관계를 어떻게 변화시키는지 이해
- AI 활용으로 팬 경험을 더욱 풍부하게 만들 방법 모색

시사점:

- AI 팬서비스의 윤리적 문제
- 인간 스타와 AI 스타의 경계

주요 독자층:

- 팬덤 커뮤니티, 엔터테인먼트 마케팅 관계자
- 팬덤 활동을 하는 소비자와 일반인
- 팬덤 연구에 관심이 많은 학생

Big Map

전체 챕터 구성과 연관성 지도

Chapter Ⅰ	Chapter Ⅱ	Chapter Ⅲ	Chapter Ⅳ	Chapter Ⅴ
AI와 엔터테인먼트의 만남: 역사와 현재	**AI가 만들어내는 콘텐츠:** 창작과 제작의 진화와 혁신	**AI와 영화 산업:** 가상 배우에서 자동 편집까지	**AI와 음악 산업:** 작곡, 연주, 믹싱의 자동화	**AI와 게임 산업:** NPC, 시뮬레이션, 자동 콘텐츠 생성

Chapter Ⅵ	Chapter Ⅶ	Chapter Ⅷ	Chapter Ⅸ	Chapter Ⅹ
AI와 방송·미디어: 뉴스, 광고, 스트리밍의 자동화	**AI와 공연예술:** 가상 아이돌, 홀로그램 콘서트, 인터랙티브 공연	**AI와 팬덤 문화:** 팬과 AI의 새로운 관계	**AI와 윤리:** 창작과 기술의 경계를 넘어서	**미래의 엔터테인먼트:** AI와 인간이 공존하는 세계

앞선 챕터에서는 가상 아이돌이나 홀로그램 무대, AI 합주와 같이 공연 현장에서 구현되는 기술적 실험을 살펴보았다. 또한, 방송·미디어 챕터에서는 뉴스 제작, 광고 집행, 추천 시스템처럼 대규모 대중을 대상으로 한 매스 커뮤니케이션 영역에서 AI가 어떤 변화를 이끌고 있는지를 다루었다. 이번 챕터의 초점은 조금 다르다. 여기서는 무대나 방송보다 더 개인적인 차원, 즉 팬과 스타가 1:1로 관계를 맺는 과정 속에서 AI가 어떻게 개입하는지를 분석한다. 특히 이 챕터는 다음 챕터인 'AI와 윤리'로 이어지는 징검다리 역할을 한다. 팬-스타 관계가 AI를 통해 바뀌면서 생기는 정서적 의존, 개인 데이터 보호 문제, 그리고 가상 스타의 법적 지위와 같은 쟁점은 단순한 기술 논의를 넘어 사회적·윤리적 차원에서 검토가 필요하다. 따라서 이번 챕터에서는 AI 시대의 팬 경험이 어떤 구조적 변화를 낳는지, 그리고 그것이 향후 엔터테인먼트 산업과 규범 논의에 어떤 의미를 갖는지를 심층적으로 살펴본다.

Intro(도입)

초연결 시대, 팬덤 문화의 발전과 융합의 절정

지금까지 팬덤 문화의 흐름을 살펴보면 다음과 같은 세 단계로 발전해 왔다.

- 1980~1990년대: 음반 구매와 공연 관람이 중심이었던 ‘일방향 소비의 시대’
- 2000~2010년대: 팬클럽, 팬카페, SNS를 통한 ‘쌍방향 소통의 시대’
- 2020년대 이후: AI가 개인의 취향과 행동 기록을 분석해 맞춤형 상호작용을 제공하는 ‘1:1 관계의 시대’

지금은 세 번째 단계에 접어들었고, 팬과 스타의 관계는 더 이상 부수적인 요소가 아니라 산업적·정서적 가치가 결합된 핵심 자산으로 평가된다. 여기서 주목할 점은 박영은 교수가 제시한 ‘팬-기업-스타 3자 리더십’이다. 팬은 더 이상 수동적인 소비자가 아니라, 콘텐츠 제작과 확산에 직접 영향을 미치는 참여형 리더로 성장한다. 기업은 팬과 스타를 연결하는 기술, 플랫폼, 데이터 전략을 설계하는 조율자의 역할을 수행한다. 스타는 실제 무대와 가상 세계를 넘나들며, 변화 속에서도 정서적 진정성과 고유성을 유지하는 리더십을 발휘한다. 이 세 주체가 유기적으로 맞물릴 때, AI와 팬덤의 결합은 일시적인 실험에 그치지 않고 지속

가능한 글로벌 생태계로 자리잡는다. 이번 챕터에서는 이러한 변화가 팬 경험, 엔터테인먼트 기업의 전략, 그리고 스타의 정체성에 어떤 영향을 미치는지 심층적으로 살펴본다.

2020년대 중반, 엔터테인먼트 산업에서 AI 기반 팬 커뮤니케이션은 점차 구체적인 형태로 자리 잡아가고 있다. 최근 몇 년 사이 등장한 다양한 서비스들은 저마다의 방식으로 "팬과 아티스트가 연결되는 새로운 창구"를 실험했다. 가장 주목받는 시도 가운데 하나는 Blooming Talk였다. 이수만 전 SM엔터테인먼트 프로듀서가 설립한 A2O 엔터테인먼트가 내놓은 이 앱은 A2O MAY와 같은 아티스트와 팬이 24시간 대화를 이어갈 수 있다고 홍보되었다. 흥미로운 점은 두 가지 모드를 구분해 둔 것이다. 하나는 실제 아티스트와 소통하는 창구이고, 다른 하나는 AI가 학습한 아티스트의 말투와 성향을 바탕으로 팬에게 응답하는 모드다. 팬들은 이 앱을 통해 텍스트 대화뿐만 아니라 음성 대화까지 가능할 것이라는 기대를 갖게 되었다. 물론, 외부 SNS 사진을 자동으로 인식해 대화를 이어가는 수준의 고도화된 기능은 아직 구현되지 않았지만, "언제든 대화할 수 있다"는 발상 자체가 팬들에게 새로운 경험으로 다가갔다. 비슷한 흐름에서 눈에 띄는 것은 하이브(HYBE)가 인수한 스타트업 수퍼톤(Supertone)의 보이스 합성 기술이다. 짧은 텍스트 입력만으로도 특정 목소리를 고품질로 합성할 수 있는 기능이 공개되면서, 팬들은 좋아하는 아티스트의 목소리와 유사한 톤으로 메시지를 들을 수 있는 가능성을 엿보았다. 특히 이 서비스는 단순한 흉내 내기에 그치지 않고, 워터마킹을 삽입해 진위 여부를 추적할 수 있도록 설계되었다. 아티스트의 권리를 보호하면서도 새로운 방식의 팬 경험을 제공하려는 시도라

할 수 있다. 다만, 공식적으로 아티스트 본인의 목소리를 활용한 실시간 대화 서비스까지는 아직 나아가지 못한 상태다. 이와 달리 Character.ai 같은 글로벌 플랫폼에서는 이미 수많은 비공식 아이돌 캐릭터들이 활동하고 있다. 이용자들은 자신이 좋아하는 가수나 배우를 닮은 캐릭터를 직접 만들어 두고, 언제든 대화를 이어간다. 다만 이런 서비스는 공식 라이선스를 기반으로 하지 않기 때문에, 어디까지나 팬 메이드(Fan-Made) 경험에 머문다. 그럼에도 불구하고 많은 이용자들이 이런 방식에서 즐거움을 찾고 있으며, 팬심이 만들어낸 참여 문화의 한 단면을 잘 보여준다. 이처럼 현재 구현된 기능은 상시 텍스트 대화와 일부 음성 합성, 그리고 비공식 캐릭터를 통한 팬 메이드 대화 정도라고 할 수 있다. 반대로, 팬의 SNS 활동이나 이미지를 자동으로 인식해 대화를 맥락 있게 이어가는 수준은 아직 연구나 실험 단계에 머물러 있다. 현실적으로는 개인정보 보호와 저작권 문제를 해결해야만 가능한 일이기 때문이다.

중요한 점은, 이러한 시도들이 단순한 기술 과시가 아니라 팬 경험을 새롭게 정의하는 움직임으로 이어지고 있다는 사실이다. 팬은 이제 단순히 콘텐츠를 소비하는 존재가 아니라, 언제 어디서든 아티스트와 연결될 수 있다는 감각을 얻는다. 이는 기업에게도 의미 있는 변화를 가져온다. 아티스트와 팬 사이의 상호작용을 데이터로 수집하고, 이를 다시 마케팅과 전략 설계에 활용할 수 있기 때문이다. 결국 지금 우리가 목격하는 것은 완성된 미래가 아니라, 과도기의 풍경이다. 텍스트와 음성 기반의 챗봇은 이미 현실이 되었지만, 더 정교한 개인화 경험은 여전히 조율과 실험이 필요한 영역으로 남아 있다. 그러나 분명한 사실은, 이러한 흐름이 앞으로의 팬 경험을 근본적으로 바꾸고 있다는 점이다. 팬과 스타가 맺는 관계는 이제 단순한 우상과 추종자의 관계가 아니라, 데이터와 기술을 매개로 한 새로운 일상적 관계로 재구성되고 있다.

BTS와 팬덤(ARMY)

출처: https://upload.wikimedia.org/wikipedia/commons/2/22/BTS_Love_Yourself_-_Speak_Yourself_tour_at_Rose_Bowl%2C_Pasadena_%28California%29%2C_4_May_2019_04.jpg

개념과 이론 파트

AI, 팬덤, 그리고 글로벌 전략

오늘날 팬덤은 단순한 소비 집단을 넘어, 하나의 거대한 생태계로 성장하고 있다. 과거에는 음반을 사고 공연을 관람하는 것이 팬덤 활동의 대부분이었다. 그러나 이제 팬들은 자신이 좋아하는 아티스트를 응원하는 데서 그치지 않고, 직접 콘텐츠를 만들고 공유하며 글로벌 확산의 주체가 되고 있다. 팬의 손에서 만들어진 밈, 댓글, 짧은 영상이 전 세계로 퍼지며 아티스트의 인지도와 영향력을 키워주고 있는 것이다.

이 과정에서 기업은 더 이상 단순한 기획사나 매니지먼트 회사가 아니다. 팬과 스타를 연결하는 플랫폼 설계자이자 기술적 조율자의 역할을 맡고 있다. AI 번역, 팬 전용 챗봇, 데이터 기반의 추천 시스템 같은 도구들이 바로 기업이 제공하는 연결 장치들이다. 그리고 스타는 이 모든 변화의 중심에서 여전히 무대 위의 주인공이자, 가상 공간 속에서도 진정성을 잃지 않는 정서적 리더로 기능한다. 이 변화는 박영은 교수가 제시한 '팬-기업-스타 3자 리더십'으로 설명할 수 있다. 팬, 기업, 스타가 이렇게 삼각 구도를 이루며 서로에게 영향을 주고받는 구조가 지금의 팬덤 생태계를 움직이는 동력이라고 할 수 있다. 팬은 더 이상 수동적인 존재가 아니다. 스트리밍 참여, SNS 확산, 밈(meme) 제작을 통해 콘텐츠의 생명력을 직접 키워내는 참여형 리더가 된다. 또한, 기업은 팬과 스타를 연결하는 기술과 플랫폼을 설계하는 조율자다. AI 번역, 팬 챗봇, 데이터 분석 같은 시스템은 기업이 만들어내는 연결 장치다. 그리고 스타는 현실 무대와 가상 무대를 넘나들며, 변하는 환경 속에서도 자신만의 정체성과 진정성을 지켜내는 정서적 리더다. 이 세 주체가 균형을 이룰 때, AI와 팬덤은 일시적 유행이 아니라 지속 가능한 문화 생태계가 된다.

국제경영과 경영전략의 틀로 보면, 지금의 흐름은 꽤 분명한 시그널을 보낸다. 글로벌 기업이 늘 고민하는 축이 표준화와 현지화인데, K-POP이 운영하는 AI 팬 서비스는 그 사이를 영리하게 건넌다. 앱의 구조와 화면, 결제 동선처럼 전 세계가 똑같이 쓰는 골격은 유지한다. 동시에 언어 번역, 취향 분석, 추천 콘텐츠는 지역과 개인에 맞춰 미세 조정한다. 결과적으로 "어디서나 같은 플랫폼을 쓰되, 각자에게 다르게 반응하는" 글로컬라이제이션—혹은 초국적 전략이 자연스럽게 구현된다. 자원기반 관점으로 각을 달리해 보면 핵심은 더 또렷해진다. 예전엔 스타와 음악 카탈로그가 회사의 가장 중요한 자산이었다면, 지금은 팬이 남긴 대화와 전 세계 팬들이 곳곳에서 남긴 댓글들, 시청 기록, 그리고 이를 해석하는 알고리즘이 더 깊은 경쟁우위를 만든다. 이런 데이터와 분석 역량이 축적될수록, 같은 플랫폼이라도 경험의 밀도와 재방문률이 달라진다. 결국 팬덤은 단순한 수요가 아니라, 기업이 길러 가야 할 전략적 자원으로 이동한다. 물론 자원을 쥐고 있다고 끝이 아니다. 시장과 기술, 팬 문화가 빠르게 변할수록 기업은 자원을 재배열하고, 전략을 갈아끼우는 동적역량이 필요하다. 오프라인 공연이 막히던 시기에 온라인 콘서트로 전환하고, 이어 AI 팬 서비스를 묶어 유통과 커뮤니티, 그리고 커머스를 재설계한 움직임은 그 동적역량의 실전 사례다. 이것은 위기를 피한 정도가 아니라, 새로운 수익 곡선을 만든 셈이다. 마지막으로 균형의 문제도 생각해 볼 수 있다. 팬은 확산을 이끄는 참여 주체가 되고, 기업은 기술과 규칙을 설계하는 조율자가 되며, 스타는 변주 속에서도 고유한 감정과 서사를 붙잡는 역할을 맡는다. 이 삼각형 구도가 흔들리지 않을 때, AI는 단순한 도구를 넘어 팬과 기업, 스타를 잇는 매개가 된다. 그 지점에서 K-POP은 음악 장르를 넘어 글로벌 문화산업의 하나의 비즈니스 운영 모델로 자리 잡는다.

사례 파트(Case Study 및 토론문제)

실무적인 파트

사례 1 하이브(HYBE)와 위버스(Weverse), AI 번역으로 글로벌 팬덤을 하나로 묶다!

하이브는 BTS, 세븐틴, 뉴진스처럼 전 세계적으로 팬을 보유한 아티스트를 앞세워 단순한 기획사를 넘어 플랫폼 기업으로 도약하고자 했다. 그 핵심에 자리한 것이 바로 팬 커뮤니케이션 플랫폼 위버스(Weverse)다. 위버스가 처음 공개되었을 때 가장 눈길을 끈 기능은 AI 기반 실시간 번역이었다. 과거 해외 팬들은 한국어로 올라온 글이나 아티스트 메시지를 이해하기 위해 팬 커뮤니티의 자발적 번역에 의존하곤 했다. 하지만 위버스에서는 게시물이 올라오는 즉시 여러 언어로 자동 번역이 제공되면서, 한국 팬과 해외 팬이 동시에 같은 대화를 즐길 수 있는 환경이 마련되었다. 영어, 일본어, 스페인어, 인도네시아어 등 주요 언어가 지원되자, 언어 장벽으로 멀리 떨어져 있던 팬들도 글로벌 팬덤의 중심으로 들어오게 된 것이다. 이 기능은 단순한 편의성 그 이상이었다. 경영전략의 관점으로 보자면, 위버스는 "글로벌 표준화 전략"의 대표적 사례에 가깝다. 지역별로 다른 플랫폼을 운영하기보다, 하나의 통일된 경험을 전 세계 팬들에게 동일하게 제공한 것이다. 언어 차이는 번역 기술로, 문화적 차이는 데이터 기반 큐레이션으로 보완하면서, 하이브는 팬덤을 단일한 그리고 표준화된 글로벌 네트워크로 묶어냈다.

자원기반관점(RBV)에서 보면, 하이브가 가진 강점은 단순히 유명 아티스트만을 보유하고 있는 데 있는 것만 아니다. 위버스를 통해 쌓이는 팬덤 데이터, 즉 대화 패턴과 소비 습관, 활동 빈도와 같은 무형자원이 새로운 경쟁력으로 작용한다. 이 데이터는 음반 발매 시점이나 공연 일정, 굿즈 기획 같은 의사결정에 적극적으로 활용된다. 하이브는 이를 통해 데이터와 알고리즘을 하나의 내부 역량으로 전환했고, 그 결과 아티스트와 팬, 그리고 기업이 유기적으로 연결되는 구조를 만들었다. 한편, 음악 산업의 가치사슬(Global Value Chain) 측면에서도 위버스는 흥미로운 변화를 보여준다. 전통적으로 음악 산업은 '창작 → 제작 → 유통 → 소비'라는 단계적 흐름을 따랐다. 그러나 위버스에서는 아티스트와 팬이 소통하는 과정에서 곧바로 데이터가 생성되고, 이 데이터가 새로운 상품이나 서비스로 이어지며, 다시 글로벌 시장에서 동시에 유통된다. 결과적으로 창작과 소비가 하나의 플랫폼 안에서 동시에 순환 구조를 이루는 셈이다.

이 사례가 던지는 메시지는 분명하다. 위버스는 단순히 번역 기능이 붙은 팬 커뮤니티가 아니라, 하이브의 글로벌 전략을 실현하는 핵심 도구이자 핵심역량이다. AI 번역은 그 과정에서 언어라는 경계를 무너뜨리고, 팬덤을 지역별로 흩어진 집단에서 전 세계적으로 연결된 네트워크로 전환시켰다. 이는 곧 K-POP이 국경을 넘어 전 세계로 확산되는 데 있어 중요한 토대를 마련한 것이다.

사례 2 SM엔터테인먼트와 에스파(aespa), 아바타 세계관을 통한 글로벌 브랜딩

SM엔터테인먼트는 K-POP 산업에서 새로운 실험을 주도해 온 대표적인 기획사다. 그중에서도 2020년 데뷔한 걸그룹 에스파(aespa)는 SM이 오랫동안 준비해 온 'SM Culture Universe(SMCU)' 전략의 상징적 결과물이라 할 수 있다. 에스파는 네 명의 현실 멤버와, 이들과 연결된 네 명의 가상 아바타(ae, avatar experience)로 구성된 독특한 세계관을 갖고 있다. 이 구조는 단순히 콘셉트에 머물지 않는다. 현실 멤버가 무대 위에서 활동하는 동시에, 아바타 캐릭터는 뮤직비디오, 세계관 영상, 게임 및 메타버스 콘텐츠에 등장한다. 팬들은 노래와 퍼포먼스를 즐기는 것을 넘어, 아바타가 참여하는 스토리와 확장된 내러티브를 경험하게 된다. SM은 이를 통해 음악과 영상, 게임, 그 밖에도 패션 등 다양한 산업으로 아티스트 활동을 확장하고, 글로벌 팬덤의 몰입을 강화하고 있다. 경영학적으로 보면, 에스파 프로젝트는 IP와 플랫폼을 결합한 수직적 통합 전략의 사례로 해석할 수 있다. 음악 제작과 아티스트 활동은 물론, 아바타라는 디지털 IP를 통해 콘텐츠를 게임·애니메이션·메타버스 서비스로 확장하면서 새로운 수익 구조를 만들어낸 것이다. SM이 구축한 세계관은 단순히 가상 캐릭터를 추가한 것이 아니라, 팬들이 현실과 가상의 경계를 넘나들며 다양한 접점을 경험하도록 설계된 플랫폼이기도 하다. 이 전략은 글로벌 시장에서도 주효했다. 에스파는 데뷔 직후 미국의 주요 음악 방송과 시상식에 등장했고, 패션 브랜드와의 협업에서도 아바타 캐릭터를 적극적으로 활용했다. 현실 멤버가 글로벌 무대에서 활동하는 동안, 아바타는 온라인에서 24시간 팬과 소통하는 존재로 기능하며 브랜드의 확산을 돕는다. 다시 말해, 에스파는 음악 산업을 넘어 디지털 시대의 팬 경험을 새롭게 정의한 모델이 된 것이다.

국제경영 및 경영전략적 시각에서 볼 때, 에스파는 글로벌 브랜드 표준화 전략을 대표한다. 아바타라는 개념은 문화권과 언어를 초월해 이해할 수 있는 보편적 장치이기 때문이다. 일본, 미국, 유럽 팬들 모두 같은 아바타 캐릭터를 통해 동일한 경험을 공유한다. 이는 글로벌 시장에서 일관된 브랜드 이미지를 유지하면서, 특정 지역에서의 차별적 현지화 비용을 줄여주는 효과를 낳는다. 동시에, 에스파는 글로벌 문화 브랜딩의 교과서적인 사례다. SM은 단순히 음악을 파는 것이 아니라, SMCU(SM Culture Universe)라는 세계관을 구축했고, AI 아바타는 이를 전달하는 핵심 도구가 되었다. 아바타는 단순한 IP가 아니라, 세계관의 핵심 노드이며, 이는 다른 아티스트나 프로젝트와 연결되면서 확장 가능성을 지닌다. 또한, 자원기반관점에서 볼때, SM이 보유한 아바타 IP와 AI 기술은 모방하기 어려운 자산이다. 이는 기업의 핵심역량으로 자리 잡으며, 글로벌 시장에서 차별화를 가능하게 한다. 또한 동적역량 이론 측면에서 SM은 AI 아바타라는 새로운 자원을 활용해, 빠르게 변화하는 팬덤 문화와 기술 환경에 적응하고 있다. 따라서 에스파의 사례는 AI가 글로벌 전략에서 단순히 효율화 기술이 아니라, 브랜드 차별화와 세계관 확장의 자원이 될 수 있음을 보여준다. SM은 아바타라는 보편적 장치를 통해 팬덤을 세계 어디에서나 동일하게 묶어내고, K-POP을 하나의 글로벌 문화 브랜드로 자리매김시켰다.

사례 3 JYP엔터테인먼트, AI 실험과 팬 커뮤니케이션의 확장

JYP엔터테인먼트는 K-POP의 세계화를 이끈 대표 기업 가운데 하나다. 이 회사는 오랫동안 기획력과 시스템 경영으로 주목을 받아왔는데, 최근 들어서는 AI를 활용한 새로운 시도에도 발을 들이고 있다. 그중 하나가 팬 커뮤니케이션 플랫폼과의 결합이다. NiziU를 비롯한 여러 아티스트들이 참여하고 있는 DearU Bubble 서비스는 팬이 직접 메시지를 보내고 답장을 받는 경험을 제공한다. 과거라면 팬레터나 팬카페 글을 통해 간접적으로만 소통하던 방식이었지만, 이제는 스마트폰 화면을 통해 일상적인 대화를 나누는 듯한 경험을 할 수 있다. 아직까지 완전한 AI 챗봇 형태로 구현된 것은 아니지만, 메시지 전송과 번역 기능을 통해 해외 팬들에게도 유사한 몰입감을 주고 있다. JYP는 또 다른 축으로, 자사 기술 자회사인 블루 개러지(Blue Garage)를 통해 AI 아티스트 프로젝트를 추진하고 있다. 이 회사가 공개한 채용 공고에는 인공지능, 3D 모델링, 언리얼 엔진을 다루는 전문가를 모집한다는 내용이 담겼다. 이는 단순히 실험적 관심을 넘어, AI를 활용해 새로운 형태의 버추얼 아티스트를 개발하고 장기적으로는 공연과 콘텐츠, 그리고 머천다이징까지 확장하려는 전략적 움직임으로 읽힌다.
경영학의 관점에서 보면, 이러한 흐름은 표준화와 현지화 전략의 절묘한 조합이라 할 수 있다. JYP가 제공하는 플랫폼 구조는 전 세계적으로 동일하다. 누구든 같은 앱 환경 안에서 메시지를 주고받고, 아티스트와 가깝게 연결된 느낌을 받을 수 있다. 하지만 실제 대화의 언어와 콘텐츠는 팬의 지역과 문화에 따라 달라진다. 일본 팬들에게는 현지어로, 영어권 팬들에게는 영어로 맞춤형 정보가 제공된다. 이는 초국적 전략, 즉 글로벌과 로컬을 동시에 고려하는 방식의 전형적인 사례다. 또한, 자원기반관점에서 본다면, JYP가 가진 강점은 단순히 아티스트가 아니라 팬덤과 그들이 만들어내는 데이터다. 팬들이 어떤 메시지에 가장 많이 반응하는지, 어떤 영상을 반복해서 보는지, 어떤 이벤트에 참여하는지에 대한 기록은 기업 입장에서 중요한 무형자산이 된다. 이 데이터는 새로운 음반 기획이나 공연 연출, 상품 판매 전략에 반영되면서 점차 핵심역량으로 전환된다. 아직 JYP의 AI 프로젝트가 완성된 단계에 이른

것은 아니다. 그러나 인공지능과 팬덤을 연결하려는 시도는 분명 새로운 방향성을 보여준다. 팬에게는 보다 개인적이고 밀착된 경험을 제공하고, 기업에게는 새로운 수익 모델과 시장 확장의 기회를 안겨준다. 이처럼 JYP의 사례는 AI가 단순히 기술적 장식이 아니라, 팬과 아티스트, 그리고 기업을 잇는 전략적 도구로 기능할 수 있음을 잘 보여준다.

이렇게 세 사례 모두 공통적으로 AI가 K-POP의 글로벌 전략 실행에 핵심 역할을 하고 있음을 보여준다. 하이브는 위버스를 통해 글로벌 통합 플랫폼을 구축하고, 팬덤 데이터를 자원으로 전환했다. SM은 에스파 아바타를 통해 브랜드 표준화와 문화 브랜딩을 실현했다. 마지막으로, JYP는 AI 챗봇 형태로 구현되는 시스템으로 표준화와 현지화의 균형 전략을 전개했다. 결국 AI는 K-POP 기업들이 글로벌 시장에서 지속 가능한 경쟁우위를 창출하는 데 필요한 핵심 내부자원이자 혁신적 도구다. 동시에, 글로벌 가치사슬과 팬덤 네트워크를 재편하는 동력으로 작동하며, K-POP의 세계화 과정에서 중요한 축을 담당하고 있다.

토론 문제(Discussion Questions)

1. 글로벌 엔터테인먼트 기업들은 팬 경험을 전 세계적으로 표준화하면서도 동시에 개인 맞춤형 서비스를 제공하고 있다. 이러한 '글로컬라이제이션(glocalization)' 혹은 초국적 전략(Transnational Strategy)은 기업의 장기적인 경쟁력 확보에 어떤 장점을 주고, 또 어떤 한계를 가질 수 있을지 토론해보자.

2. 팬 데이터를 새로운 자원으로 간주하는 자원기반관점(RBV) 관점에서 팬 데이터는 기업의 중요한 자원이 될 수 있다. 하지만 개인정보 보호와 윤리적 책임은 어떻게 조율해야 할까? 엔터테인먼트 기업이 데이터 활용과 윤리적 책임 사이에서 어떤 균형점을 찾아야 하는지 토론해보자.

3. 동적역량(Dynamic Capabilities)은 기업이 끊임없이 변화하는 환경 속에서 자원을 재구성하고 새로운 기회를 포착하는 능력을 강조한다. K-POP 산업에서 AI 도입이 공연·소통·유통 방식을 바꾸고 있다. 이런 변화가 K-POP 산업과 팬 경험에 어떤 장기적 영향을 미칠지 토론해보자.

에세이 과제

생각할 문제들

에세이 과제(Essay Assignments): 생각할 문제들

(답변을 손글씨로 직접 책 속에 작성해주세요)

1. 하이브의 위버스는 AI 번역과 팬 데이터 분석을 통해 전 세계 팬덤을 하나로 연결하는 전략을 펼치고 있다. 이러한 플랫폼이 팬 경험을 변화시키는 동시에, 기업의 장기적 글로벌 전략에 어떤 기회를 열어주고 있는지 논하시오.

2. SM엔터테인먼트의 에스파는 AI 아바타를 활용해 전 세계 팬들이 공유할 수 있는 세계관을 제시하고 있다. 이러한 아바타 시스템이 글로벌 브랜딩 전략과 자원기반관점(RBV) 측면에서 가지는 의미를 설명하시오.

3. JYP엔터테인먼트는 AI 챗봇과 추천 시스템을 도입해 팬들에게 개인화된 경험을 제공하고 있다. 이러한 시도가 동적역량(Dynamic Capabilities)과 글로벌-로컬 혼합 전략(glocalization)인 초국적 전략(Transnational Strategy)의 측면에서 어떤 의미를 갖는지 논하시오.

Industry Talk

실무자 인터뷰 인사이트 모음

1) Will.i.am(뮤지션, 테크 기업가)

"AI allows artists to stay connected to fans even when they're asleep. Imagine a system where your digital self talks with fans worldwide 24/7—it's not replacing you, it's amplifying you."

(Wired, 2024.3.12.)

"AI는 아티스트가 잠을 잘 때조차 팬과 연결될 수 있도록 합니다. 디지털 자아가 전 세계 팬들과 24시간 대화하는 시스템을 상상해 보세요. 이는 당신을 대체하는 것이 아니라, 당신을 확장하는 것일 테니까요."

Key Takeaways

AI는 스타와 팬을 시간·공간 제약 없이 연결해주는 도구다. 이는 팬덤을 '항상 가동되는 네트워크'로 전환시키며, 아티스트의 영향력을 단순한 무대 이상으로 확장한다.

2) 방시혁 Bang Si-hyuk(하이브 의장)

"Fandom is no longer a byproduct—it is the main product. With AI platforms, we can personalize every fan's journey, making loyalty measurable and scalable." (Billboard, 2024.7.28.)

"팬덤은 더 이상 부산물이 아니라 주력 상품입니다. AI 플랫폼을 통해 우리는 팬의 여정을 개인화할 수 있고, 충성도를 측정하고 확장 가능한 방식으로 관리할 수 있습니다."

Key Takeaways

팬덤은 단순한 소비층이 아닌, 기업의 핵심 자산이다. AI 플랫폼은 팬 경험을 정량화·개인화함으로써 충성도를 전략적으로 관리하고 글로벌 규모로 확장할 수 있게 한다.

3) Lil Miquela Project Team(버추얼 인플루언서 운영팀)

"Fans treat virtual idols like living beings because the interaction feels personal. AI chat and social feeds blur the line, making fandom less about reality and more about relationship."

(Interview, Vogue, 2023.11.15.)

"팬들은 버추얼 아이돌을 실제 존재하는 대상처럼 대합니다. 이는 상호작용이 개인적이라고 느껴지기 때문이죠. AI 챗과 소셜 피드는 현실과 환상의 경계를 흐리게 하며, 팬덤을 실재가 아닌 관계 중심으로 만듭니다."

Key Takeaways

AI 기반 상호작용은 현실 여부보다 관계적 진정성을 중시하는 팬덤 문화를 낳는다. 팬덤은 더 이상 물리적 존재 여부에 좌우되지 않고, 관계 경험의 질에 의해 유지된다.

4) Grimes(뮤지션, AI 활용 선구자)

"With AI, fans can co-create with me—remixing my voice,

generating visuals, even running their own narratives. Fandom turns into collaboration rather than just consumption."

(Rolling Stone, 2024.2.4.)

"AI를 통해 팬들은 나와 함께 창작할 수 있습니다. 내 목소리를 리믹스하고, 시각 콘텐츠를 만들고, 자신만의 이야기를 구성하기도 하죠. 팬덤은 단순한 소비가 아니라 협업이 될 수 있습니다."

Key Takeaways

AI는 팬덤을 공동 창작자로 변화시킨다. 팬은 더 이상 수동적 수용자가 아니라 콘텐츠 제작 과정에 참여하며, 이로써 팬덤과 아티스트의 경계가 허물어진다.

5) Akimoto Yasushi(AKB48 총괄 프로듀서)

"In the future, fan engagement will be AI-driven. Each fan will feel like the idol knows them personally, and that intimacy will define the strength of the fandom."

(Nikkei Entertainment, 2025.1.12.)

"앞으로 팬과의 교감은 AI가 주도하게 될 것입니다. 팬 한 사람 한 사람은 아이돌이 자신을 개인적으로 알고 있다고 느끼게 되고, 그 친밀감이 팬덤의 힘을 결정할 것입니다."

Key Takeaways

AI는 대규모 팬덤에서도 개인적 친밀감을 가능하게 만든다. 팬 개개인이 '인정받는다'고 느낄 때, 팬덤은 단순히 큰 규모를 넘어 깊은 결속력을 가진 공동체로 발전한다.

참고한 자료들

박영은. (2021). *엔터테인먼트 경영 전략*. 커뮤니케이션북스.

박영은. (2020). 아이돌-기획사-팬의 탄탄한 3자 구조, 소통-공감하는 '감성지능' 파워가 바탕, *동아비즈니스리뷰*(DBR), 304호, Issue 1, 1-11. https://dbr.donga.com/article/view/1202/article_no/9749

방시혁. (2024년 7월 28일). 팬덤은 더 이상 부산물이 아니다. 빌보드 코리아.

신형덕, 박지현, 박영은, 외. (2024). *문화 트렌드 2025: 문화로 바라보는 대한민국 변화의 방향*. 에고의 바다·복두출판사.

아키모토 야스시. (2025년 1월 12일). 앞으로 팬과의 고감은 AI가 주도한다. 닛케이 엔터테인먼트.

한국방송통신전파진흥원(KCA). (2024). *미디어 이슈 & 트렌드* 제44호. https://www.kca.kr/Media_Issue_Trend/vol44/KCA_Media_Issue_Trend_vol44.pdf

한국콘텐츠진흥원(KOCCA). (2025, 6월 26일). *[KOCCA 포커스 통권 193호: AI 시리즈 2권] 'Made by AI 음악'과 공존하기: 생성형 AI 시대, 음악산업의 전환과 정책 방향*. https://www.kocca.kr/kocca/bbs/view/B0000141/2009283.do

Black, S. R., & Jacobs, N. (2025). *Fans and AI: Transformations in fandom and fan studies. Transformative Works and Cultures, 46*. https://doi.org/10.3983/twc.2025.3035

Grimes. (2024, February 4). *With AI, fans can co-create with me.Rolling Stone*. https://www.rollingstone.com/music/music-features/grimes-ai-fans-co-create-2024-interview-1234964821/

Hatsune Miku Project Team. (2025, January 4). *Fans are not passive anymore. Nikkei Asia*. https://asia.nikkei.com/Business/Media-Entertainment/Hatsune-Miku-project-team-on-virtual-idols-and-AI

Heap, I. (2023, December 17). *Artists should not fear outsourcing technology. Rolling Stone*. https://www.rollingstone.com/music/music-features/imogen-heap-ai-music-interview-1234953279/

Kim, M. S., & Lee, J. (2023). *Effects of online fan community interactions on well-being: A case study of K-pop fandoms.Frontiers in Psychology, 14*, 10669391. https://doi.org/10.3389/fpsyg.2023.10669391

Li, E. C.-Y., & Pang, K.-W. (2024). *Fandom meets artificial intelligence: Rethinking participatory culture as human-community-machine interactions.European Journal of Cultural Studies, 27*(4), 778-787. https://doi.org/10.1177/13675494241236146

Lil Miquela Project Team. (2023, November 15). *Fans treat virtual idols like living beings.Vogue*. https://www.vogue.com/article/lil-miquela-virtual-idol-ai-fandom

Ono, Y. (2023, September 20). *Performance has always been about breaking walls between stage and audience. The New York Times*. https://www.nytimes.com/2023/09/20/arts/yoko-ono-performance-ai-interview.html

Will.i.am. (2024, March 12). *AI allows artists to stay connected to fans even when they're asleep. Wired*. https://www.wired.com/story/will-i-am-ai-music-connection-fans/

Xiao, Q., Zheng, Y., Fan, X., Zhang, B., & Lu, Z. (2024). *Let's influence algorithms together: How millions of fans build collective understanding of algorithms and organize coordinated algorithmic actions.arXiv Preprint arXiv:2409. 10670*. https://arxiv.org/abs/2409.10670

Ye, J., Chen, C., Huang, Y., Ye, Y., Li, T. J., & Zhang, X. (2025). *My favourite streamer is an LLM: Discovering, bonding, and co-creating in AI VTuber fandom.arXiv Preprint arXiv:2509.10427*. https://arxiv.org/abs/2509.10427

〉 엔터테인먼트 산업별 주요 홈페이지 & 활용정보 2

산업 분야	사이트명	홈페이지 주소(URL)	주요 내용 / 활용 포인트
방송 (Broadcasting / OTT)	한국방송협회 (KBA)	https://www.kba.or.kr	방송인력 양성, 채용정보, 방송 트렌드 리포트
	MBC / SBS / KBS 채용	https://recruit.mbc.co.kr https://recruit.sbs.co.kr https://recruit.kbs.co.kr	방송사별 제작·기획·기술직 채용정보
	Netflix Careers (Korea)	https://jobs.netflix.com/locations/seoul	글로벌 OTT 콘텐츠 제작·운영 직무
	CJ ENM 방송콘텐츠 부문	https://recruit.cjenm.com	드라마·예능·OTT콘텐츠 제작 관련 채용
광고 (Advertising)	한국광고총연합회 (KFAA)	https://www.kfaa.or.kr	광고산업 연구·교육·인재양성
	제일기획 (Cheil Worldwide)	https://www.cheil.com/ko/career	마케팅·브랜딩·디지털광고 직무
	이노션 / HS Ad / TBWA Korea	https://www.innocean.com https://www.hsad.co.kr https://www.tbwakorea.com	국내외 광고대행사 채용 페이지
미디어 (Media / Journalism)	한국언론진흥재단 (KPF)	https://www.kpf.or.kr	미디어 산업 동향, 기자 교육, 취업 지원 프로그램
	매경 / 중앙 / 한겨레 채용	https://recruit.mk.co.kr https://recruit.joins.com https://recruit.hani.co.kr	언론사 인턴십 및 기자직 채용
	한국방송광고진흥공사 (KOBACO)	https://www.kobaco.co.kr	방송광고, 미디어마케팅 리서치, 산업 통계
팬덤 (Fandom / Platform)	위버스 (Weverse)	https://www.weverse.io	글로벌 팬 커뮤니티 플랫폼, 콘텐츠 운영·데이터 직무
	디어유 (DearU - Bubble)	https://www.dear-u.co.kr	팬 커뮤니케이션 서비스 기업, 기획·운영·데이터 직무
	Universe / 스페이스오디티	https://universe-official.io https://www.spaceoddity.me	팬덤 기반 콘텐츠, 플랫폼 비즈니스 전략
	팬앤스타 (FAN N STAR)	https://www.fannstar.tf.co.kr	K-pop 팬덤 랭킹, 이벤트, 글로벌 팬 커뮤니티 운영

09
Chapter

AI와 윤리 : 창작과 기술의 경계를 넘어서

세부 내용:

- AI 콘텐츠의 저작권 및 지적재산권 문제
- AI를 활용한 조작된 콘텐츠(딥페이크 등)의 위험성
- AI 창작물에 대한 법적, 도덕적 책임

기대효과:

- AI 기술이 창작윤리와 어떻게 연결되는지 이해
- AI 활용의 위험성과 대응 방안 학습

시사점:

- AI 창작물의 소유권과 법적 보호 문제
- AI가 인간 창작자의 역할을 대체할 가능성

주요 독자층:

- 법률가, 윤리학자, 콘텐츠 제작자
- 엔터테인먼트 법률 및 IP관련 관계자, 정책입안자
- 엔터테인먼트 산업을 학습하는 학생과 일반인

Big Map

전체 챕터 구성과 연관성 지도

Chapter Ⅰ	Chapter Ⅱ	Chapter Ⅲ	Chapter Ⅳ	Chapter Ⅴ
AI와 엔터테인먼트의 만남: 역사와 현재	**AI가 만들어내는 콘텐츠:** 창작과 제작의 진화와 혁신	**AI와 영화 산업:** 가상 배우에서 자동 편집까지	**AI와 음악 산업:** 작곡, 연주, 믹싱의 자동화	**AI와 게임 산업:** NPC, 시뮬레이션, 자동 콘텐츠 생성

Chapter Ⅵ	Chapter Ⅶ	Chapter Ⅷ	Chapter Ⅸ	Chapter Ⅹ
AI와 방송·미디어: 뉴스, 광고, 스트리밍의 자동화	**AI와 공연예술:** 가상 아이돌, 홀로그램 콘서트, 인터랙티브 공연	**AI와 팬덤 문화:** 팬과 AI의 새로운 관계	**AI와 윤리:** 창작과 기술의 경계를 넘어서	**미래의 엔터테인먼트:** AI와 인간이 공존하는 세계

본서는 《AI 기반 글로벌 콘텐츠 산업 전략》이라는 큰 주제 아래 10개 챕터로 구성된다. 각 챕터는 기술과 산업, 팬덤과 창작, 그리고 사회·윤리적 함의를 단계적으로 심화하며 다룬다. 이번 챕터9는 창작과 기술의 경계를 넘어서는 AI 윤리를 다루며, 1~8챕터에서 논의된 AI 기술 발전과 산업 활용의 결과로 필연적으로 등장하는 법적·도덕적 질문들을 분석한다. 독자는 앞선 챕터에서 얻은 기술 산업적·경영적 이해를 바탕으로, 본 챕터에서 AI 활용이 초래하는 저작권, 지적재산권, 딥페이크, 창작자의 권리와 책임 문제를 종합적으로 살펴본다. 즉, 이번 챕터는 AI를 어떻게 쓸 수 있는지, 어디에서 멈춰야 하는지, 그리고 그 사이에 어떤 규칙이 필요한지 가늠하려는 시도다. 가능성과 한계를 함께 놓고 보아야 지속가능한 창작 생태계가 세워질 수 있다. 기술이 앞서 달릴수록, 그 길에 무엇을 깔아야 하는지부터 점검해야 하기 때

문이다.

이에 따라, 책의 흐름 속 위치도 분명하다. 책의 주요 파트인 챕터 3장부터 7장까지는 AI가 만나는 현장을 따라가며 산업이 어떻게 달라지는지 살폈고, 8장에서는 팬덤이 플랫폼과 결합하면서 관계의 형식이 바뀌는 과정을 보았다. 따라서 각각의 장들은 확장과 가속의 이야기였다. 그러나 9장에서 우리는 잠시 속도를 낮추고, 같은 현상을 윤리와 법, 사회라는 각도에서 다시 비추본다. 화려한 연출 뒤에 남는 책임, 데이터가 남기는 흔적, 조작과 오용의 위험을 한 번에 묶어 질문해 봄으로써 앞선 챕터들과의 연결고리를 만들고자 한다. 따라서, 이 모든 연결은 세 갈래로 정리할 수 있다. 첫째, 창작자와 기술의 관계 재구성은 2장과 4장에서 다룬 제작 메커니즘과 이어진다(즉, 제작과 편집, 학습의 경계가 어디에 놓이는가). 둘째, 팬과 시장의 신뢰는 8장에서 보았던 팬덤 유지 조건을 윤리의 언어로 확장한다(AI 사용과 관련된 투명성과 동의·표시). 셋째, 산업의 지속가능성은 6장에서 논의한 미디어·광고·콘텐츠의 장기 전략과 직결된다(즉, 규칙 없이는 성장도 없다라는 전제하에). 따라서 이 장을 읽을 때 떠올려야 할 것은 '규제'라는 단어 하나가 아니다. 오히려 더 적절한 표현은 '윤리적 인프라'일 것이다. 저작권과 2차적 저작물, 딥페이크와 같은 조작물, 책임의 귀속은 단기적으로는 리스크 관리의 문제처럼 보이지만, 장기적으로는 혁신이 작동할 수 있게 해 주는 기반 및 시스템(인프라) 시설에 가깝다. 신호등과 표지판이 있어야 도로가 진짜 도로가 되듯, 최소한의 규칙이 있어야 산업이 장기 전략을 가질 수 있기 때문이다. 이 챕터는 독자가 지금 어디쯤 와 있는지도 함께 알려준다. 지도로 비유하면 고속 주행 중 잠시 휴게소에 차를 대고 타이어와 브레이크를 확인하는 구간에 가깝다. 앞에서 쌓아 올린 속도를 유지하려면, 이 지점에서 윤리와 책임을 정리하고 다시 출발해야 한다. 그리고 마지막으로 다음 장, 챕터10에서는 다시 미래 전략과 창작의 확장으로 되돌아간다. 따라서 이번 챕터는 그로 가기 위한 가교에 가깝다. 기술-산업-비즈니스-윤리를 하나로 묶어, 다음 단계의 논의를 안전하게 밀어 올리는 준비 작업이 될 것이다.

Intro(도입)

모든 것이 연결되는, 초연결 시대 그리고 윤리라는 인프라 설계

2025년 봄, 한 유명 K-POP 그룹의 월드투어 현장에서 이례적인 사건이 화제가 되었다. 무대의 하이라이트 순간, 메인 스크린에 실제 공연 중인 멤버의 모습과 함께 과거의 장면들이 실시간으로 합성되어 나타났다. 심지어 멤버가 직접 부르지 않은 과거의 곡 한 소절이 AI 기술을 통해 자연스럽게 이어졌다. 팬들은 열광했지만, 공연이 끝난 후 온라인 커뮤니티에서는 "이건 과연 진짜 무대인가, 아니면 AI가 만든 환상인가?" 라는 논쟁이 벌어졌다. 누군가는 창의적 기술 융합의 진보라 칭했고, 또 다른 이는 창작의 진정성이 훼손된 사례라 지적했다. 이 장면은 단순한 '기술 이벤트'라는 가상의 시나리오를 넘어, 오늘날 AI와 윤리가 맞부딪히는 지점을 상징한다. 또한 2025년 초, 아이브의 멤버, 안유진의 성희롱성 딥페이크 사진 유포 또한 기술 악용의 심각성을 여실히 보여주는 중요한 사례로 손꼽히고 있다. 인공지능 기반의 기술인 딥페이크(Deepfake)는 '딥러닝(Deep Learning)'과 '가짜'를 의미하는 'fake'의 합성어이다. AI 기술을 활용해서 기존의 이미지나 영상을 조작하는 기술인데, 이것은 단순히 얼굴 합성을 넘어서서 음성과 행동패턴까지 모방하면서 명예훼손이나 사기 등 범죄에 악용되고 있다. 아이브 안유진의 딥페이크 사진을 유포한 스타쉽 엔터테인먼트의 공식사과와 해당 직원에 대한 중징계는 팬덤 문화와 인공지능 기술 사이에서 모습을 드러낸 사이버 범죄의 어두운 그림자를 여실히 보여주는 사례로 남게 되었다. 인공지능은 이미 음악, 영상, 게임, 공연 등 다양한 문화·엔터테인먼트 분야에서 창작의 새로운 가능성을 열었지만, 동시에 '무엇이 진짜이고, 무엇이 가짜인가'라는 근본적인 질문을 던지고 있다.

창작의 역사에서 기술은 늘 새로운 국면을 열어왔다. 인쇄술이 막 보급되던 시기에는 글을 베끼며 생계를 유지하던 필경사들이 설 자리를 잃을까 두려워했다. 사진기가 발명되었을 때도 회화가 더 이상 필요 없게 되는 것은 아닌가 하는 우려가 있었다. 하지만 시간이 지나면서 인쇄술은 지식 확산의 토대가 되었고, 사진은 예술의 한 장르로 자리 잡으며 새로운 시장을 열었다. 지금 우리가 마주한 AI도 이 연장선에 있다. 다만 과거 기술이 주로 인간의 손과 눈을 돕는 도구로 작용했다면, AI는 독립적으로 텍스트와 이미지, 음악을 만들어내는 '창작 주체'로 기능한다는 점에서 이전보다 훨씬 복잡한 논쟁을 불러일으킨다. 2020년대 중반에 들어온 이 시점에서 보면, AI는 더 이상 실험실 안의 장난감이 아니다. 대형 기획사들은 AI 보컬 합성이나 가사 추천 시스템을 활용해 제작 속도를 높이고 있고, OTT 서비스들은 AI가 자동 편집한 예고편이나 개인 취향에 맞춘 추천 영상을 내보내고 있다. 팬덤 플랫폼에서는 팬들의 대화 기록과 소비 데이터를 분석해, 단순한 자동응답을 넘어 친근한 대화까지 시도한다. 문제는 이러한 기술이 너무 자연스럽게 콘텐츠 속에 들어오면서, 소비자 입장에서 무엇이 실제이고 무엇이 인공적인지 구분하기가 점점 더 어려워지고 있다는 점이다. 이미 고인이 된 가수가 디지털 기술로 다시 무대에 서기도 하고, 존재하지 않는 가상 인물이 광고 모델로 등장하기도 한다.

오늘날 우리는 초연결 사회의 중심에 서 있다. 데이터와 네트워크, 플랫폼이 서로 얽히며 사람과 사물, 콘텐츠가 실시간으로 맞물린다. 이로 인해 창작과 소비의 경계가 허물어지고, 세계 어디든 무대가 될 수 있는 환경이 만들어졌다. 그러나 동시에 이 변화의 속도는 제도와 규범이 따라가기 힘들 만큼 빨라졌다. 과거에는 한 작품이 만들어지고 유통되는 과정이 비교적 명확했고, 권리 관계도 비교적 단순했다. 하지만 AI가 만든 산물은 이미 학습 단계에서 수많은 기존 창작물의 흔적을 담고 있으며, 최종 결과물 또한 인간과 기계의 경계를 모호하게 만든다. 이런 맥락에서 저작권, 지식재산권, 창작의 진정성, 책임 소재는 더 이상 주변적 논점이 아니게 되었다. 이는 산업이 지속될 수 있는지, 창작자와 소비자가 신뢰할 수 있는지의 핵심 조건이 된다. 따라서 이 장의 도입부는 AI와 윤리 문제를 단순히 규제의 영역으로 축소하지 않는다. 오히려 기술과 산업, 창작자와 사회가 맞물린 구조 속에서 이 문제를 바라보도록 독자를 안내할 것이다. 이어지는 개념과 이론 파트에서는 경영학과 법학의 틀을 통해 이 논의를 체계화하고, 실제 사례와 토론을 통해 현장에서 부딪히게 될 쟁점을 구체적으로 살펴볼 것이다.

범죄에 악용되고 있는 인공지능 기술, 딥페이크

출처: https://www.istockphoto.com/kr

개념과 이론 파트

창작과 기술의 경계를 해석하는 다차원 틀

AI와 창작윤리 문제를 깊이 이해하기 위하서는 단순히 '기술이 가능한가' 등 기술적 측면의 문제를 넘어서, 경영학적 가치 창출 구조, 법적 권리 체계, 윤리적 판단 기준을 아우르는 다차원적 분석이 필요하다. 이 네 가지 축은 서로 독립적인 것이 아니라, 실제 산업 현장에서는 긴밀히 상호작용하며, 어느 한쪽의 변화가 다른 축에도 즉각적인 영향을 미친다. 이에 본 절에서는 이러한 복합 구조를 설명하는 네 가지 핵심 틀을 제시한다.

1) 저작권 및 지적재산권: 불확실성과 제도적 진화

AI 창작물의 저작권 문제는 현재 전 세계적으로 법률이 통일되지 않은 대표적인 영역이다. 미국 저작권청은 2023년 Thaler v. Perlmutter 판결에서 "인간의 창작적 개입이 없는 경우 저작권 등록이 불가하다"는 입장을 명확히 했다. 이 판례는 생성형 AI가 만든 이미지나 음악에 대해 창작자가 프롬프트를 입력했더라도, 그 과정이 '창작적 저작'으로 인정될 수 있는지 여부가 쟁점이 됨을 보여준다. 반면, 영국과 호주는 '컴퓨터를 기반으로 생성되는 저작물(computer-generated work)' 개념을 법률에 반영해, 인간의 창의적 기여 없이 생성된 결과물이라도 일정 요건을 충족하면 저작권 보호를 부여한다.

현재 한국의 저작권법은 기본적으로 인간 창작자를 전제로 하고 있어, AI가 만든 결과물은 법적 보호 범위가 명확하지 않다. 다만 2024년 문화체육관광부와 특허청이 공동으로 AI 창작물의 지식재산권 보호 방안을 검토하기 시작하면서, 가까운 시일 내 제도 변화가 일어날 가능성이 높아졌다. 이런 불확실성 속에서 엔터테인먼트 기업들은 위험을 줄이기 위해 다양한 지식재산권을 결합하는 방식으로 대응하고 있다. 예를 들어, 가상 아이돌의 외형은 디자인권으로, 이름은 상표권으로, 음악은 저작권으로 보호해 두는 식이다. 이렇게 복수의 권리를 묶어두면, 현행법이 완전히 정비되지 않은 상황에서도 일정 부분 자산을 지킬 수 있는 안전망이 된다. 또한 AI 학습 과정에서 사용되는 데이터는 또 다른 법적 쟁점을 낳는다. 2023년에는 Getty Images가 Stability AI를 상대로 소송을 제기했는데, 자사의 이미지 수백만 장이 허가 없이 학습 데이터로 활용되었다는 이유였다. 이 사건은 '데이터 마이닝'이라는 행위와 '저작물 사용 허가' 사이의 경계가 얼마나 불분명한지를 보여주었다. 앞으로 엔터테인먼트 기업들이 AI를 도입하려면, 학습 데이터의 출처를 명확히 밝히고 정식 라이선스를 확보하는 과정이 필수적이다. 그렇지 않으면 기술적 혁신이 오히려 법적 리스크로 되돌아올 수 있기 때문이다.

2) 윤리적 AI 프레임워크: 법률을 넘어서는 책임

법률이 모든 상황을 규율하지 못하는 만큼, 업계에서는 윤리적 AI 프레임워크를 마련하려는 움직임이 활발하다. 이 움직임의 세 가지 핵심 원칙은 투명성(Transparency), 책임성(Accountability), 그리고 공정성

(Fairness)이다. 투명성은 AI 개입 여부를 콘텐츠 소비자가 명확히 알 수 있도록 하는 것이다. 일부 K-POP 기획사는 AI 합성을 활용한 뮤직비디오를 제작할 경우 메이킹 영상을 공개하여, 창작 과정에서 AI가 어느 부분에 개입했는지 보여준다. 이는 팬과의 신뢰 관계를 유지하는 중요한 장치가 된다. 또한, 책임성은 AI 콘텐츠가 유포되었을 때 발생할 수 있는 피해(명예훼손, 허위정보, 인권침해 등)에 대한 법적·도덕적 주체를 명확히 하는 것이다. 예를 들어, AI가 생성한 가수의 음성이 특정 정치 발언을 한 것처럼 편집되어 퍼질 경우, 누가 법적 책임을 질 것인지를 사전에 규정해야 한다는 것이다. 마지막으로, 공정성은 AI 학습 데이터의 편향을 최소화하는 문제와 직결된다. 한류 콘텐츠를 글로벌 시장에 제공할 때, 특정 국가나 문화권의 데이터만 과도하게 반영되면 결과물이 문화적 다양성을 잃고 특정 편향을 강화할 수 밖에 없다. 이에 따라 글로벌 기획사들은 학습 데이터 세트를 다문화·다언어로 구성하려는 노력을 강화해 나가고 있다.

3) 경영전략과 가치사슬 분석: AI의 산업 전반에 미치는 영향

AI는 이제 단순한 제작 보조 수단이 아니라, 엔터테인먼트 산업의 흐름을 처음부터 끝까지 바꿔놓는 핵심 요인으로 작동하고 있다. 기획 단계부터 이미 AI의 흔적을 확인할 수 있다. 전 세계 팬들이 남긴 데이터가 분석 대상이 되고, 이를 통해 특정 지역에서 어떤 콘셉트나 장르가 더 호응을 얻는지 빠르게 파악할 수 있다. 이런 분석은 신곡 발매 시점이나 컴백 전략을 세우는 데 직접 반영되며, 실제로 몇몇 기획사는 유튜브 조회수나 팬 참여 지표에서 눈에 띄는 성과를 얻었다. 제작 단계에서도 AI의 개입은 점점 깊어지고 있다. 과거에는 사람이 직접 수개월 동안 반복해야 했던 편곡, 안무 테스트, 영상 합성 같은 작업이 AI 알고리즘을 통해 단시간에 완성되면서, 창작자들은 보다 창의적인 부분에 집중할 수 있게 되었다. 최근에는 아바타 기술과 홀로그램 무대를 결합한 온라인 팬 이벤트가 등장해, 오프라인 공연 못지않은 몰입감을 제공하고 있다. 흥미로운 점은 이런 이벤트가 티켓 판매 속도에서도 기존 공연을 능가했다는 사실이다. 유통 단계에서는 AI가 팬 경험을 한층 더 개인화한다. 스트리밍 플랫폼의 추천 시스템은 이제 기본이고, 팬들이 구매한 굿즈나 시청한 콘텐츠 이력을 분석해 새로운 상품을 제안하는 방식으로 확장되고 있다. 이렇게 맞춤형으로 제공되는 마케팅은 단순한 1회 매출을 넘어서, 팬과 아티스트의 관계를 장기적으로 유지하는 데 중요한 역할을 한다. 경영학적으로 보자면 이는 고객생애가치(CLV: Customer Lifetime Value)를 극대화하려는 전략과 맞닿아 있다. 즉, 기획-제작-유통의 전 과정에서 AI는 비용 절감이나 효율성 개선을 넘어서, 산업의 가치사슬을 다시 짜는 힘으로 작용하고 있다. 이는 엔터테인먼트 기업이 앞으로 어떤 경쟁 전략을 선택하느냐와 직결되는 중요한 변수가 되고 있다.

4) 문화·사회적 수용성: 기술과 감정의 경계선상에서

아무리 정교한 기술이라 해도, 관객이 그것을 진정성 있는 경험으로 받아들이지 않으면 성공을 장담하기 어렵다. 결국 중요한 것은 기술의 완성도 자체가 아니라, 그것을 받아들이는 사회적 분위기와 문화적 맥락이다. 일본이나 한국처럼 가상 아이돌 문화가 이미 자리 잡은 지역에서는 새로운 AI 기반 아티스트나 공연에도 비교적 자연스럽게 적응하는 편이다. 그러나 일부 국가에서는 얼굴 합성이나 음성 복제가 법적으로 제한되거나, 종교적 이유로 강한 거부감을 불러일으키기도 한다. 이런 차이는 글로벌 전략을 짜는 기업들에게 큰 과제를 던진다. 단순히 하나의 모델을 세계 어디에나 적용하는 글로벌라이제이션 방식은 더 이상 통하지 않는다. 각 지역의 법률, 사회 규범, 문화적 감수성을 고려해 서비스와 콘텐츠를 조율하는 현지화 전략(즉, 로컬라이제이션)이 병행되어야 한다. 예를 들어, 중동 지역에 진출하는 경우 가상 아티스트의 의상이나 무대 연출을 현지 종교적 기준에 맞게 수정하고, 팬과의 인터랙션 과정에서는 특정 표현이 자동으로 걸러지도록 안전 장치를 마련하는 방식이다. 이처럼 문화와 사회적 수용성은 기술적 가능성을 시장에서 실제 성과로 바꾸는 데 핵심적인 변수다. 결국 엔터테인먼트 기업은 기술을 단순히 앞세우는 것이 아니라, 지역별 맥락에 맞춰 감정적 공감대를 형성하는 전략을 병행해야 한다.

이 네 가지 틀은 단순한 이론이 아니라, 실제 경영 의사결정과 콘텐츠 제작에 직접 적용된다. AI와 윤리 문제는 기술의 진보 속도에 비해 법과 제도가 더디게 변화하는 상황에서, 경영 전략과 창작 실무를 동시에 아우르는 종합적 접근이 필요함을 보여준다.

실무적인 파트

사례 1 Sony Music Group의 'AI 학습 옵트아웃' 선언과 라이선스 전환 스토리!

2024년 5월, Sony Music Group(SMG)은 "우리 카탈로그를 무단으로 학습에 쓰지 말라", 즉 "AI 학습용 데이터베이스에서 우리 음원을 빼달라(opt-out)"는 분명한 메시지를 업계 전반에 발송했다. 다수의 생성형 AI 기업과 스트리밍 사업자에게 발송된 공문에는 '아티스트와 작곡가의 통제권·보상권'이 핵심 가치임을 밝히고, 사전 동의 없는 학습·개발·상업화 금지 원칙을 명문화했다. 이는 SMG의 계열사인 Sony Music Publishing(SMP)과 Sony Music Entertainment(SME), 자사와 완전 소유 계열사 혹은 관련 계열사를 대신해서 공개적인 선언을 한 것이다. 동시에 SMG는 '책임 있는 AI 활용' 자체를 부정하지 않으며, 정식 라이선스와 대가를 전제로 협력할 수 있다는 문을 열어둔다고 못 박았다. 이는 "무단 학습을 막고, 합법적·보상 가능한 경로로 유도한다"는 윤리 설계를 시장의 룰로 전환하려는 좋은 시도라 할 수 있다. SMG는 이날 그룹 공식 홈페이지(www.sonymusic.com)에 "Declaration of AI Training Opt-Out"라는 제목의 글을 게시해 누구나 확인 가능하게 하고, 외부 보도는 "700여 AI 개발사 및 플랫폼에 경고장을 보냈다"고 전했다. 일반적으로 옵트아웃(Opt-out)이란 "동의하지 않는다. 예를 들

SONY MUSIC

Declaration of AI Training Opt Out

May 16, 2024

New York, NY – May 16, 2024 – Sony Music Group (SMG) and its affiliates have invested in the development and promotion of songwriters and recording artists all over the world for more than a century. SMG is a passionate believer in the inherent and paramount value of human artistry. Additionally, SMG has been embracing the potential for responsibly produced AI to be used as a creative tool, revolutionizing the ways songwriters and recording artists create music. We support artists and songwriters taking the lead in embracing new technologies in support of their art. Evolutions in technology have frequently shifted the course of creative industries. AI will likely continue that long-standing trend.

However, that innovation must ensure that songwriters' and recording artists' rights, including copyrights, are respected. For that reason, SMG's affiliates, Sony Music Publishing (SMP) and Sony Music Entertainment (SME), on behalf of themselves and their wholly owned or controlled affiliates, are making this affirmative, public declaration confirming that, except as specifically and explicitly authorized by either SME or SMP, as the case may be, each of them expressly prohibits and opts out of any text or data mining, web scraping or similar reproductions, extractions or uses ("TDM") of any SME and/or SMP content (including, without limitation, musical compositions, lyrics, audio recordings, audiovisual recordings, artwork, images, data, etc.) for any purposes, including in relation to training, developing or commercializing any AI system, and by any means, including by bots, scrapers or other automated processes, in each case to the full extent permitted by applicable law in all relevant jurisdictions. This declaration reaffirms and is without prejudice to all of SMP's and/or SME's prior rights reservations and their respective legal rights, all of which are expressly reserved. SME's and SMP's rights reservations apply to all existing and future SME and SMP content, including those creative works that may be identified through publicly available means or listed from time to time in databases such as those maintained by the International Federation of the Phonographic Industry (IFPI) and the [International Confederation of Music Publishers (ICMP)]

Inquiries regarding AI training permissions and related issues can be sent to aitrainingpermission@sonymusic.com and/or aitrainingpermission@sonymusicpub.com, as appropriate.

Sony Music Group의 'AI 학습 옵트아웃' 선언

출처: sonymusic.com https://www.sonymusic.com/sony-music/declaration-of-ai-training-opt-out/

어, 내 음원은 학습에 쓰지 말라"라고 제외를 요구하는 방식을 의미한다. 반대로, 옵트인(Opt-in)이란 "내 음원을 AI 학습에 사용해도 좋다"라고 적극적으로 동의하는 방식인데, Sony Music은 전자를 택한 것으로, "우리 소속 아티스트들의 음원은 명시적 허락 없이는 AI 학습에 사용할 수 없다"는 입장을 명확히 밝힌 것이다.

이 선언 이후, 한 합성보컬 스타트업이 SMG에 접촉해 '학습 데이터 세트 라이선스' 협상을 진행했는데, 이 협상에는 세 가지 윤리 조건이 붙었다. 첫째, 학습 범위·기간·용도를 계약서에 구체화한다. 둘째, 감사(audit) 권한과 출처 추적을 위한 내부 식별자를 삽입한다. 셋째, 모델 출력물에 아티스트별 스타일 오용 감지 규칙과 상업적 활용 제한을 포함한다였다. 스타트업은 이 조건을 수용하고, SMG는 합법적 데이터 공급자이자 공동 매출 파트너로 전환했다. 당초 '금지' 신호였던 옵트아웃이 '협상의 출발점'이 되는 순간이었는데, 이로써 업계의 규범 시장이 열린 것이라 볼 수 있다. 이 과정에서 가장 중요한 것은 '예술성 보호'라는 원칙을 계약 구조로 번역하여 반영시키는 일이었는데, SMG는 윤리와 비즈니스를 분리하지 않는 설계를 통해 AI와 함께 가는 산업의 트렌드를 업계 표준으로 바꾸어 선도하고 있다.

사례 2 YouTube의 'AI 표시(disclosure)·라벨링' 도입과 크리에이터 신뢰 회복

2024년 3월, YouTube는 현실적 영상처럼 보이는 합성·생성 콘텐츠에 대해 크리에이터가 업로드 시 AI 사용 사실을 의무적으로 고지하도록 크리에이터 스튜디오에 신규 도구를 도입했다. 시청자가 실제 사건·인

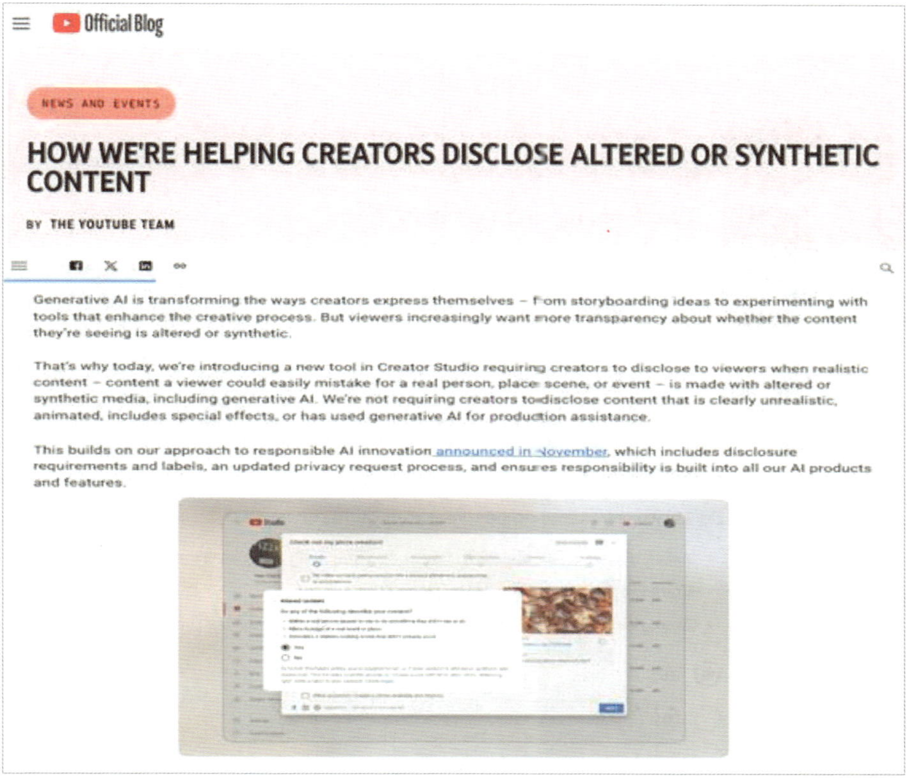
Official Blog

NEWS AND EVENTS

HOW WE'RE HELPING CREATORS DISCLOSE ALTERED OR SYNTHETIC CONTENT

BY THE YOUTUBE TEAM

Generative AI is transforming the ways creators express themselves – from storyboarding ideas to experimenting with tools that enhance the creative process. But viewers increasingly want more transparency about whether the content they're seeing is altered or synthetic.

That's why today, we're introducing a new tool in Creator Studio requiring creators to disclose to viewers when realistic content – content a viewer could easily mistake for a real person, place, scene, or event – is made with altered or synthetic media, including generative AI. We're not requiring creators to disclose content that is clearly unrealistic, animated, includes special effects, or has used generative AI for production assistance.

This builds on our approach to responsible AI innovation announced in November, which includes disclosure requirements and labels, an updated privacy request process, and ensures responsibility is built into all our AI products and features.

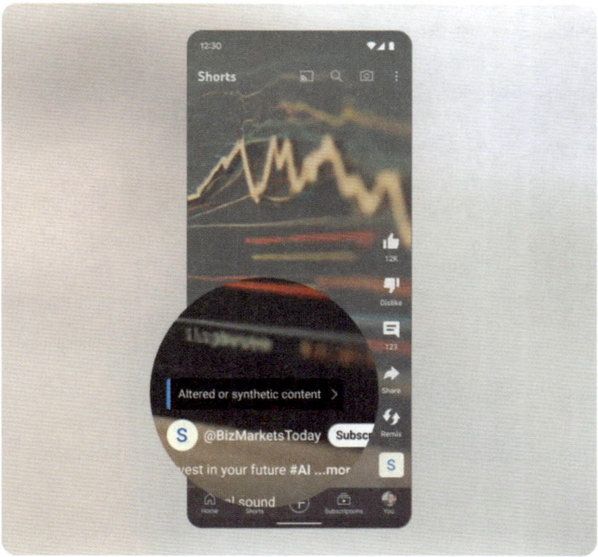

YouTube의
'AI 표시(disclosure)·라벨링'인
"Altered or Synthetic content"

출처: Youtube Official Blog
https://blog.youtube/news-and-events/disclosing-ai-generated-content/?utm_source=chatgpt.com

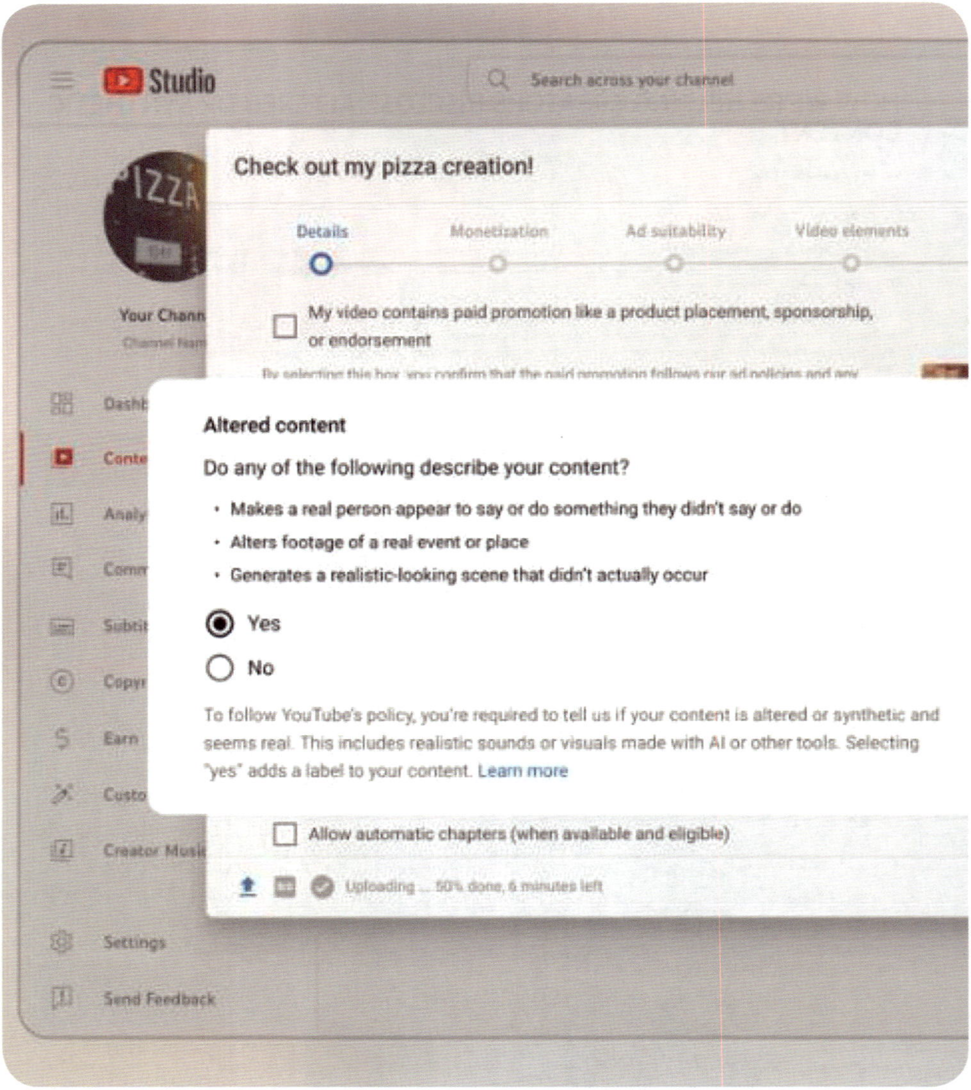

YouTube의 'AI 표시(disclosure)·라벨링'인 "Altered or Synthetic content"

출처: Youtube Official Blog
https://blog.youtube/news-and-events/disclosing-ai-generated-content/?utm_source=chatgpt.com

물·장면으로 오인할 소지가 있는 경우, 시스템은 동영상 설명 하단 또는 영상 위에 '합성/생성 미디어' 라벨을 노출해 투명성을 높일 수 있게 되었다. 특히, 뉴스·정치·건강 등 민감 주제에는 보다 눈에 띄는 상단 라벨을 붙이도록 했다. 이렇게 새로 도입한 라벨은 시청자와의 투명성을 강화하고 제작자와 시청자 간의 신뢰를 구축하기 위한 것으로, 공개가 필요한 콘텐츠의 몇 가지 예는 다음과 같다. 우선, 현실적인 인물의 초상 사용에 관한 건인데, 한 사람의 얼굴을 다른 사람의 얼굴로 바꾸기 위해 콘텐츠를 디지털 방식으로 변경하거나, 영상 내레이션을 위해 사람의 목소리를 합성하는 경우가 이에 해당한다. 둘째, 실제 사건이나 장소의 영상을 변경하는 경우인데, 실제 건물에 불이 난 것처럼 보이도록 하거나, 실제 도시 경관을 실제와 다르게 보이도록 변경하는 경우가 해당한다. 마지막으로, 사실적인 장면의 생성에 관한 건인데, 예를 들면, 토네이도가 실제 마을을 향해 이동하는 것처럼 가상의 주요 사건을 사실적으로 묘사하는 경우가 해당된다.

2025년 상반기 미 상원 청문자료에도 이 정책이 운영 중이며, 라벨 노출 위치 규칙까지 구체화되어 있음을 재확인할 수 있다. 도입 초기, 케이팝 커버 안무 채널 한 곳이 무대 조명과 관객 함성을 생성형 오디오·비디오로 보강해 '실제 공연'처럼 보이게 만든 영상이 노란 라벨을 달고 노출되었다. 채널 운영자는 커뮤니티 탭에서 "라벨 때문에 조회수가 줄지 않을까 걱정했다"고 토로하지만, 몇 주가 지나 오히려 구독자 신뢰도와 평균 시청 지속시간이 늘어난 것을 확인했다. 라벨이 품질 인증으로 작동하기 시작했고, 댓글란에는 "합성 요소를 밝히니 창작 과정이 보인다"는 반응이 달렸다. 이제 플랫폼은 크리에이터 가이드라인·FAQ를 다국어로 확장하기 시작했고, 반복 미고지에는 제재를, 성실 고지에는 가시성 보상을 주는 '채찍과 당근' 체계를 병행하기 시작한 것이다. 이같은 조치들은 창작자에게 투명성 준수의 명확한 인센티브를 제공하고, 시청자에게는 "무엇이 실제이고 무엇이 합성인가"를 한눈에 구분할 수 있게 해준다. 엔터테인먼트 산업에서 표시 기반 신뢰는 "창작의 자유를 보존하면서도 오인을 줄인다"는 윤리와 실무의 접점을 제공하는 것이라 볼 수 있다.

사례 3 **TikTok × Universal Music Group의 'AI 클린업' 합의와 권리 보호**

2024년 5월 1일, Universal Music Group(UMG)과 TikTok은 갈등을 봉합하고 새 라이선스 계약을 발표했다. 그동안 UMG가 저작권과 보상 문제로 TikTok과의 갈등을 겪고 있었는데, 이에 따라 많은 곡들이 대거 삭제되고, 계약 만료로도 한동안 많은 곡들이 내려가있는 상태였다. 이번에 두 주체가 발표한 합의문에는 "음악 산업 전반에서 AI 개발이 인간 예술성 보호와 창작자 경제 보전을 전제로 해야 한다"는 원칙이 담기고, 무단 AI 생성 음악 제거와 아티스트·작사가 표기 개선에 대한 공동 실행 약속이 포함되었다. 이 계약으로 인해 UMG 소속 아티스트와 음원들이 다시 TikTok에서 정상적으로 사용될 수 있게 되었다. 이들간에 합의된 새로운 글로벌 라이선스 계약안에는 아티스트의 권익을 보호 강화하는 내용이 주된 내용으로 담겼는데, 계약의 중요한 포인트 중 하나는 TikTok이 AI 생성 음악(무단으로 만든 곡들)을 정리(clean-up)하고, 저작권 침해를 막겠다는 약속이다. 즉, AI가 만든 곡들이 원저작권자의 음악처럼 유통되는 문제를 관리하겠다는 것이 핵심이다.

이러한 합의 이후, 팬이 올린 '보컬 클론' 커버가 플랫폼에 업로드되면 자동 식별 모듈이 음색·프레이징 지문을 대조하고, UMG 카탈로그

UNIVERSAL MUSIC GROUP AND TIKTOK ANNOUNCE NEW LICENSING AGREEMENT

Home > News > Universal Music Group and TikTok Announce New Licensing Agreement

UNIVERSAL

UNIVERSAL MUSIC GROUP

TikTok

UNIVERSAL MUSIC GROUP AND TIKTOK ANNOUNCE NEW LICENSING AGREEMENT

Los Angeles, May 01, 2024 – Universal Music Group, the world leader in music-based entertainment and TikTok today announce a new multi-dimensional licensing agreement that will deliver significant industry-leading benefits for UMG's global family of artists, songwriters and labels and will return their music to TikTok's billion-plus global community.

The joint agreement marks a new era of strategic collaboration between the two organizations, built on a shared commitment to help UMG's artists and songwriters achieve their creative and commercial potential. By harnessing TikTok's best-in-class technology, marketing and promotional capabilities, UMG and TikTok will deliver improved remuneration for UMG's songwriters and artists, new promotional and engagement opportunities for their recordings and songs and industry-leading protections with respect to generative AI.

Sir Lucian Grainge, Chairman and CEO, Universal Music Group, said: *"This new chapter in our relationship with TikTok focuses on the value of music, the primacy of human artistry and the welfare of the creative community. We look forward to collaborating with the team at TikTok to further the interests of our artists and songwriters and drive innovation in fan engagement while advancing social music monetization."*

Universal Music Group(UMG)과 TikTok간의 보드자료(일부)

출처: Universal Music Group. (2024).
https://www.universalmusic.com/universal-music-group-and-tiktok-announce-new-licensing-agreement/?utm_source=chatgpt.com

와 충돌할 경우 업로더에게 자가 라벨링과 권리자 확인 요청이 간다. UMG는 내부 대시보드에서 사건을 검토해 라이선스 전환 여부를 판단하고, 합법적 커버·패러디는 유지하되 오인 소지·상업 오용은 제거·차단한다. 팬 창작의 자유와 권리 보호의 균형을 현장에서 바로 구현하는 셈이다. 이 합의는 "AI 악용으로 음악 플랫폼이 저품질·무권리 콘텐츠에 잠식되는 것을 막고, 양질의 팬 생성 콘텐츠가 정당한 표기·분배로 살아남게 한다"는 실용적인 윤리를 제시한 것이라 볼 수 있다. 결과적으로 이제 플랫폼은 신뢰 가능한 음악 검색 경험을, 레이블·크리에이터는 공정한 보상 경로를, 팬은 이들간의 명확한 경계를 알 수 있는 경험을 얻게 되었다. 이번 협상은 단순히 두 주체간의 음원 계약이 아니라, AI 시대의 저작권 보호와 공정한 생태계 구축을 위한 중요한 "룰 세팅"이라고 볼 수 있다.

토론 문제(Discussion Questions)

1. 무단 학습 차단과 정식 라이선스 유도가 결합된 'Sony Music Group의 'AI 학습 옵트아웃+라이선스' 모델이 창작 생태계의 혁신을 저해하지 않으면서도 권리 보호를 실질화하려면 어떤 조건이 필요할까?

2. YouTube의 'AI 라벨링' 정책을 바탕으로, 플랫폼의 AI 라벨링이 '창작 위축'이 아니라 '신뢰 신호'로 기능하려면, 플랫폼·크리에이터·광고주는 각각 무엇을 더 해야 할까?

3. 2024년 5월, TikTok과 Universal Music Group(UMG)은 AI 악용으로 인한 음악 권리 침해 문제를 해결하기 위해 합의안을 발표했다. 여기에는 무단 생성곡 삭제뿐 아니라, 합법적 전환 경로와 아티스트 표기 강화가 포함됐다. 무단 보컬 클론·합성곡의 '일괄 삭제'보다 '라이선스 전환'과 '표기 개선'을 우선하는 접근이 장기적으로 더 건강한 음악 생태계를 만든다는 주장은 타당한가?

에세이 과제

생각할 문제들

에세이 과제(Essay Assignments): 생각할 문제들

(답변을 손글씨로 직접 책 속에 작성해주세요)

1. Sony Music Group의 'AI 학습 옵트아웃'과 라이선스 전환 전략은 창작자 권리 보호를 강화하는 동시에 AI 혁신과의 균형을 꾀한다. 이러한 전략이 글로벌 음악 산업에서 표준으로 자리 잡기 위해 필요한 조건과 잠재적 위험 요인을 논하라.

2. YouTube가 도입한 'AI 생성 콘텐츠 라벨링' 제도가 창작 위축이 아닌 신뢰 향상 효과를 가져오기 위해 플랫폼과 크리에이터는 어떤 장기적 전략을 취해야 하는지 논하라.

3. TikTok과 UMG가 합의한 'AI 클린업 + 라이선스 전환' 접근이 장기적으로 팬 창작 문화와 음악 산업의 지속가능성을 높이는 방법인지 비판적으로 평가하라.

Industry Talk

실무자 인터뷰 인사이트 모음

1) Satya Nadella(Microsoft CEO)

"We need to ensure AI development is not just about efficiency, but responsibility. The systems we build must be transparent and accountable to the societies they serve."

(Financial Times, 2024.6.12.)

"AI 개발은 효율성만이 아니라 책임성을 중심에 두어야 합니다. 우리가 만드는 시스템은 그것을 사용하는 사회에 투명하고 책임을 질 수 있는 것이어야 합니다."

Key Takeaways

AI는 단순히 업무 효율성을 높이는 도구가 아니라, 사회적 책임을 수반하는 기술이다. 개발자와 기업은 기술이 작동하는 원리와 한계를 명확히 공개해야 하며, 그 결과에 대해 책임을 져야 한다. 이는 AI가 사회적 신뢰를 얻기 위한 필수 조건이다. 만약 투명성과 책임성이 결여된다면, AI는 혁신이 아니라 불신을 불러오는 위험 요소가 될 수 있다.

2) Frances Haugen(Tech Whistleblower)

"Without clear disclosure, AI risks deceiving audiences. People have the right to know when content is synthetic, especially in media and entertainment." (The Guardian, 2023.12.3.)

"명확한 공개가 없으면, AI는 대중을 기만할 위험이 있습니다. 특히 미디어와 엔터테인먼트에서는 콘텐츠가 합성된 것일 때, 사람들은 이를 알 권리가 있습니다."

Key Takeaways

AI가 생성한 콘텐츠는 반드시 출처와 성격이 공개되어야 한다. 특히 미디어와 엔터테인먼트 영역에서는 합성 이미지·영상·음악이 실제와 혼동되기 쉽기 때문에, 이를 명확히 라벨링하지 않는다면 대중을 기만할 수 있다. 따라서 AI 콘텐츠의 윤리적 활용은 '사용자의 알 권리'를 보장하는 것에서 시작되며, 이것이 신뢰를 구축하는 첫걸음이 된다.

3) Tim Cook(Apple CEO)

"Privacy is a fundamental human right. Any AI that compromises user privacy is not innovation, but intrusion."

(WSJ, 2024.4.15.)

"프라이버시는 기본적인 인권입니다. 사용자 프라이버시를 침해하는 AI는 혁신이 아니라 침해입니다."

Key Takeaways

프라이버시는 디지털 시대를 살아가는 모든 사람이 누려야 할 기본적인 권리다. 그런데 인공지능이 개인의 대화 내용이나 검색 기록, 시청 이력 등을 동의 없이 수집하고 활용한다면, 그것은 혁신이 아니라 감시에 가까워진다. 결국 개인정보 보호는 단순히 보안 기술의 문제가 아니라, 기업이 사회적 책임을 다하고 있다는 신뢰의 지표가 된다. AI가 제대로 된 신뢰를 얻기 위해서는 이용자의 권리를 존중하는 설계가 전제되어야 하며, 이것이야말로 윤리적 기술 발전의 핵심 조건이라 할 수 있다.

4) Margaret Mitchell(Ethics Researcher, ex-Google AI)

"Bias in AI systems is not an accident—it reflects the data and decisions we make. Ethical AI requires constant auditing and intervention." (MIT Tech Review, 2024.1.20.)

"AI 시스템의 편향은 우연이 아니라, 우리가 선택한 데이터와 결정의 반영입니다. 윤리적인 AI를 위해서는 지속적인 점검과 개입이 필요합니다."

Key Takeaways

AI의 편향은 우연히 발생하는 것이 아니라, 데이터와 알고리즘 설계의 결과다. 이는 곧, 편향을 방치하면 AI는 기존의 불평등과 차별을 확대 재생산할 수 있다는 뜻이다. 따라서 윤리적 AI를 위해서는 데이터셋 점검, 알고리즘 감사, 외부 전문가의 지속적인 개입이 필요하다. 기업과 연구자는 편향을 단순한 오류가 아닌 사회적 문제로 인식해야 하며, 이를 적극적으로 개선해야 한다.

5) Sam Altman(OpenAI CEO)

"The question is not if AI will be used, but how responsibly. We must build governance frameworks before the harms outweigh the benefits." (Bloomberg, 2023.11.8.)

"AI가 사용될지 말지가 아니라, 얼마나 책임감 있게 사용될지가 핵심입니다. 피해가 이익을 초과하기 전에 거버넌스 체계를 마련해야 합니다."

Key Takeaways

AI의 활용은 이미 불가피한 흐름이므로, 핵심은 어떻게 책임감 있게 운영하느냐에 달려 있다. 피해가 발생한 이후에 대응하는 것이 아니라, 사전에 거버넌스 체계와 안전 장치를 마련해야 한다. 이는 정부, 기업, 학계, 시민 사회가 함께 참여해야 가능한 일이다. 결국 윤리적 문제를 미리 관리하는 것이야말로, AI의 장점을 극대화하고 부작용을 최소화하는 유일한 길이다.

6) Shoshana Zuboff(Harvard Professor, Author of Surveillance Capitalism)

"AI can easily become a surveillance tool if left unchecked. The line between personalization and manipulation must be carefully guarded." (Interview, NPR, 2024.2.11.)

"AI는 제어되지 않으면 감시 도구로 쉽게 전락할 수 있습니다. 개인화와 조작 사이의 경계를 엄격히 지켜야 합니다."

Key Takeaways

AI는 사용자의 취향을 분석해 맞춤형 서비스를 제공하는 장점이 있지만, 동시에 그 기능이 잘못 쓰일 경우 감시나 조종의 수단이 될 위험도 안고 있다. 편리함이라는 이름 아래 개인의 데이터가 추적되거나 행동이 은밀하게 유도된다면, 이는 기술의 본래 목적을 벗어나는 일이다. 그렇기 때문에 개인화와 조작 사이의 경계를 분명히 하고, 이를 지켜낼 규제와 사회적 합의가 필요하다. 결국 AI가 사람을 위한 도구로 남으려면 권력 남용을 막을 제도적 장치가 반드시 마련되어야 한다.

7) Yuval Noah Harari(역사학자, 『사피엔스』 저자)

"Once AI can generate stories and music that people love, the question becomes: who controls the narrative power? Ethics is not optional—it defines the future of culture."

(WEF, Davos, 2024.1.24.)

"AI가 사람들이 사랑하는 이야기와 음악을 만들어낼 수 있게 되면, 문제는 누가 그 서사적 힘을 통제하는가로 바뀝니다. 윤리는 선택이 아니라, 문화의 미래를 규정하는 핵심입니다."

Key Takeaways

AI가 음악, 영화, 이야기 같은 문화 콘텐츠를 만들어내는 시대에는, 누가 서사의 힘을 쥐고 있는지가 사회적 윤리의 핵심 질문이 된다. 기술 자체보다 중요한 것은 그것을 지배하는 주체와 방향성이다. 윤리적 기준 없이 AI가 서사적 힘을 독점한다면, 문화와 가치 체계가 왜곡될 수 있다. 따라서 AI 윤리는 선택의 문제가 아니라, 인간 문명의 미래를 규정하는 필수 과제가 된다.

참고한 자료들

과학기술정보통신부·한국지능정보사회진흥원. (2020). *인공지능 윤리기준: 사람 중심의 신뢰 worthy AI*. 한국지능정보사회진흥원. https://www.nia.or.kr/site/nia_kor/ex/bbs/View.do?cbIdx=99870&bcIdx=23558

국회입법조사처. (2023). *인공지능 규제동향과 시사점*. 국회입법조사처. https://www.nars.go.kr/report/view.do?cmsCode=CM0157&brdSeq=40808

대한민국 개인정보보호위원회. (2021). *인공지능(AI) 개인정보보호 가이드라인*. 개인정보보호위원회. https://www.pipc.go.kr/cmt/ntc/ntcView.do?ntcId=1344

방송통신위원회. (2023). *방송·미디어 산업에서의 인공지능 활용과 윤리 가이드라인*. 방송통신위원회. https://www.kcc.go.kr

정보통신정책연구원(KISDI). (2024). *방송영상산업에서의 생성형 AI 활용과 시사점(KISDI Perspectives)*. 정보통신정책연구원. https://www.kisdi.re.kr/report/view.do?keyId=23814

한국문화관광연구원. (2024). *디지털 전환 시대의 문화정책과 윤리*. 한국문화관광연구원. https://www.kcti.re.kr/web/board/view.do?bbsId=notice&nttId=15558

한국방송통신전파진흥원. (2024). *미디어 이슈 & 트렌드 제44호*. 한국방송통신전파진흥원. https://www.kca.kr/Media_Issue_Trend/vol44/KCA_Media_Issue_Trend_vol44.pdf

한국인터넷진흥원. (2021). *인공지능 서비스 보안 가이드(초안)*. 한국인터넷진흥원. https://www.kisa.or.kr/public/laws/laws_View.jsp?b_No=264

한국저작권위원회. (2023). *인공지능과 저작권 안내서*. 한국저작권위원회. https://www.copyright.or.kr/information-materials/materials/view.do?brdctsno=108295

한국콘텐츠진흥원. (2025). *KOCCA 포커스 통권 193호- 'Made by AI 음악'과 공존하기—생성형 AI 시대 음악산업의 전환과 정책 방향*. 한국콘텐츠진흥원. https://www.kocca.kr/kocca/bbs/view/B0000141/2009283.do

Bender, E. M., Gebru, T., McMillan-Major, A., & Shmitchell, S. (2021). On the dangers of stochastic parrots: Can language models be too big? *Proceedings of the 2021 ACM Conference on Fairness, Accountability, and Transparency*(FAccT), 610-623. https://doi.org/10.1145/3442188.3445922

Bommasani, R., Hudson, D. A., Adeli, E., et al. (2021). On the opportunities and risks of foundation models. *Stanford Institute for Human-Centered Artificial Intelligence(HAI) Report*. https://arxiv.org/abs/2108.07258

Coalition for Content Provenance and Authenticity(C2PA). (2025). *Content credentials: C2PA technical specification 2.2*. https://spec.c2pa.org/specifications/specifications/2.2/specs/_attachments/C2PA_Specification.pdf

Council of Europe. (2024). *Framework Convention on Artificial Intelligence, Human Rights, Democracy and the Rule of Law*. https://www.coe.int/en/web/artificial-intelligence/ai-treaty

European Union. (2024). *Regulation(EU) 2024/1689 laying down harmonised rules on artificial intelligence(AI Act). Official Journal of the European Union*. https://eur-lex.europa.eu/eli/reg/2024/1689/oj

Floridi, L., & Cowls, J. (2019). A unified framework of five principles for AI in society. *Harvard Data Science Review, 1*(1). https://doi.org/10.1162/99608f92.8cd550d1

IEEE. (2019). *Ethically Aligned Design: A Vision for Prioritizing Human Well-being with Autonomous and Intelligent Systems*(1st ed.). IEEE. https://standards.ieee.org/industry-connections/ec/autonomous-systems/ead/

ISO/IEC. (2023). *ISO/IEC 23894:2023—Information technology—Artificial intelligence—Risk management*. https://www.iso.org/standard/77304.html

Kearns, M., & Roth, A. (2019). *The ethical algorithm: The science of socially aware algorithm design*. Oxford University Press. https://global.oup.com/academic/product/the-ethical-algorithm-9780190948207

Mitchell, M., Wu, S., Zaldivar, A., Barnes, P., Vasserman, L., Hutchinson, B., Spitzer, E., Raji, I. D., & Gebru, T. (2019). Model cards for model reporting. *Proceedings of the Conference on Fairness, Accountability, and Transparency(FAccT)*, 220–229. https://doi.org/10.1145/3287560.3287596

NIST. (2023). *AI Risk Management Framework(AI RMF 1.0)*. National Institute of Standards and Technology. https://www.nist.gov/itl/ai-risk-management-framework

OECD. (2019). *OECD principles on artificial intelligence*. Organisation for Economic Co-operation and Development. https://oecd.ai/en/ai-principles

Partnership on AI. (2024). *Synthetic Media Framework Case Study: OpenAI*. https://partnershiponai.org/paper/synthetic-media-framework-case-study-openai/

Raji, I. D., Smart, A., White, R. N., et al. (2020). Closing the AI accountability gap: Defining an end-to-end framework for internal algorithmic auditing. *Proceedings of the 2020 Conference on Fairness, Accountability, and Transparency(FAccT)*, 33–44. https://doi.org/10.1145/3351095.3372873

The White House. (2023). *Executive Order on the Safe, Secure, and Trustworthy Development and Use of Artificial Intelligence*(October 30, 2023). https://www.whitehouse.gov/briefing-room/presidential-actions/2023/10/30/executive-order-safe-secure-and-trustworthy-ai/

U.K. Information Commissioner's Office. (2020). *Guidance on AI and data protection*. Information Commissioner's Office. https://ico.org.uk/for-organisations/guide-to-data-protection/key-dp-themes/guidance-on-ai-and-data-protection/

UNESCO. (2021). *Recommendation on the ethics of artificial intelligence*. United Nations Educational, Scientific and Cultural Organization. https://unesdoc.unesco.org/ark:/48223/pf0000381137

United Nations. (2023). *Interim report of the Advisory Body on Artificial Intelligence: Governing AI for humanity*. https://www.un.org/sg/en/artificial-intelligence-advisory-body

U.S. Copyright Office. (2023). *Copyright registration guidance: Works containing material generated by artificial intelligence. Federal Register, 88*(52), 16190–16194. https://www.federalregister.gov/documents/2023/03/16/2023-05321

YouTube. (2024). *How we're helping creators disclose altered or synthetic content*. https://blog.youtube/news-and-events/disclosing-ai-generated-content/

〉 엔터테인먼트 산업별 주요 홈페이지 & 활용정보

국가/지역	기관·문서명	공식 홈페이지(URL)	주요 초점 (윤리/규제/저작권)	핵심 내용 요약
KR 한국	국가 인공지능 윤리기준 (KISDI·과기정통부)	https://ai.kisdi.re.kr/eng/main/contents.do?menuNo=500011	**AI 윤리**	인간 중심 AI를 위한 3대 원칙·10대 기준 제시(안전성, 공정성, 프라이버시 등).
KR 한국	한국저작권위원회 – Generative AI & Copyright	https://www.copyright.or.kr/eng	**AI·저작권**	생성형 AI 저작권 가이드, 저작권 정책·분쟁 사전 예방 자료 제공.
KR 한국	과기정통부 – 신뢰할 수 있는 인공지능 실현 전략	https://www.msit.go.kr/eng/bbs/view.do?bbsSeqNo=42&mId=4&mPid=2&nttSeqNo=509	**AI 정책·거버넌스**	안전·신뢰 기반 AI 생태계 구축을 위한 정부 전략(3대 전략·10대 과제).
EU EU	EU Commission – Ethics Guidelines for Trustworthy AI	https://digital-strategy.ec.europa.eu/en/library/ethics-guidelines-trustworthy-ai	**AI 윤리**	'신뢰할 수 있는 AI' 7대 요건(투명성, 인간 감독, 공정성 등) 공식 기준.
US 미국	NIST – AI Risk Management Framework(AI RMF)	https://www.nist.gov/itl/ai-risk-management-framework	**AI 위험·윤리**	AI 신뢰성·책임성 확보를 위한 위험 관리 프레임워크(설계·개발·운영).
US 미국	U.S. Copyright Office – AI & Copyright	https://www.copyright.gov/ai/	**AI·저작권**	생성형 AI 출력물의 저작물성, 디지털 재현(Replica) 등 AI 관련 쟁점 정리.
GB 영국	GOV.UK – AI Ethics and Safety Guidance	https://www.gov.uk/data-ethics-guidance/understanding-artificial-intelligence-ethics-and-safety	**AI 윤리**	공공부문 AI 윤리·안전성 기준 및 실무 체크리스트 제공.
GB 영국	UK AI Regulatory Principles – Regulators Guidance	https://assets.publishing.service.gov.uk/media/65c0b6bd63a23d0013c821a0/implementing_the_uk_ai_regulatory_principles_guidance_for_regulators.pdf	**AI 규제**	영국 5대 AI 규제 원칙(안전·투명성·공정성 등) 실행지침.
JP 일본	METI – AI Guidelines for Business	https://www.meti.go.jp/english/press/2024/0419_002.html	**AI 윤리·기업 가이드**	기업 실무 중심의 인간 중심 AI 지침(책임성·안전성·거버넌스 요소 포함).
CA 캐나다	Directive on Automated Decision-Making	https://www.canada.ca/en/government/system/digital-government/digital-government-innovations/responsible-use-ai/guide-scope-directive-automated-decision-making.html	**AI 의사결정 윤리·투명성**	정부의 자동화된 행정결정(AI)의 투명성, 영향평가, 책임성 의무화.
CN 중국	MOST – 신세대 인공지능 윤리규범	http://www.most.gov.cn/kjbgz/202109/t20210926_177063.html	**AI 윤리·규제**	중국 AI 윤리규범: 인간존중, 통제 가능성, 안전, 공정성·책임.
CN 중국	차세대 AI 발전계획 (영문 번역)	https://digichina.stanford.edu/work/full-translation-chinas-new-generation-artificial-intelligence-development-plan-2017/	**AI 국가전략**	중국의 2030 AI 전략·윤리·안전 프레임 제시.
국제기구	WIPO – AI & Intellectual Property	https://www.wipo.int/en/web/frontier-technologies/artificial-intelligence/index	**AI·IP·저작권**	국가별 AI·IP 정책 리포지토리 제공, AI·저작권·특허 이슈 논의.
국제기구	OECD.AI – AI Policy Observatory	https://oecd.ai/en/	**AI 정책·윤리 지표**	OECD AI Principles 기반 각국의 AI 윤리·규제 정책을 비교 가능한 데이터 포털.

10
Chapter

미래의 엔터테인먼트 : AI와 인간이 공존하는 세계

세부 내용:
- AI가 주도하는 미래 엔터테인먼트 트렌드 예측
- 인간 창작자와 AI의 공존 모델
- AI 발전에 따른 새로운 직업과 기회

기대효과:
- AI와 엔터테인먼트의 미래를 전망
- 창작자와 소비자가 준비해야 할 변화 이해

시사점:
- AI 시대에도 인간 창의성의 중요성
- 새로운 기술을 받아들이는 사회적 태도

주요 독자층:
- 미래학자, 창작자, 일반 독자
- AI와 엔터테인먼트 산업에 관심있는 학생 및 관련 종사자
- 정책입안자 및 법률가

Big Map

전체 챕터 구성과 연관성 지도

Chapter Ⅰ	Chapter Ⅱ	Chapter Ⅲ	Chapter Ⅳ	Chapter Ⅴ
AI와 엔터테인먼트의 만남: 역사와 현재	**AI가 만들어내는 콘텐츠:** 창작과 제작의 진화와 혁신	**AI와 영화 산업:** 가상 배우에서 자동 편집까지	**AI와 음악 산업:** 작곡, 연주, 믹싱의 자동화	**AI와 게임 산업:** NPC, 시뮬레이션, 자동 콘텐츠 생성

Chapter Ⅵ	Chapter Ⅶ	Chapter Ⅷ	Chapter Ⅸ	Chapter Ⅹ
AI와 방송·미디어: 뉴스, 광고, 스트리밍의 자동화	**AI와 공연예술:** 가상 아이돌, 홀로그램 콘서트, 인터랙티브 공연	**AI와 팬덤 문화:** 팬과 AI의 새로운 관계	**AI와 윤리:** 창작과 기술의 경계를 넘어서	**미래의 엔터테인먼트:** AI와 인간이 공존하는 세계

이번 챕터는 앞선 챕터들과 모두 유기적으로 연결된다. 1챕터부터 9챕터까지 다루었던 AI와 엔터테인먼트의 융합, 콘텐츠 제작 혁신, 음악과 게임 산업의 변화, 윤리적 논쟁은 모두 하나의 흐름 속에서 이해할 수 있다. 즉, 기술이 콘텐츠를 어떻게 재편하는지, 창작자와 소비자 간의 관계가 어떻게 달라지는지, 이 모든 새로운 환경속에서 산업의 구조는 어떻게 달라져야 하는지를 보여주는 맥락이다. 마지막 챕터는 지금까지 다루어온 논의를 정리하면서, 앞으로 엔터테인먼트 산업이 어떤 방향으로 나아갈지를, 즉, "이 모든 변화가 결국 어디로 향하는가"라는 질문을 살펴보는 부분이다. 독자가 전체 흐름을 되짚어 보며 미래를 전망할 수 있도록 길잡이 역할을 한다고 볼 수 있다.

이 챕터는 크게 세 가지 물음을 중심에 둔다. 첫째, AI가 빠르게 발전하는 상황에서 미래의 엔터테인먼트 트렌드를 어떻게 예측할 수 있을까. 둘째, 인간 창작자와 AI가 단순히 경쟁하는 것이 아니라, 서로 보완하며 함께 작업할 수 있는 협력 모델은 어떤 모습일까. 셋째, 이러한 변화 속에서 어떤 새로운 직업과 기회가 나타나고, 우리는 어떻게 대비해야 할까. 이 세 가지 질문은 앞선 장에서 다룬 윤리, 창작 과정, 기술 혁신을 모두 잇는 주제이며, 동시에 독자가 미래를 준비하는 데 실제적인 통찰을 제공한다.

Intro(도입)

초연결 시대에서의 융합, 그리고 엔터테인먼트 산업의 미래는?

오늘날의 엔터테인먼트는 더 이상 무대나 스크린 속에만 머무르지 않는다. 모든 것이 연결되는 초연결 사회에서, 하나의 콘텐츠는 여러 플랫폼을 넘나들며 관객과 팬, 그리고 소비자를 동시에 만난다. 영화관에서 보던 장면이 곧바로 스마트폰의 짧은 영상으로 잘려나가 소셜미디어를 통해 퍼지고, 공연장의 현장이 실시간 스트리밍으로 지구 반대편까지 이어진다. 이는 단순히 기술이 발전했기 때문에 생긴 현상이 아니라, 문화와 예술이 소통하는 방식이 근본적으로 달라졌다는 사실을 보여준다. 특히 인공지능의 등장은 이 변화의 한가운데 서 있다. 과거 인간 작업자의 손길로만 이루어지면서, 사람이 창작의 전 과정을 주도하던 시대는 끝났다. 더욱이 인공지능은 단순히 기술을 보조하는 수단에 불과했던 시대도 끝났다. AI는 우리의 삶과 기업들을 보조하는 단계를 넘어서서 직접 창작을 시도하며, 새로운 경험 방식을 제안하고 있다. 게임 속 NPC가 플레이어의 선택에 따라 이야기를 바꾸거나, 음악 플랫폼이 이용자의 감정 상태를 분석해 실시간으로 새로운 곡을 만들어내는 것처럼, 엔터테인먼트의 경계는 점점 더 유동적이고 인터랙티브하게 변한다. 우리의 역사를 돌이켜 보면 이러한 변화는 늘 위기와 기회를 동시에 동반했다. 영화가 무성에서 유성으로, 흑백에서 컬러로 전환될 때 수

많은 창작자가 새로운 가능성과 불안을 함께 마주했다. 음악이 LP에서 CD로, 다시 디지털 음원으로 넘어갈 때도 기존 질서는 흔들리고 새로운 주역이 등장했다. 그러나 지금의 AI 기반 변화는 단순한 형식 전환을 넘어선다. 창작의 주체와 방식 자체를 바꾸는 구조적 전환이라는 점에서, 21세기 엔터테인먼트는 과거와는 전혀 다른 차원의 변화를 맞이하고 있다. 이 새로운 시대를 이끌어나갈 제도적 틀과 게임의 룰을 정하는 자의 역할도 그 어느때보다 중요해졌다.

한편, 관객은 더 이상 무대 아래에서 단순히 결과물을 받아들이는 존재에 머무르지 않는다. 즉, 소비자 역시 단순한 수용자의 자리에 머물지 않는

AI Humans and Robots

출처: Bovee and Thill, CC BY 2.0 〈https://creativecommons.org/licenses/by/2.0〉, via Wikimedia Commons
https://commons.wikimedia.org/wiki/File:AI_Humans_and_Robots.jpg

다. 디지털 플랫폼과 AI 기술이 결합하면서, 소비자는 점차 공동 창작자(co-creator)의 자리를 꿰차고 있다. 예를 들어 K-팝 팬덤은 단순히 음악을 소비하는 데 그치지 않고, SNS와 팬 커뮤니티를 통해 가상 아이돌의 세계관을 직접 확장하거나 새로운 설정을 덧입히는 데 적극적으로 참여한다. 게임 산업에서도 마찬가지다. 대표적으로 〈마인크래프트〉나 〈로블록스〉 같은 플랫폼은 게이머들이 함께 가상 공간을 구축하고, AI 기반 도구가 그 과정을 지원하면서 협업의 규모를 더욱 넓혀주고 있다. 라이브 스트리밍에서는 시청자가 채팅이나 투표를 통해 이야기 전개에 개입하는 일이 이미 일상화되었으며, 일본의 버추얼 유튜버(Vtuber) 산업은 팬들의 요청과 반응을 실시간으로 반영하는 문화로 자리 잡았다. AI는 이러한 참여적 흐름과 만나 개인에게는 맞춤형 경험을 제공하고, 동시에 집단적 창작의 장을 크게 확장한다.

하지만 그 가능성이 커질수록 새로운 물음도 따라온다. 인공지능이 만든 결과물이 인간의 창작물과 같은 예술적 가치를 지닐 수 있는가? 창작의 주도권은 여전히 인간에게 있어야 하는가, 아니면 기술을 동등한 파트너로 인정해야 하는가? 더 나아가 새롭게 생겨나는 직업과 기회는 누구에게 열릴 것인가? 이러한 질문들은 추상적인 담론에 그쳐서는 안된다. 이미 산업 현장에서 제작자와 기업은 이러한 쟁점과 마주하고 있으며, 정책 입안자 역시 제도적 대응을 시급히 고민해야 한다. 따라서 여기서 다루는 문제는 단순한 기술 전망, 그 이상을 넘어선다. 이는 AI와 인간이 어떻게 공존할 것인지, 그리고 앞으로의 엔터테인먼트를 어떤 태도로 준비하고 받아들일 것인지에 대한 성찰의 자리이자 독자에게 던지는 초대장이라 할 수 있다.

개념과 이론 파트

AI와 인간의 공존을 이해하는 이론적 틀

AI와 엔터테인먼트의 관계를 이해하려면 단순한 기술적 설명을 넘어 경영학, 사회학, 윤리학적 시각을 함께 고려해야 한다. 여기서는 세 가지 축, 1) 경영전략과 혁신 이론, 2) 인간-기계 공존 모델, 3) 사회문화적 분석을 중심으로 논의를 정리하고, 실제 산업 현장에서 어떻게 적용되는지 간단히 살펴본다.

1) 경영전략과 혁신 이론: 동적역량과 오픈 이노베이션

AI를 활용하는 기업 전략을 설명하는 대표적 틀이 바로 '자원기반이론'과 '동적역량(Dynamic Capabilities)' 이론이다. 특히, 기업은 급변하는 환경에서 동적역량을 활용해, 기존 자산을 재배치하며 새로운 기회를 포착해야 한다. 넷플릭스는 단순히 방대한 콘텐츠를 보유하는 데 그치지 않고, AI 추천 알고리즘을 통해 개별 이용자의 취향을 실시간으로 분석한다. 이는 전통적 규모의 경제가 아니라 데이터 기반 경제를 활용한 경쟁우위 전략이라 할 수 있다. 한국의 경우 CJ ENM은 방송 편성 과정에 AI를 도입해 시청자의 반응 데이터를 실시간 분석하고, 프로그램 기획 단계에서 이를 반영하려는 시도를 하고 있다. 이는 동적 역량 이론이 현장에서 어떻게 작동하는지를 보여주는 좋은 사례다. 또한 '오픈 이노베이션(Open Innovation)' 이론 역시 중요하다. AI 발전은 연구소 안에서만 일어나지 않는다. 오픈소스 커뮤니티, 스타트업, 학계와의 협력이 새로운 기술을 지속적으로 가속화한다. 예를들어, 하이브(HYBE)는 자체 역량만으로 가상 아이돌을 구현하기보다, 외부 AI 기업과 공동 프로젝트를 추진하면서 생태계 전반의 자원을 끌어들이는 방식을 택했다. 이는 AI와 엔터테인먼트의 관계를 이해하는데 가장 핵심적인 학문적 배경으로 작동한다.

2) 인간-기계 공존 모델: 휴먼 인 더 루프(Human-in-the-loop)

AI와 인간의 관계를 단순히 '대체'로 보는 시각은 점점 설득력을 잃고 있다. 따라서 단순 대체(Substitute)보다는 '보완적 관계(Complementarity)' 모델이 더 설득력이 있다. 이러한 보완적 관계는 인간과 기계가 서로의 한계를 메우며 새로운 성과를 만든다고 설명한다. 영화 〈라이온 킹〉(2019) 실사화에서는 동물의 움직임을 AI가 먼저 생성했고, 인간 아티스트가 세밀한 미적 조정을 더해 완성도를 높였다. 한국에서도 드라마 VFX 제작 현장에서 AI가 배경 합성을 자동 처리하면, 미술 감독이 색감과 질감을 조율하는 식으로 인공지능과 인간이 함께하는 협업이 이루어진다. 이 개념은 바로 '휴먼 인 더 루프(Human-in-the-loop)'라는 용어로 정리된다. AI가 자동으로 제안하더라도 최종 판단이나 최종 작업은 인간이 내리는 구조인 셈이다. 음악 산업에서도 이러한 협업은 이미 보편화되고 있다. 예를 들어, 카카오엔터테인먼트는 AI 작곡 도구를 도입해 멜로디 초안을 생성하고, 뮤지션이 이를 다듬어 곡을 완성하는 방식을 활용한다. 더 나아가 '공진화(Co-evolution)' 모델은 인간과 AI가 상호작용 속에서 함께 발전한다고 본다. 게이머가 AI NPC와 반복적으로 상호작용할수록 캐릭터는 더 정교해지고, 동시에 게이머도 새로운 규칙에 적응하며 색다른 플레이 경험을 만든다. 이는 단순 협업을 넘어선 상호 학습 과정에 속한다고 볼 수 있다.

3) 사회문화적 분석 틀: 사용자 혁신(User Innovation) 외

AI와 엔터테인먼트의 관계는 단순히 기술 혹은 비즈니스만으로 설명되지 않는다. 따라서 '사용자 혁신(User Innovation)' 이론은 팬덤 문화와 연결될 때 힘을 발휘한다. BTS 팬덤 '아미(ARMY)'는 단순히 음악을 소비하는 데서 그치지 않고, 팬픽이나 2차 창작을 통해 세계관을 확장했다. 더 나아가, 이제는 BTS의 '아미' 뿐만 아니라 더 많은 K-POP 팬들이 AI 이미지 생성기를 활용해 직접 아트워크를 제작하거나, 가상의 뮤직비디오 콘셉트를 공유하는 경우도 늘고 있다. 이는 그야말로 '창작의 민주화'가 만들어졌음을 보여주는 것이다 그러나 동시에 저작권과 통제 문제라는 새로운 과제를 동반하고 있다. 한편, '사회기술적 시스템(Socio-technical Systems)' 이론은 기술이 사회와 문화 속에서 의미를 얻는다고 본다. 예를 들어, 한국에서는 AI 가상 아이돌이 'K-팝 혁신'으로 호평받을 수 있지만, 일부 서구 시장에서는 인간성을 대체한다는 비판을 받을 수도 있다. 같은 기술도 문화적 맥락에 따라 평가가 달라지는 것이다. 마지막으로 '창의성의 사회적 구성(Social Construction of Creativity)' 이론은 창작을 개인의 고립된 능력이 아니라 사회적 관계망과 제도적 환경 속에서 형성된다고 본다. AI가 창작 과정에 본격적으로 참여하는 순간, '누가 진정한 창작자인가'라는 질문은 피할 수 없다. 이 논의는 법적 책임 문제를 넘어 예술의 본질과 인간 정체성에 대한 성찰로 이어지고 있다.

4) 엔터테인먼트 산업 적용

이러한 이론들은 추상적 개념에 머물지 않고, 실제 엔터테인먼트 산업에 빠르게 응용 및 적용되고 있다. 영화사들은 동적 역량 관점에서 AI를 도입해 제작 비용을 줄이고, 팬덤 기업들은 사용자 혁신 이론을 활용해 커뮤니티 참여를 촉진한다. 동시에, 휴먼 인 더 루프 원칙은 제작 현장의 윤리 가이드라인으로 반영되고 있으며, 사회기술적 분석은 글로벌 진출 전략의 토대가 된다. 결국 이론적 틀은 단순한 학문적 언어가 아니라, 실제 산업 현장에서 방향을 잡아주는 나침반으로 작동한다. AI와 인간이 어떻게 공존할지에 대한 논의는, 향후 엔터테인먼트 산업의 미래를 준비하는 핵심 전략적 과제이기도 하다. 이는 곧 학문적 장식물이 아니라, 기업의 전략과 정책 수립의 실질적인 나침반 역할을 할 것이다.

사례 파트(Case Study 및 토론문제)

실무적인 파트

사례 1 넷플릭스(Netflix)의 AI 추천 알고리즘과 창작 생태계

넷플릭스는 원래 DVD 대여 서비스에서 출발했지만, 스트리밍 서비스로 전환하면서 전 세계 미디어 산업의 흐름을 바꿔 놓았다. 특히 주목할 점은 이 회사가 단순히 영상을 전달하는 유통 플랫폼을 넘어서, 인공지능 기반 추천 시스템을 활용해 이용자마다 다른 '개인화된 시청 경험'을 만들어냈다는 사실이다. 넷플릭스의 추천 엔진은 단순히 좋아하는 장르를 묻거나 클릭 수만 세는 수준이 아니다. 어떤 요일과 시간대에 어떤 콘텐츠를 보는지, 특정 장면을 끝까지 시청했는지 혹은 중간에 멈췄는지, 되돌려 본 장면은 어디였는지 같은 세세한 사용 패턴을 분석한다. 이렇게 축적된 데이터는 각 이용자의 취향을 정밀하게 그려내고, 그 결과는 '이용자가 다음에 볼 만한 작품'을 제안하는 방식으로 이어진다. 이 알고리즘은 단순히 시청자 편의에 머물지 않는다. 넷플릭스는 데이터 분석을 창작 단계에도 적극 활용한다. 대표적 사례가 2013년에 공개된 오리지널 시리즈 〈하우스 오브 카드(House of Cards)〉다. 당시 넷플릭스는 정치 드라마 장르에 대한 수요가 높고, 케빈 스페이시와 데이비드 핀처에 대한 팬층이 탄탄하다는 데이터를 확보하고 있었다. 이를 토대로 시리즈 제작을 결정했고, 결과적으로 큰 성공을 거두었다. 이후에도 넷플릭스는 특정 국가에서 로맨틱 코미디의 수요가 늘고 있거나, 특정 연령대가 여성 주인공 중심 서사에 반응한다는 사실을 확인하면, 그 데이터를 기획 단계에 반영하는 방식을 택했다. 물론 이러한 접근은 장점만 있는 것은 아니다. 데이터 기반 제작은 흥행 가능성을 높이고 시청자 만족도를 끌어올리는 효과가 있지만, 동시에 '안전한 선택'을 계속 기계적으로 반복하게 만들 수 있다는 우려도 나온다. 지나치게 계산된 작품은 새로운 실험이나 예술적 도전을 위축시키고, 결국 시청자가 예기치 못한 참신함을 경험할 기회를 줄일 수 있다는 것이다. 다시 말해, 넷플릭스의 AI 추천 시스템은 창작의 방향을 제시하는 가이드가 되기도 하지만, 창작자의 직관과 독창성을 시험하는 새로운 과제가 되기도 한다.

Only on Netflix

출처: Dick Thomas Johnson from Tokyo, Japan, CC BY 2.0 ⟨https://creativecommons.org/licenses/by/2.0⟩, via Wikimedia Commons https://commons.wikimedia.org/wiki/File:Only_on_Netflix_(53133960161).jpg

사례 2 하이브의 AI 음성 합성 기업 수퍼톤(Supertone) 인수, 그리고 진짜 가상 아이돌 MAVE:(메이브)의 데뷔

하이브는 BTS의 글로벌 성공 이후 K-팝 산업의 가장 큰 영향력을 가진 기업 중 하나로 자리 잡았다. 그 과정에서 새로운 성장 동력으로 주목받은 것이 바로 가상 아이돌 프로젝트다. 하이브는 2021년 AI 음성 합성 전문기업 수퍼톤(Supertone)을 인수한 뒤 이를 바탕으로 AI 보컬 기술을 음악 제작에 활용하고 있다. 한편, 실제로 이를 구현해 가상 아이돌을 데뷔시킨 기업들도 있다. 2023년 1월, 카카오엔터테인먼트와 넷마블 자회사 메타버스엔터테인먼트는 4인조 가상 걸그룹 MAVE:를 정식 데뷔시켰다. 이 그룹은 시우(Siu), 제나(Zena), 마티(Martie), 타이라(Tyra)라는 네 명의 멤버로 구성되며, 인공지능 기반 얼굴 생성, 모션 캡처, 음성 합성 기술을 활용해 실제 아이돌과 흡사한 외형과 퍼포먼스를 구현했다. 데뷔곡 〈Pandora〉의 뮤직비디오는 유튜브 공개 직후 수천만 회의 조회수를 기록했고, 스트리밍 플랫폼에서도 빠르게 인기를 얻었다. MAVE:는 실제 음악방송 무대에도 등장해 가상 캐릭터가 현실 무대에서 활동할 수 있다는 가능성을 보여주었다. 팬들은 SNS와 커뮤니티를 통해 실시간으로 멤버와 소통했고, 제작사는 팬 반응 데이터를 분석해 의상·콘셉트·안무 일부를 조정하는 방식으로 피드백을 반영했다. 특히 해외 팬덤의 반응이 뜨거웠다. 물리적 제약 없이 온라인을 통해 언제든 접속할 수 있는 가상 아이돌은 시차나 거리 때문에 한국 아티스트와 교류하기 어려웠던 해외 팬들에게 매력적인 대안이 되었다. 이런 새로운 형태의 아이돌은 기존 한류 팬덤을 확장시키는 데 중요한 역할을 한다. 시간과 장소의 제약을 넘어, 언제 어디서든 팬과 '만남'이 가능하기 때문이다. 실제로 MAVE:의 SNS 팔로워와 유튜브 시청자의 상당수는 동남아시아, 북미, 유럽 등 해외 지역에서 유입되었다. 그러나 논란도 계속 존재한다. 일부 팬은 "인간 아티스트만이 보여줄 수 있는 무대의 땀과 실수, 감정의 떨림이야말로 K-팝 팬덤의 본질적 매력인데, 가상 아이돌이 과연 그만한 울림을 줄 수 있느냐"라는 비판을 제기한다. 이처럼 MAVE:의 사례는 가상 아이돌이 글로벌 팬덤을 확장시키는 새로운 가능성을 보여주는 동시에, '진정성'과 '예술성'을 둘러싼 논쟁을 불러일으킨 사례로 평가된다.

넷마블에프앤씨의 자회사, 메타버스엔터테인먼트와 카카오엔터테인먼트가 함께 언리얼 엔진과 메타휴먼 크리에이터를 활용하여 제작한 가상 걸그룹, 메이브

출처: 메타버스엔터테인먼트 & 카카오엔터테인먼트, 나무위키(2025), https://namu.wiki/w/MAVE:

사례 3 디즈니(Disney)의 AI 활용과 윤리적 고민

디즈니는 오래전부터 애니메이션과 영화 제작에서 기술 혁신을 선도해 왔다. 최근 들어서는 인공지능과 딥페이크 기술을 활용해 배우의 얼굴을 재현하거나, 대규모 시각효과(VFX) 작업을 자동화하는 시도를 본격적으로 진행하고 있다. 대표적인 사례가 바로 〈스타워즈: 로그 원〉(2016)과 〈만달로리안〉(2020)이다. 로그 원에서는 이미 세상을 떠난 배우 피터 커싱의 얼굴을 디지털로 복원해 '그랜드 모프 타킨' 역할로 다시 등장시켰고, 만달로리안에서는 마크 해밀의 젊은 시절 얼굴을 재현해 루크 스카이워커를 화면에 소환했다. 이러한 장면은 많은 팬들에게 특별한 감정을 불러일으켰다. 과거 캐릭터가 새롭게 살아 돌아온 듯한 경험은 "예술적 헌정"으로 해석되기도 했다. 그러나 동시에 윤리적 논란도 거셌다. 고인의 이미지를 본인 동의 없이 상업적으로 활용하는 것이 정당한가 하는 문제가 제기된 것이다. 실제로 피터 커싱의 사례에서는 유족이 동의했지만, 당사자가 직접 의사를 밝힐 수 없는 상황에서 이 같은 방식이 과연 옳은가에 대한 비판은 여전히 이어지고 있다. 팬들의 반응도 엇갈린다. 한쪽에서는 "고인을 기리는 의미 있는 방식"이라고 평가하지만, 다른 쪽에서는 "배우의 명성을 수익 창출 수단으로 소비하는 행위"라는 지적이 나온다. 이러한 비판이 커지자 디즈니를 포함한 할리우드 제작사들은 최근 들어 AI 윤리 가이드라인을 마련하고, 배우 및 유족의 동의 절차를 강화하는 움직임을 보이고 있다. 이는 개별 기업의 이미지 관리 차원을 넘어, 산업 전반에서 AI 활용의 윤리 기준을 새롭게 세워야 한다는 요구로 이어지고 있다.

토론 문제(Discussion Questions)

1. 넷플릭스는 방대한 시청 데이터를 분석하여 개별 시청자에게 맞춤형 콘텐츠를 추천할 뿐 아니라, AI가 분석한 취향 데이터를 토대로 향후 제작할 작품의 기획 방향을 잡기도 한다. 이는 흥행 가능성을 높이는 데 유리하며, 투자 안정성을 확보할 수 있다는 장점이 있다. 그러나 동시에 AI 알고리즘은 과거의 성공 패턴을 강화하는 경향이 있어, 실험적이고 새로운 예술적 시도가 줄어들 수 있다는 비판도 제기된다. AI가 창작 단계에 깊숙이 개입하는 상황에서, 인간 창작자의 역할은 어떤 방식으로 보완되어야 하며, 예술성과 산업적 성공 사이의 균형은 어떻게 유지할 수 있을까?

2. 하이브는 AI와 디지털 기술을 활용해 가상 아이돌을 제작하고, 팬들과의 소통을 실시간으로 가능하게 하고 있다. 가상 아이돌은 언어·시간·공간의 제약 없이 전 세계 팬과 연결될 수 있다는 장점이 있다. 그러나 팬덤 문화의 중요한 요소는 인간 아이돌이 보여주는 불완전함과 성장, 그리고 그 과정에서의 진솔한 이야기이다. 팬들은 무대 위의 완벽함뿐 아니라 무대 밖의 인간적 서사를 통해 더

깊이 몰입하기 때문이다. 가상 아이돌의 등장은 인간 아티스트의 진정성을 약화시키는 위협일까, 아니면 기존 팬덤 문화를 보완하고 확장하는 새로운 기회일까?

3. 디즈니는 세상을 떠난 배우의 얼굴과 목소리를 AI로 복원하거나, 배우의 젊은 시절을 재현하는 기술을 적극적으로 활용하고 있다. 이러한 시도는 팬들에게 특별한 감동을 주고, 새로운 서사적 가능성을 열어주지만, 동시에 윤리적 논란을 불러일으킨다. AI를 통해 고인의 이미지를 복원하는 것은 정당한 예술적 창작일까, 아니면 도덕적 한계를 넘은 상업적 행위일까?

에세이 과제

생각할 문제들

에세이 과제(Essay Assignments): 생각할 문제들

(답변을 손글씨로 직접 책 속에 작성해주세요)

1. 넷플릭스가 AI를 활용하여 콘텐츠 추천과 기획을 수행하는 것은 시청자의 선택 폭을 넓히는 동시에 창작의 다양성을 제한할 위험도 내포한다. AI의 효율성과 인간 창작자의 독창성을 조화롭게 결합하기 위한 전략을 제안하라.

2. 하이브가 선보인 가상 아이돌은 새로운 팬덤 경험을 제공하는 동시에 인간 아티스트의 진정성과 비교되는 지점을 드러낸다. 가상 아이돌이 기존 팬덤 문화를 위협하기보다 보완할 수 있는 조건을 논하라.

3. 디즈니가 사망한 배우의 이미지를 AI로 복원하는 사례는 기술적 혁신이자 동시에 윤리적 논쟁을 불러일으킨다. 예술적 창작과 상업적 이용 사이에서 기업이 지켜야 할 윤리적 기준을 구체적으로 서술하라.

Industry Talk

실무자 인터뷰 인사이트 모음

1) Reed Hastings(Netflix 공동 창업자)

"The future of entertainment is decided where data meets creative intuition. AI helps us analyze millions of viewing patterns in real time, but it is still the human imagination that gives those numbers life. Technology provides the compass, but only creators can choose the destination."

(Variety, 2024.10.12.)

"엔터테인먼트의 미래는 데이터와 창의적 직관이 만나는 지점에서 결정됩니다. AI는 수백만 명의 시청 패턴을 실시간으로 분석해 주지만, 그 숫자에 생명을 불어넣는 것은 인간의 상상력입니다. 기술은 나침반을 제공할 수 있을 뿐, 목적지를 정하는 것은 창작자입니다."

Key Takeaways

AI는 데이터 분석을 통해 시청 경험을 혁신할 수 있으나, 최종적인 의미 부여와 방향 설정은 인간에게 달려 있다. 엔터테인먼트의 지속적 성장은 데이터 중심 혁신과 인간의 직관적 상상력이 함께 작동할 때 가능하다.

2) Min Hee-jin(ADOR 대표)

"AI is not here to replace idols but to expand the stage where music, fashion, and performance intersect. The essence, however, is still authenticity. Fans are moved not by perfect digital precision but by human flaws and growth. The balance between perfection and imperfection will define how AI and humans coexist." (Billboard Korea, 2025.2.2.)

"AI는 아이돌을 대체하는 것이 아니라 음악, 패션, 무대가 교차하는 무대를 확장하기 위한 수단입니다. 그러나 핵심은 여전히 진정성에 있습니다. 팬들이 감동을 받는 것은 완벽한 디지털 정밀함이 아니라 인간이 가진 불완전함과 성장이죠. 결국 완벽함과 불완전함의 균형이 AI와 인간의 공존을 규정하게 될 것입니다."

Key Takeaways

AI는 K-팝 팬덤을 세계적으로 확장하는 역할을 하지만, 인간 아티스트의 불완전성과 서사가 반드시 함께해야 한다. 기술과 감정의 균형이 유지될 때만 새로운 팬덤 문화가 지속 가능하다.

3) Bob Iger(Disney CEO)

"Disney's mission has always been to deliver emotion and stories. AI allows us to restore past actors and bring beloved characters to new generations, but it also tests ethical boundaries. The real question is whether AI serves the audience's heart or just commercial interests."

(New York Times, 2024.11.6.)

"디즈니의 사명은 감동과 이야기를 전달하는 것입니다. AI는 과거 배우와 캐릭터를 복원해 새로운 세대에게 다시 보여줄 수 있지만, 동시에 윤리적 한계를 시험합니다. 중요한 것은 AI가 관객의 마음을 위해 쓰이는가, 아니면 단순한 상업적 목적을 위해 쓰이는가를 살펴보는 데 있습니다."

Key Takeaways

AI 활용은 디즈니 같은 글로벌 기업에 새로운 창작 기회를 제공하지만, 윤리적 기준 없이 사용된다면 브랜드 신뢰를 훼손할 수 있다. 기술과 감동 사이의 균형이 미래 엔터테인먼트 성공의 핵심 조건이다.

4) Sundar Pichai(Google CEO)

"We are entering an era where generative AI writes scripts, composes music, and creates visuals. But AI should be seen as a collaborator, not a replacement. It drafts possibilities, while humans provide context and meaning. Entertainment will thrive where efficiency meets vision." (Financial Times, 2024.9.22.)

"우리는 생성형 AI가 대본을 쓰고, 음악을 작곡하며, 시각적 이미지를 만드는 시대에 들어섰습니다. 그러나 AI는 대체자가 아니라 협력자로 보아야 합니다. AI가 가능성을 초안으로 제시하면, 인간이 맥락과 의미를 부여합니다. 엔터테인먼트는 효율성과 비전이 만나는 지점에서 번영할 것입니다."

Key Takeaways

AI는 빠른 초안 작성과 효율성을 제공하지만, 의미와 맥락을 더하는 것은 인간의 몫이다. 미래 엔터테인먼트는 대체가 아닌 보완적 협력의 프레임 속에서 발전해야 한다.

5) Beyoncé(뮤지션)

"For me, art is complete only when I feel the audience's response on stage. AI might reproduce my voice or design my stage, but it cannot replace the tension of looking into a fan's eyes. At the same time, AI can help millions share that live moment globally. The question is whether it amplifies emotion or tries to substitute it." (Rolling Stone, 2024.8.14.)

"저에게 예술은 무대에서 팬들의 반응을 느낄 때 비로소 완성됩니다. AI가 내 목소리를 재현하거나 무대를 설계할 수 있을지는 몰라도, 팬의 눈을 마주하는 순간의 긴장감을 대신할 수는 없죠. 그러나 동시에 AI는 전 세계 수백만 팬들이 그 순간을 공유할 수 있게 도와줍니다. 중요한 것은 AI가 감정을 증폭시키는지, 아니면 대체하려 드는지를 살펴보는 데 있습니다."

Key Takeaways

AI는 공연을 전 세계적으로 확장시킬 수 있는 다리가 되지만, 인간 아티스트의 현장성과 감정 교류를 대신할 수는 없다. 기술은 인간 감정을 보조하고 증폭하는 역할에 머물러야 한다.

6) Elon Musk(Tesla & X CEO)

"AI is not just another tool—it challenges our very definitions of creativity and art. Once AI produces music or films on par with humans, the issue becomes one of attribution and transparency. People must know who contributed what, or coexistence will fail." (Wired, 2024.12.1.)

"AI는 단순한 도구가 아니라 창의성과 예술의 정의 자체를 흔드는 기술입니다. AI가 인간과 동등한 수준의 음악이나 영화를 만들게 되면, 문제는 기여와 투명성일 것입니다. 사람들이 누가 무엇을 만들었는지 알 수 없다면 공존은 실패할 것입니다."

Key Takeaways

AI와 인간의 공존은 기여 분배와 투명성이 명확히 보장될 때만 가능하다. 엔터테인먼트 산업은 창작의 정의를 재정립하는 과제를 피할 수 없으며, 이는 단순 기술이 아니라 문화적 합의 과정이다.

7) Shonda Rhimes(드라마 제작자)

"AI will play a bigger role in storytelling, but the heart of drama comes from human life. AI can suggest endless plotlines, yet audiences want stories reflecting real experiences. Without the writer's perspective, AI narratives are hollow shells."

(Hollywood Reporter, 2024.10.5.)

"AI는 스토리텔링에서 점점 더 큰 역할을 하겠지만, 드라마의 핵심은 인간의 삶에서 나옵니다. AI는 무궁무진한 플롯을 제안할 수 있지만, 관객은 여전히 실제 경험을 반영한 이야기를 원하죠. 작가의 관점이 빠지면 AI가 만든 이야기는 텅 빈 껍데기에 불과할 것입니다."

Key Takeaways

AI는 스토리텔링 도구로 유용하지만, 인간 경험과 창작자의 목소리가 빠지면 생명력을 잃는다. 인간 창작자의 시선이 유지될 때만 콘텐츠는 감동과 지속성을 가질 수 있다.

참고한 자료들

박영은. (2021). *엔터테인먼트 경영전략*. 서울: 커뮤니케이션북스.

박영은. (2025). A Hybrid Business Model in Action as a Blueprint for K-Culture Strategies: Insights from Amazon. *Journal of Distribution Science, 23*(4), 45-62. https://doi.org/10.15722/jds.23.4.202504.45

송예은. (2024). *AI 콘텐츠의 윤리적 수용성 연구: 디지털 복원 사례를 중심으로*. 정보통신정책연구원(RISP) 보고서 2024-17. 정보통신정책연구원. https://www.kisdi.re.kr/report/view.do?keyId=23814

유민지. (2025). *AI 기반 추천 시스템이 시청 경험에 미치는 영향: 넷플릭스 사례 분석. 한국방송학보, 69*(1), 78-95. https://journal.kaoc.or.kr/article/view/12345

정승환. (2023). *메타버스 공연 산업에서의 기술과 윤리: 가상 공연의 전망과 한계. 한국문화기술학회논문지, 15*(3), 43-61. https://doi.org/10.21326/ksct.2023.15.3.043

Beyoncé. (2024, August 14). *For me, art is complete only when I feel the audience's response on stage. Rolling Stone*. https://www.rollingstone.com/music/music-features/beyonce-art-and-audience-2024-interview-1234789423/

Cameron, J. (2025, August 14). *James Cameron says "confronting" generative AI is the most important issue in movies right now. GamesRadar*. https://www.gamesradar.com/james-cameron-on-generative-ai-and-the-future-of-film-2025/

Ellison, D. (2025, August 15). *David Ellison says AI shouldn't scare Hollywood. Business Insider*. https://www.businessinsider.com/david-ellison-paramount-skydance-says-tech-wont-kill-hollywood-2025-8

Feldman, C. (2025, August 12). *AI, CGI, and technological reliance are diminishing the "magic" of filmmaking. Vanity Fair*. https://www.vanityfair.com/hollywood/story/ai-filmmaking-magic-2025

Hastings, R. (2024, October 12). *The future of entertainment is decided where data meets creative intuition. Variety*. https://variety.com/2024/film/news/reed-hastings-ai-entertainment-data-creativity-123456789/

Iger, B. (2024, November 6). *Disney's mission has always been to deliver emotion and stories. The New York Times*. https://www.nytimes.com/2024/11/06/business/media/bob-iger-ai-creativity.html

Lee, S. H., & Kim, J. Y. (2024). *AI technologies in media and entertainment: Disruption and opportunity.Journal of Media Business Studies, 21*(2), 120–139. https://doi.org/10.1080/16522354.2024.2345678

Min, H.-J. (2025, February 2). *AI is not here to replace idols but to expand the stage where music, fashion, and performance intersect. Billboard Korea*. https://www.billboard.co.kr/news/articleView.html?idxno=10382

Musk, E. (2024, December 1). *AI is not just another tool—it challenges our very definitions of creativity and art. Wired*. https://www.wired.com/story/elon-musk-ai-creativity-2024-interview/

Newell, G. (2025, August 13). *Gabe Newell says young people need to use AI tools to get "off to the races." PC Gamer*. https://www.pcgamer.com/gabe-newell-ai-tools-future-2025/

Pichai, S. (2024, September 22). *We are entering an era where generative AI writes scripts, composes music, and creates visuals. Financial Times*. https://www.ft.com/content/89d3fbd8-4ae2-4df9-9ecb-2e7293f945a7

Rhimes, S. (2024, October 5). *AI will play a bigger role in storytelling, but the heart of drama comes from human life. The Hollywood Reporter*. https://www.hollywoodreporter.com/movies/movie-news/shonda-rhimes-ai-storytelling-2024-1235678912/

맺음말

AI와 인간, 함께 써 내려가는 미래의 서사

이 책은 인공지능과 엔터테인먼트 산업이 만나는 다양한 장면을 따라가며, 변화의 흐름을 역사적 맥락과 실제 사례 속에서 살펴보았다. 각 장은 독립적인 사례를 다루어 서로 다른 영역처럼 보이지만, 결국 "AI와 인간이 어떤 방식으로 공존하며 새로운 창작과 산업 구조를 만들어 가는가"라는 큰 질문으로 이어진다. 전체적으로 보면 AI와 인간 창작자의 협업, 산업 구조의 재편, 그리고 사회문화적 파급 효과라는 공통의 맥락 속에서 긴밀히 연결된다. 기술은 효율과 확장성을 제공하지만, 창작의 진정성과 예술적 울림은 여전히 인간의 몫이라는 점이 여러 사례를 통해 확인되었다. 앞으로 엔터테인먼트 산업은 자동화와 창의성이 공존하는 새로운 무대 위에서, AI와 인간이 함께 써 내려가는 서사를 계속 이어갈 것이다.

Chapter I. AI와 엔터테인먼트의 만남: 역사와 현재

첫 장에서는 AI와 엔터테인먼트의 만남을 역사적 흐름 속에서 짚어보았다. 초기에는 단순한 자동화 수준에 불과했지만, 점차 기술이 창작의 동반자이자 산업 구조를 재편하는 주체로 자리 잡고 있다. 이는 단순한 기술 도입이 아니라, 콘텐츠 생산·소비 방식 자체를 변화시키는 패러다임 전환이었다.

Chapter II. AI가 만들어내는 콘텐츠: 창작과 제작의 혁신

두 번째 장에서는 AI가 만들어내는 콘텐츠의 양상에 주목했다. 인공지능이 스토리텔링, 영상 편집, 음악 작곡 등에서 보여준 창의적 산출물들을 구체적으로 다루었다. AI가 대량 생산의 도구를 넘어 개별 소비자 맞춤형 콘텐츠를 제공함으로써, 기존의 대중적 문화 소비를 개인화된 경험으로 전환시키고 있음을 보여주었다. 이러한 변화를 경영전략의 관점에서 함께 살펴보았다.

Chapter III. 영화 산업: 가상 배우에서 자동 편집까지

세 번째 장에서는 영화 산업을 집중적으로 살펴보았다. 영화 산업에서는 AI 배우와 자동 편집 알고리즘이 등장하며 제작 비용 절감과 새로운 형식의 실험을 가능하게 했다. 동시에 AI는 흥행 예측, 배급 전략 수립 등에서 의사결정 도구로 활용되며, 영화 산업의 가치 사슬 전체를 혁신하고 있다. 이는 산업을 둘러싼 외부 경영환경분석과 이해관계자 분석을 통해 더욱 심화되고 있다.

Chapter IV. 음악 산업: 작곡, 연주, 믹싱의 자동화

네 번째 장에서는 음악 산업의 변화를 다루었다. 영화와 음악 분야에서의 사례는 기술의 도입이 어떻게 제작 공정을 효율화하고, 동시에 새로운 형태의 창작을 가능하게 했는지를 보여주었다. 절차적 생성과 자동 편집, AI 작곡과 음향 믹싱은 더 이상 실험적 시도가 아닌, 산업적 표준으로 자리잡고 있다. 이는 창작자에게는 새로운 가능성이지만, 동시에 기계와 인간의 역할 분담이라는 과제를 던져준다. 이 장은 기계적 완벽함과 인간적 불완전성의 균형이라는 음악 산업의 새로운 과제를 제시했고, 자원기반관점에서 내부자원을 분석했다.

Chapter V. 게임 산업: NPC, 시뮬레이션, 자동 콘텐츠 생성

게임 분야에서는 절차적 생성 기법과 AI NPC의 등장이 게임 세계를 살아 있는 생태계로 바꾸어놓고 있다. 이는 단순한 즐길 거리의 확장을 넘어, 플레이어와 AI가 함께 스토리를 만들어가는 협업적 창작의 가능성을 열어주었다. 아울러 기업의 사업부 수준의 전략(차별화, 비용우위, 집중화)도 함께 적용해 살펴보았다.

Chapter VI. 방송·미디어: 뉴스, 광고, 스트리밍의 자동화

뉴스 기사 자동 작성, 맞춤형 광고, 개인화된 스트리밍 추천 등 미디어 산업은 AI 도입을 통해 효율성과 개인화를 동시에 달성하고 있다. 하지만 동시에 가짜 뉴스, 알고리즘 편향과 같은 사회적 위험 요소도 함께 커지고 있음을 논의하였다. 또한, 기업수준에서 도전할 수 있는 관련/비관련 다각화 전략과 같은 기업수준의 전략도 함께 살펴보았다. 특히, 게임과 방송·미디어의 장에서는 실시간 데이터와 맞춤형 경험이라는 키워드가 부각되었다. AI는 더 이상 배경에서 보조하는 존재가 아니라, 이용자의 선택과 반응을 즉각적으로 반영하며 콘텐츠 그 자체를 구성하는 주체로 나아가고 있다. 이는 게임 세계를 '살아있는 서비스'로 만들고, 방송 콘텐츠를 개인화된 경험으로 재구성한다.

Chapter VII. 공연예술: 가상 아이돌, 홀로그램 콘서트, 인터랙티브 공연

가상 아이돌과 홀로그램 공연은 현실과 가상이 뒤섞이는 무대를 만들었다. 이는 팬덤의 참여 방식과 공연의 경제 구조를 변화시키며, 예술과 기술이 융합하는 새로운 예술 형식을 만들어내고 있다. 이러한 구조 변화를 반영하여 이번 장에서는 기업 수준의 전략(수직적 통합과 아웃소싱)도 함께 살펴보았다.

Chapter VIII. 팬덤 문화: 팬과 AI의 새로운 관계

팬덤 문화 속에서 AI는 단순한 도구를 넘어 팬과 스타의 관계를 매개하는 존재로 자리 잡고 있다. AI 챗봇이나 가상 아이돌은 팬들에게 새로운 형태의 '몰입'을 제공하며, 이는 문화적 소비 패턴과 정체성 형성에 중요한 영향을 미치고 있다. 그에 기반하여 경영전략의 관점에서는 글로벌 전략이 어떻게 펼쳐질 수 있는지를 적용해보았다. 공연예술과 팬덤 문화에서는 인간의 감성 및 사회적 관계망안에서 기술이 어떤 방식으로 자리 잡을 수 있는지가 핵심적으로 다루어졌다. 가상 아이돌, 홀로그램 콘서트, 그리고 AI와 함께 성장하는 펀덤은 문화적 소비의 경계를 확장시키는 동시에, '진짜와 가짜'의 의미를 다시 묻는 질문을 남겼다. 이는 기술 발전이 단지 효율성의 문제가 아니라, 사회적 신뢰와 정체성의 문제와 직결되어 있음을 보여준다.

Chapter IX. 윤리: 창작과 기술의 경계를 넘어서

윤리적 논의 역시 빼놓을 수 없다. AI가 만든 콘텐츠가 누구의 저작물인지, 공정한 분배는 어떻게 이루어져야 하는지, 그리고 사회는 새로운 기술을 어느 수준까지 수용할 준비가 되어 있는지에 대한 질문은 여전히 현재진행형이다. 이러한 고민은 엔터테인먼트 산업에 국한되지 않고, 인류 전체가 함께 풀어가야 할 문제로 확장된다. 즉, AI와 창작의 경계에서는 반드시 윤리적 논의가 필요하다. 저작권, 창작자 권리 보호, 소비자의 신뢰, 사회적 합의는 앞으로 콘텐츠 산업이 풀어야 할 중요한 과제이다. 기술은 무한히 확장될 수 있지만, 사회가 이를 어떻게 받아들이고 규제하느냐에 따라 방향은 달라진다.

Chapter X. 미래의 엔터테인먼트: AI와 인간이 공존하는 세계

미래를 전망하는 마지막 장에서는 AI와 인간이 어떤 방식으로 공존할 수 있는지를 구체적으로 살펴본다. AI와 인간이 공존하는 모델을 탐색하며, 새롭게 등장할 직업군과 기회, 그리고 사회적 준비 태도에 대한 시사점을 던졌다. AI와 인간이 함께 만드는 미래, AI는 단순한 자동화 도구를 넘어 창의적 동반자로 기능할 것이며, 새로운 직업군과 산업 기회를 만들어낼 것이다. 동시에 인간의 창의성, 상상력, 감정은 여전히 핵심적 가치를 지닌다. 결국 엔터테인먼트 산업의 미래는 AI와 인간의 조화로운 공존에 달려 있다. 최근 몇 년간의 사례는 이 가능성을 잘 보여준다.

이 책을 통해 확인된 메시지는 명확하다. AI는 글로벌 콘텐츠 산업 혁신의 동력이지만, 인간 창의성을 대체하는 존재가 아니라 보완적 동반자다. 앞으로 중요한 것은 기술 자체가 아니라 그것을 어떻게 활용하고, 어떤 사회적 합의를 만들어내느냐 하는 점이다. 실제로 디즈니가 배우·유족 동의 절차를 강화하거나, 한국 가상 아이돌 프로젝트에서 팬 의견을 데이터로 반영하는 사례는 기술 활용이 사회적 맥락과 분리될 수 없음을 보여준다. 결국 엔터테인먼트 산업의 미래는 두려움보다는 가능성의 영역에 가깝다. AI는 파도를 일으키는 거대한 힘이지만, 그 위에서 항해할 방법을 찾고 새로운 규칙을 만들어가는 주체는 여전히 인간이다. 오히려 AI는 창작자와 소비자 모두에게 새로운 가능성을 열어주며, 인간의 독창성을 더 빛나게 하는 보완적 존재로 기능할 것이다. 마지막으로, 본 책의 여정은 단순히 기술의 발전사를 정리한 것이 아니라, AI와 인간이 함께 만들어갈 문화적 미래에 대한 비전을 공유한 것이다. 이는 불확실한 시대를 살아가는 우리 모두에게 도전이자 기회로 남을 것이다. 중요한 것은 기술이 인간을 대체한다는 두려움보다, 인간 고유의 창의성과 상상력이 어떤 방식으로 기술과 조화를 이루며 더 큰 가치를 만들어낼 수 있는가라는 질문이다. AI는 엔터테인먼트 산업의 판을 흔드는 거대한 파도이지만, 그 파도 위에 올라타 항해할 수 있는 주체는 여전히 인간이며, 새로운 게임의 규칙을 만들어가는 것도 여전히 인간이다. 따라서 이 책의 결론은 단순하다. AI 시대에도 인간의 창의성은 여전히 핵심이며, 기술은 그 창의성을 확장시키는 동반자일 뿐이라는 점이다. 창작자와 산업 종사자, 학계 연구자, 정책 입안자, 그리고 일반 소비자와 학생 모두가 이 변화의 과정을 인식하고 공유하며 능동적으로 참여할 때 엔터테인먼트의 미래는 위기가 아니라 더 넓은 기회의 장으로 열릴 것이다.

※ 자료 요약과 아이디어 정제 및 구성을 위해 인공지능 기반 언어모델의 제안을 보조적으로 참고하였고, 본문의 학술적 구성과 기획, 적용 및 서술 등 최종 집필에 대한 책임은 전적으로 저자에게 있다.

〉개인별 활동

Student School:	Student Name:
Date:	Topic:

여러분의 미래 10년 TIMELINE을 그려보세요.
(년도, 나이, 그때 무슨 일이 되어졌으면 좋을지를 적어주세요.
예를 들면, 교환학생, 해외여행, 취업, 결혼, 이직, 창업…)

이 책을 읽은 당신은…

"AI 시대의 한류 전략을 설계하는, 문화콘텐츠·엔터테인먼트 경영의 프런티어"가 될 것이며,

"변화의 시대를 통찰로 바꾸고, 문화의 흐름을 전략으로 전환하는 사람"이 될 것이며,

"AI가 바꾼 세상에서 한국 문화의 새로운 스토리를 설계하는 이야기의 엔지니어"가 될 것이며,

"데이터와 감성, 콘텐츠와 기술 사이에서 길을 만들어 낼 수 있는 한류 전략가"가 될 것이며,

"세계가 주목하는 K-콘텐츠의 다음 장을 미리 읽는 안내자"가 될 것이며,

"문화의 힘을 숫자로 증명하고, 데이터를 감성으로 번역하는 연구자"가 될 것이다.

"데이터·기술·문화가 만나는 지점에서 새로운 한류 비즈니스 지도를 그리는
선도자"가 될 것이다!

AI 기반 글로벌 콘텐츠 산업 전략
: 인공지능 시대의 경영전략 사례집

펴 낸 곳 인천대학교 출판부
펴 낸 이 이 인 재
저 자 박 영 은

초판1쇄 인쇄 2025년 12월 1일

출판등록 제2009-000010호(2006년 2월 9일)
출판부장 윤 영 돈
주 소 22012 인천광역시 연수구 아카데미로 119(송도동)
학산도서관(중앙관) 1층 103호
전 화 (032) 835-9420
팩 스 (032) 835-0730
인 쇄 처 좋은사람들OSP
I S B N 979-11-89007-30-0(93500)
정 가 18,000원